首都经济贸易大学出版基金资助

高新技术企业信息化风险的度量及其治理研究
——基于问卷和实地调研数据的分析

王凡林 ◎ 著

GAOXIN JISHU QIYE
XINXIHUA FENGXIAN DE
DULIANG JIQI ZHILI YANJIU
JIYU WENJUAN HE
SHIDI DIAOYAN SHUJU DE FENXI

首都经济贸易大学出版社
Capital University of Economics and Business Press
·北京·

图书在版编目(CIP)数据

高新技术企业信息化风险的度量及其治理研究:基于问卷和实地调研数据的分析/王凡林著. --北京:首都经济贸易大学出版社,2018.12

ISBN 978-7-5638-2908-8

Ⅰ.①高… Ⅱ.①王… Ⅲ.①高技术产业—企业信息化—风险管理—研究—北京 Ⅳ.①F279.244.4

中国版本图书馆 CIP 数据核字(2018)第 302898 号

高新技术企业信息化风险的度量及其治理研究
——基于问卷和实地调研数据的分析
王凡林　著

责任编辑	季云和
封面设计	砚祥志远·激光照排 TEL:010-65976003
出版发行	首都经济贸易大学出版社
地　　址	北京市朝阳区红庙(邮编 100026)
电　　话	(010)65976483　65065761　65071505(传真)
网　　址	http://www.sjmcb.com
E- mail	publish@cueb.edu.cn
经　　销	全国新华书店
照　　排	北京砚祥志远激光照排技术有限公司
印　　刷	人民日报印刷厂
开　　本	710 毫米×1000 毫米　1/16
字　　数	348 千字
印　　张	19.75
版　　次	2018 年 12 月第 1 版　2018 年 12 月第 1 次印刷
书　　号	ISBN 978-7-5638-2908-8/F·1595
定　　价	58.00 元

图书印装若有质量问题,本社负责调换
版权所有　侵权必究

序

在管理过程中引入信息技术和数据处理手段,以便更好地利用信息资源提升企业核心竞争力,是高新技术企业的共识。高新技术企业信息化过程中不可避免地面临各类风险和隐患,如信息泄露、黑客攻击、系统瘫痪、人才流失、技术匮乏等,如果不对这些风险及时进行识别和有效应对,会抵消信息化带来的便利,甚至影响企业持续经营。

本书提出了信息化风险度量的"人机关系评价法"和风险治理的"信息化成熟度治理模式",并通过对北京市数十家高新技术企业为样本的实地调研和分析,提出了高新技术企业在信息化过程中的风险识别、评价、治理的理论和实践建议。这在一定程度上填补了传统风险管理、公司治理等相关理论的空白,使其更具有时代特色和环境适应性,同时也为北京市高新技术企业的公司治理、信息化管理等后续发展提供了理论支撑。

本书由首都经济贸易大学出版基金资助出版。项目补充信息如下:

项目来源:

北京市社会科学研究基金项目(19GLB020)。

北京市教委社科重点基金项目(SZ201510038019)。

本书在编著过程中,无论是问卷设计、问卷发放和收回、数据初筛和整理、信息深度分析和解读,还是各章内容的撰写和完善,均有以下人员不同程度的参与和贡献,在此深表感谢:蔡立新、闫华红、张小红、张瑜、刘向辉、张蕾、牛博、张芮、齐迪、王思瑶、陈晴、乔嫄、王媛媛、武宁宁、崔冰迪、王卓芃。

目 录

第一部分 高新企业风险管理的基本概念和理论知识 …… 1

第一章 研究意义、方法和内容简述 …… 3
一、研究意义 …… 3
二、研究思路和方法 …… 4
三、项目创新之处 …… 5

第二章 信息化风险管理文献综述 …… 7
一、国外研究综述 …… 7
二、国内学者的研究现状及分析 …… 15
三、对现有研究成果的分析和评价 …… 16

第三章 信息化风险概述 …… 19
一、风险的相关理论 …… 20
二、信息化风险的定义和分类 …… 23
三、高新技术企业风险管理的参考框架 …… 27
四、高新技术企业的概念及特点 …… 30
五、高新技术企业信息化成熟度模型 …… 37

第二部分 高新技术企业风险调研及分析 …… 43

第四章 "人机关系"模型及环境类指标分析 …… 45
一、"人机关系"评价法的提出 …… 45
二、高新技术企业风险管理环境指标分析 …… 52
三、二级企业风险环境类指标分析 …… 58
四、高新技术企业与二级企业间的对比分析 …… 65

第五章 风险治理措施类指标分析 …… 70
一、高新技术企业风险治理措施类指标分析 …… 70
二、二级企业风险治理措施类指标分析 …… 79
三、高新技术企业集团与二级企业间的对比分析 …… 88

第六章　风控手段类指标分析 … 93
  一、高新技术企业风控手段类指标分析 … 93
  二、二级企业风控手段类指标分析 … 101
  三、高新技术企业集团与二级企业间的对比分析 … 110

第三部分　高新技术企业行业板块风险分析 … 115

第七章　现状调研分析 … 117
  一、行业分布 … 117
  二、分析的指标 … 118
  三、各板块得分 … 119

第八章　制造业板块内控评价 … 121
  一、三大类要素分析 … 121
  二、一级指标分析 … 122
  三、总结及建议 … 125

第九章　贸易服务板块内控评价 … 127
  一、三大类要素分析 … 127
  二、一级指标分析 … 127
  三、总结及建议 … 131

第十章　公共事业板块内控评价 … 132
  一、三大类要素分析 … 132
  二、一级指标分析 … 133
  三、总结及建议 … 136

第十一章　交通运输业板块内控评价 … 137
  一、三大类要素分析 … 138
  二、一级指标分析 … 138
  三、总结及建议 … 142

第十二章　建筑业板块内控评价 … 143
  一、三大类要素分析 … 143
  二、一级指标分析 … 144
  三、总结及建议 … 147

第十三章　房地产业板块内控评价 … 148

　　一、三大类要素分析 …………………………………………… 148
　　二、一级指标分析 ……………………………………………… 148
　　三、总结及建议 ………………………………………………… 152
　第十四章　技术服务业板块内控评价 ………………………………… 153
　　一、三大类要素分析 …………………………………………… 153
　　二、一级指标分析 ……………………………………………… 154
　　三、总结及建议 ………………………………………………… 157
　第十五章　农业板块内控评价 ………………………………………… 159
　　一、三大类要素分析 …………………………………………… 159
　　二、一级指标分析 ……………………………………………… 160
　　三、总结及建议 ………………………………………………… 163

第四部分　信息化风险识别、评价及治理系统构建 ……………… 165
　第十六章　风险的识别方法与度量模型的选择 ……………………… 167
　　一、风险的识别方法与路径选择 ……………………………… 167
　　二、指标体系的构建 …………………………………………… 171
　　三、风险度量模型的选择 ……………………………………… 176
　第十七章　信息化风险的度量 ………………………………………… 181
　　一、总体设计 …………………………………………………… 181
　　二、数据获取及初步分析 ……………………………………… 184
　　三、回归分析 …………………………………………………… 187
　　四、风险度量分析小结 ………………………………………… 189
　　五、治理对策 …………………………………………………… 190
　第十八章　高新技术企业的IT治理 …………………………………… 200
　　一、IT治理及相关模型 ………………………………………… 201
　　二、公司绩效的概念及理论 …………………………………… 204
　　三、模型构建 …………………………………………………… 205
　　四、研究假设 …………………………………………………… 208
　　五、信息化投资评价指标设计 ………………………………… 210
　　六、控制变量 …………………………………………………… 212
　第十九章　IT治理的实证分析 ………………………………………… 214

一、样本来源和数据整理 …………………………………… 214
二、描述性分析 …………………………………………… 216
三、相关性分析 …………………………………………… 217
四、回归分析 ……………………………………………… 226
五、稳健性检验 …………………………………………… 230
六、结论 …………………………………………………… 232

第二十章　企业内部控制信息系统的构建 ………………… 233
一、前期准备 ……………………………………………… 233
二、内部控制信息系统的逻辑设计 ……………………… 237
三、内部控制信息系统的物理设计 ……………………… 240

第二十一章　内部控制信息化的实施管理 ………………… 247
一、组织管理 ……………………………………………… 247
二、进度管理 ……………………………………………… 250
三、质量管理 ……………………………………………… 253
四、成本管理 ……………………………………………… 255
五、内部控制实施效果评价 ……………………………… 257
六、结论及建议 …………………………………………… 262

第二十二章　高新技术技术企业内部控制评价系统设计 …… 264
一、内控评价系统规划 …………………………………… 264
二、内控评价信息系统的逻辑设计 ……………………… 266
三、内控评价信息系统的物理设计 ……………………… 273
四、代码设计 ……………………………………………… 274
五、模块设计 ……………………………………………… 275
六、输入、输出设计 ……………………………………… 281
七、内控评价信息系统的实施管理 ……………………… 282

附录（调查问卷） …………………………………………… 287

参考文献 …………………………………………………… 293

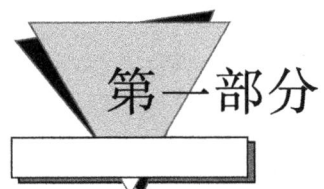

第一部分

高新技术企业风险管理的基本概念和理论知识

第一章　研究意义、方法和内容简述

据IDC（国际数据公司）对2000至2014年企业信息化行为及后果的较大规模统计分析，包括北京市企业在内的许多信息化程度较高的中国高新技术企业，在借助IT技术将传统管理模式转向信息化管理模式后的十几年中，风险增加了30余倍，企业遭遇"网络黑客""账号木马""信息诈骗"等损失的资金数以千亿元计（IDC电子商务基础报告，2010年、2015年）。随着网络和信息技术的进一步普及，信息化风险会愈加明显。因此，如何在信息化环境下识别和评估不同以往的风险和隐患，并将其控制在适度范围内，是学界和实务界亟待解决的现实问题。本书选择有代表性的北京市高新技术企业作为切入点和新视角，根据高新技术企业的资金密集、人才密集、组织架构灵活、技术依赖程度高等特点，深入剖析问题的根源和影响，并提出全新的风险评估方法——"人机关系评价法"和风险治理模式——"信息化成熟度治理模式"。

一、研究意义

本书提出的信息化风险度量的"人机关系评价法"和风险治理的"信息化成熟度治理模式"，通过对北京市高新技术企业样本的实地调研和分析，提出高新技术企业在信息化过程中的风险识别、评价、治理的理论和实践建议。这在一定程度上填补了传统风险管理、公司治理等相关理论的空白，使其更具有时代特色和环境适应性，同时也为北京市高新技术企业的公司治理、信息化管理等后续发展提供了理论支撑。

在实践上，本书的研究成果具有较强的可操作性，预期经济效益和社会效益可观。目前，高新技术企业的信息化程度较高，给企业带来损失的管理风险发生的概率和后果远高于传统企业，其原因在于多数企业被IT（信息技术）的"汪洋大海"所淹没，无法平衡和把控技术与人的关系。本书的研究成果可以指导企业及时捕捉和识别重大风险，及时平衡和构建和谐的"人机关系"，为企业创造可持续发展的动力和环境。

二、研究思路和方法

本书主要以系统学、控制学和信息学的研究模式为基础,将规范研究方法和现场分析、典型实验和抽样判断等实证方法相结合,依托北京市行业协会、工商部门、国资委等机构,对北京市 30 余家高新技术企业的信息化风险治理现状进行实际调研,并以 60 余家其他类型企业为对照进行分析调研。具体来讲,本书采用了抽样问卷调查、结论归纳推理、系统比较分析、结构化分析以及面向对象系统设计和实现等方法、手段,对高新技术企业的信息化现状、风险环境、预警情况、人机关系、影响概率和预后损失等进行调研,获取一手资料,同时追加了对公司治理、风险管理、风险信息的调查,并展开研究,研究路径如图 1-1 所示。

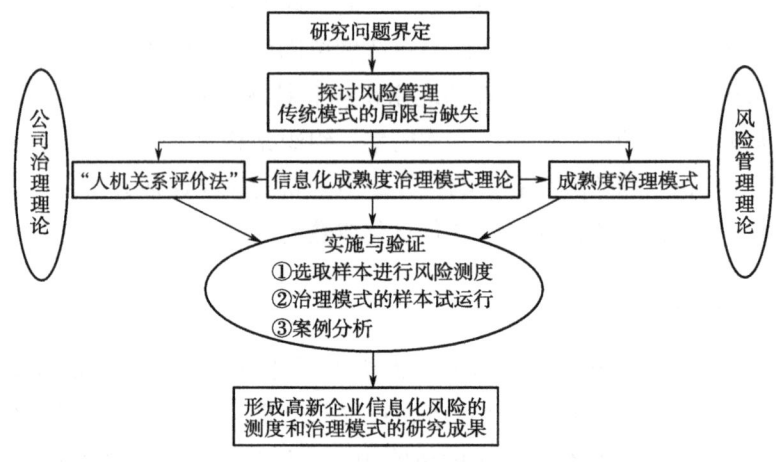

图 1-1 研究路径

研究方案的总体思路和方法如下:

第一步,设计抽样体系。组织课题组成员筛选、梳理有关信息化风险的环境、因素、后果和目前的措施等,同时按照国家的认定标准对高新技术企业进行抽样调查。本次抽样采用分层+随机的形式,设计了置信区间为 0.95 的大样本系统。

第二步,度量信息化风险——"人机关系评价法"。剖析第一步研究收集到的信息,根据战略、组织和业务三个层次人机关系的表现,对照本书研究项目设定的合理科学的"人机关系"范本,采用定性和定量结合的方法,合理测定高新技术企业的信息化风险因素、影响后果、原因和后续表现，形成关于高新技术企业信息化风险现状的调查报告和风险水平测度思路、方法。

第三步，形成信息化风险"成熟度治理模式"理论框架。根据上一步骤的调查结果进行理论推演，遵循概念、判断和推理的逻辑思路，构建基于信息化环境下风险治理的技术与人的关系的新型"信息化成熟度治理模式"的理论框架。

第四步，详细设计"信息化成熟度治理模式"的具体内容。设计"信息化成熟度治理模式"的构成要素、功能体系和治理目标，并将公司治理、风险管理的模型COSO、COBIT等融合其中，形成包括风险环境、治理目标、风险评估、控制活动和信息沟通等要素的风险治理模式的完整内容。

第五步，验证业已形成的结论性成果。根据小组分工形成的子成果，选取10家左右符合高新技术企业认定标准且信息化程度高、信息化风险可能性大的企业进行测试，经过反馈、修正后，最终形成人机和谐、持续有效并充分体现企业目标和组织行为标准的风险治理新模式。

三、项目创新之处

本书研究项目将风险治理理论、信息控制理论与传统的公司治理、风险管理等理论相结合，同时运用组织行为学和人机工程等理论，探索了信息化风险持续高发企业的风险测度和治理问题，企图将人对信息化风险的"软约束"与信息技术的"硬约束"嵌入企业组织这一有机体之内，形成一个全新的治理风险的"信息化成熟度治理模式"。

本书研究项目的主要特色和创新点如下。

（一）提出了信息化风险的"人机关系评价法"

准确度量风险程度是风险治理的前提和关键，尤其是处于IT技术大发展和大应用的信息时代，过快的信息化节奏使得高新技术企业难以跟踪和测度瞬息万变的风险敞口，也无法找到降低风险的突破口和切入点；本项目创新性地提出"人机关系评价法"，用来解决高新技术企业与信息化"水土不服"或长期伴随信息化风险这一突出问题，从"人因指标""机因指标""人机关系指标"三个层次进行风险度量和评价，这在风险管理或企业治理领域尚属首次。

此方法融合了IT治理指标和因素。"人机关系评价法"的思路如图1-2所示。

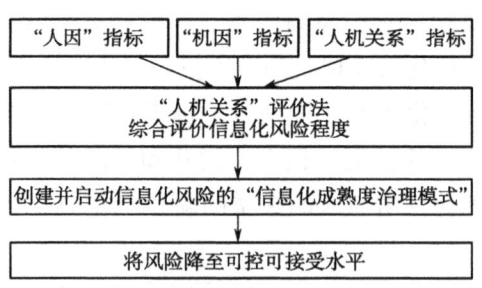

图 1-2 "人机关系评价法"思路

（二）提出了"信息化成熟度治理模式"新思路

本项目首次将工程学的"人机模式"概念应用于企业风险管理之中，比较客观地指出了企业长期受各类风险困扰的原因在于传统控制只强调制度建设或过度依赖技术的先进性，而没有将人与信息技术有机融合且与企业组织的行为目标相一致。本项目提出的"信息化成熟度治理模式"是解决企业组织与 IT 系统共生共荣、彼此协调关系的理想架构，是降低高新技术企业信息化风险的较好选择，它也为此类企业的公司治理和风险治理理论补充了"新鲜血液"。

（三）构造了基于 IT 治理和信息化成熟度的风险治理模式

"信息化成熟度治理模式"实质上体现的是企业组织使命与 IT 系统使命的高度统一性，目标是协调企业组织灵魂和技术骨架，使之成为统一的有机体。因此，信息化风险的"信息化成熟度治理模式"应使得"人""机"这两套系统之间的交流和沟通不仅仅体现在计算机系统代替人工所实现的企业管理流程的自动化上，更重要的是要融合管理者的理念和思路，使"被信息化"了的企业生命体能充分"理解并贯彻"公司治理结构和人员的战略目标及运行策略，形成一个真正意义上的公司治理大系统。

（四）搭建了风险治理信息系统

借助本项目研究结论，我们又利用信息化知识及内部控制理论，提出了搭建企业信息化风险治理的信息系统，并基于高新技术企业信息化环境和治理需求督导的系统规划和实施思路，从需求分析、功能设计和布局、输入输出设计到数据信息的采集、处理和输出设计，结合风险矩阵和管控措施，给出了具体的组织步骤；通过信息化融合思路，与企业已有的大数据系统、业务系统一体化，实时监督高新技术企业的信息化风险。

第二章 信息化风险管理文献综述

企业在组织实施信息化工程的过程中，往往以 IT 技术与企业管理活动为切入点，进而实施全面信息化工作。这里所指的信息化，其重点是管理活动的信息化，如财务管理的信息化、人力资源管理的信息化、生产管理和市场管理的信息化。当前我国高新技术企业信息化进程明显加快，取得了明显成效，但也应该看到其背后夹裹着不可忽视的巨大风险，企业必须重视。

一、国外研究综述

对因信息化而产生的风险敏感性方面的问题，西方学者的关注更早一些。从 20 世纪 60 年代末美国成立国际信息系统审计与控制协会（ISACA）起，学界和业界便开始重视信息技术或信息化带来的风险，并着手研究风险的表现、动因、后果及鉴证或治理措施，研究成果可谓百花齐放、百家争鸣。

从研究成果来看，西方学者将信息化风险的治理模式大体分为两大类："风险控制"型治理和"风险引导"型治理。前者将信息化风险管理视为具体控制措施的延伸，是传统控制和技术结合的产物，主要以 MITCISR（麻省理工学院信息系统研究中心）为代表；后者将信息化风险管理理解为引导企业制定相关措施以减少相关风险的过程，主要以 ITGI（IT 治理协会）为代表。之所以存在所谓两个"流派"之区分，主要源于二者对"治理"一词理解的差异。

以麻省理工学院为代表的许多信息化风险管理专家将"平衡 IT 风险与回报，扩展和控制 IT 资源"作为信息化风险管理的主旨进行探讨。如 Stephen Reingold 提出的反应 IT 投资趋向性的三步骤模型（Reingold，2012），便是代表之一。另外，CISR 注册专家 Ramos 从构造反映企业战略利益目标的 IT 环境出发，将 COBIT（信息及相关技术控制目标）的导向指标融合在其中，以此作为企业治理的基础和边界（Ramos，2011）；学者 Gary Hardy 从目标缺失、风险不可控等方面指出不少企业对 COBIT 的理解有偏颇或操作性不强，建议将目标、标准和行动（主要是指控制环节和手段）结合起来，形成可操作的标准流程（Hardy，2013）。类似的研究还有很多，但它们基本上可以归类到基于控制过程的控制型学派。

至于从事信息化风险管理研究的第二类学派——引导型学派，则是从较为灵活的角度来理解"治理"的含义，其观点主要是：第一，强调企业信息化风险治理要基于结构。Weill 等人较早从结构角度对信息化风险管理加以研究，并逐步深入到治理体系的深层次问题（Weill，2007）。第二，强调风险治理机制。Ross 等人提出治理结构要对所有管理人员透明，企业和信息技术的高级管理人员不能描述信息化风险管理结构是需要重新思考信息化风险管理问题的信号，这就需要一个恰当的机制相配合（Ross，2002、2006）。第三，强调 IT 战略的重要性。Schwarz 等人强调实施有效的信息化风险治理战略的重要性，他们认为，单有有效的治理结构和机制是不够的，必须有一个有效的信息化风险战略目标作为指针，来规划结构和机制，这样方可有针对性（Schwarz，2011）。第四，强调管理者的信息技术能力。这一观点的倡导者当属 G. Bassellier，J. Henbestw 和 B. H. Reich 等人，他们认为，组织中管理者的信息技术能力尤其是信息技术领导力，是决定信息化风险管理效果的核心力量（Bassellier，2008，Reich，2009）。此外，还有强调环境以及人格道德因素的其他不同观点。上述这几个观点的共同特点体现在对组织管理和重视技术之外的某种导向性因素的作用上，故这里不妨称其为"引导型"学派。

两大学派分别从不同角度研究了信息化风险管理的作用和发挥机制，对企业有效运行管理信息系统、减低系统风险和保证企业信息的真实、公正披露等发挥了积极作用。但是，国外研究的基础和环境有一定的特殊性：首先，企业的 IT 环境比较成熟。从 20 世纪 70 年代的管理信息系统（MIS）应用到 80 年代的企业资源计划（ERP）等系统的推广，可以说信息化的理念和价值观已经深入到了企业的方方面面，无论战略制定、组织结构、企业治理还是日常经营，均体现了 IT 系统的思想。其次，包括法律制度［如萨班斯法（SOX）等］、会计准则及审计准则等，均对信息化风险管理提出了强制性要求。因此，不同的研究视角都有成功的案例。而在国内，目前包括北京市属高新技术企业在内的绝大多数企业仍无法完全达到上述"前提条件"，因而此类治理理论"水土不服"，况且西方企业的信息化风险近几年同样有增无减、"自身难保"，在某种程度上反映出上述理论的局限性。

第二章　信息化风险管理文献综述

以下简述的一些学者的研究，可能大致反映出了国外学者的研究脉络。

（一）企业信息化管理的基础

Fred A. Cummins 在其 2009 年编著的《企业信息管理》中，对企业信息管理问题进行了详细探讨，认为信息资源是企业尤其是高新技术企业的第一资源，如何发挥此类资源的效用，关键是看如何开展企业信息管理（EIM）。信息是企业的命脉，没有信息，就没有协调的活动，没有成就的记录，没有未来的计划。信息管理是一项重要的责任，并且随着企业向国际化转变，变得越来越重要，也需要有灵活性。EIM 涉及以数据的验证、转换、存储、传递和表达，提供支持企业目标的信息。Verena Hausmann，Williams，Catherine A. Hardy，及 Petra Schubert 在《企业信息管理准备：当前问题、挑战和策略的调查》（Procedia Technology，2014）一文中谈到，当今世界的企业组织与传统形式或环境相比，发生了巨大变化，信息环境包括新的（和大部分非结构化的）信息类型的增加，使得它们在整个生命周期中面临着相当大的挑战。EIM 的驱动因素多种多样，范围从获取商业价值到符合法规要求都有涉及。研究还表明，EIM 驱动不能简单地归为一系列的技术或组织需求，它是一种复杂的社会技术现象。很少有组织有企业范围的 EIM 战略，那些拥有它们的人能够更好地跟踪和实现性能目标。该研究为支持组织在其 EIM 计划中的进一步研究奠定了基础，但没有过多涉及如何协调信息系统的技术因素与人的因素方面，因此无法在现代企业组织中指导复杂的信息系统，尤其是指导大型高新技术企业在云协作方面如何科学高效地进行信息化管理。

（二）企业信息化的效果及评价

Angappa Gunasekaran（2007）观察到了企业信息系统的成功应用，也指出了管理方面的问题、挑战和解决方案可能会给研究人员和实践者带来困难。企业信息系统的建模分析面对企业信息系统组织和技术问题，涵盖了企业资源规划、电子商务等企业信息系统的趋势和存在的问题，以及它们对供应链管理和组织竞争力的影响。Yijun Huang 等认为，随着网络、数字化和自动化的普及，企业对信息化的需求变得更加迫切；许多因素导致了企业对 EIS 的需求，其中一些因素来自企业发展，而另一些因素则来自政策驱动。对企业信息化效果及评价的研究结果为企业管理者的最优决策提供了很好的见解。Jian Fu Zhang 等（2011）提出了企业信息化效果的评价指标体系和评价方法，这对指导企业信息系统的实施和发展可能有帮助。其具体思路是，应用综合

评价指标体系来度量信息化的效果，综合评价指标体系包括3个关键的一级指标（包括企业信息化的现状、生产管理特点和系统功能需求）、16个二级指标和80个三级指标；根据综合评价指标体系中的设计目标的特点，使用灰色相对关联分析方法评价企业信息化的影响因素，运用灰色综合相关分析方法确定企业的生产管理特点，采用灰色聚类评估技术评估基于灰色系统理论的信息系统功能需求。Wu Yong Qian，Yao Guo Dang 等（2011）进一步研究认为，应革除传统应用中经常使用静态评价的弊端，改为动态评价方法，并给出了设计动态模型的原则和前提条件，提出了一种基于矩阵规范的时间序列权重确定方法，同时利用差分的驱动原理确定了指标权重，又基于时间序列权重和指标权重的确定建立了企业信息化水平动态评价模型，并给出了计算步骤。当然，还有不少学者针对目前 ERP 热、财务共享中心热、信息中心平台热等应用趋势，提出了各种评价方法，提供了解决此类问题的参考理论和解决思路。但上述方法都没有在区分不同产业、不同行业性质以及区分高新技术企业与一般企业等方面进行更多深入研究，因此在可操作性、研究结论及与企业信息化管理的价值相关性方面说服力不够，需要进一步研究。

（三）信息化带来的挑战和风险

信息化应用往往投资巨大、影响深远。对企业组织大量应用信息技术参与协作和创造的价值问题，并非全是赞成之音，当然，从来不乏理性的思考者和审慎的实践者，如前所述，ISACA 最早敏锐地意识到信息化是把"双刃剑"，并且是将 IT 治理付诸实践的权威组织。同时，也有学者通过研究为 IT 治理赋予了理论依据。Shmuel Denel 和 Ge qiqi（2013）分别从方法论和工程经济学的角度探讨了企业信息化建设中的问题与解决方案，认为企业信息化建设的目的主要是为实现企业标准化管理，提高整个企业管理的便利程度和有效性度，真正把现代科学和技术知识转化为经营和管理实践，同时规避反技术化和网络依赖等负面挑战。Sathaporn Yoosomboon，Panita Wannapiroon（2015）提出，在应对信息技术无孔不入以及对现代网络过分依赖的过程中，应通过云技术和社交媒体设计一个基于挑战的学习模型，以提高组织成员信息管理的技能。具体思路是首先进行模型设计，然后是对模型的评估。模型由9名设计领域的专家组成的示范团队，将云技术、社交媒体和信息管理技能等融入系统，供员工或学院等机构随时学习。Xue Chao gai 等（2011）为了定量评价企业信息系统的风险，给出了一种新的风险评价的方法：先提出一套评价体系，然后通过建立基于上述指标的算法模型，用案例来验证这种方法的可操作性；企业则主要对 RHI 算法加以改进和应用。这一方法为企业信息化行为的风险评价提供了定量参考依据。Cheng Wang，Gou，Ting（2013）等关注的是企业信息化后的安全问题，从系统学的角度对企业信息系统安全管理的方案进行了研究，提出在信息化之前应进行定量安全评估，并列出了安全清单和一对一的盯防计划，认为安全风险是信息化风险的头号敌人，应结合大数据和云计算技术来武装。

上述观点和成果为企业信息化后的挑战和风险防范提供了可资参考的依据和方法，但同时也存在着研究上的局限和不足：首先是研究注重基于技术方面，忽略了整体和协调；其次是研究只紧盯单一漏洞，忽视了系统风险；三是忽略了人机关系的研究，导致"头疼医头、脚疼医脚"的散点式治理，忽略了企业应用已经系统化、平台化、大数据化和云雾化的发展趋势。因此，必然跟不上实践的需求而显被动。

（四）信息化风险的评价及度量

Janusz Zawiła-Niedźwiecki，Maciej Byczkowski（2009）在"Foundations of Management"一文中认为，操作风险是所有信息安全风险中唯一可以通过加强管理而避免的风险，其预防措施首先是寻找与市场相匹配的适当产品（服务），然后提升对该活动引起的风险做出反应的能力。对于其他风险，应识别和估计风险类型，根据成本效益原则，从影响最大的三五种动因入手，选择安全管控的合理措施。Song Yiyang 等在"International Journal of Emerging Electric Power Systems"（2014）一文中提出了基于吸收马尔可夫链的风险指标定量计算的方法，用以克服没有考虑系统各组成部分之间联系的缺陷。此研究主要限于静态评估。该方法避免了传统专家评分存在的主观因素明显的缺点，并考虑了信息系统各组成部分之间的联系，使得风险指标体系更贴近实际。Van Piggelen 在"Studies in Health Technology and Informatics"（1996）一文中提供了基于物理学优势的 IT 安全风险的解决方案，展示了利用硬件、系统环境及物联网技术等进行风险识别和管理的新思路。Stuart Maguire（2002）在"Information Management & Computer Security"一文中较为全面地引入了多元化因素，来评估信息技术给企业等组织用户带来的风险。该文认为，系统之间应紧密耦合，尤其是企业与客户的紧密结合，以确保从旧系统到新系统的平稳过渡。Philippe Artzner，Freddy Delbaen 等人（1999）在不完全市场假设的前提下，将风险分为市场风险和非市场风险，并介绍了不同的风险度量模型，并用美国证券交易委员会（SEC）/全美证券交易商协会制定的规则对度量结果加以验证；同时，还以场景分析方法为基础，对风险度量的一致性进行演示，并对分位数法的局限性提出了合理的修复建议。J. Cvitanic, I. Karatzas（1999）[①] 认为，"风险度量"是一个动态研究的过程，"时变性和持续性"是动态风险度量的核心，因为我们对风险进行评估时都会产生一定的时滞性，每一时刻的风险都是在历史数据的基础上计算出来的，并对未来期间风险的大小持续产生作用。H. Mausser, D. Rosen 等（2000）认为，风险管理的度量工具不能简单地理解为监控投资组合的风险价值（VaR），因为这些工具主要对 VaR 边际贡献和贸易风险进行估计。他们首先对参数、德耳塔标准进行回顾，然后在模拟或非参数情况下予以扩展并对两个样本组合加以分析：一个针对外汇合约，非常适合参数分析；另一个着眼于欧洲期权，用基于模拟的方法来解决，并对由于抽样误差对该方法造成的潜在影响进行了讨论。

总而言之，上述研究多数从个别模型或方法上得出了如何评估风险的方法，并给出了部分有价值的建议措施，但研究尚不够深入，对各类信息系统普遍性的指导意义也不够，在对风险的表现甄别、后果评价及动因分析方面，没有考虑系统性以及与企业运行环境和风险管理体系等结合起来，更没有从人的因素和技术因素的融合方面考虑问题，因而指导意义不足，无法很好地对包括高新技术企业在内的信息化组织进行方法论方面的引导。

（五）信息化风险的控制

针对信息化风险的复杂表现和控制系统设计的多样性，Vanga Ram Mohan Reddy（2010）等提议将企业组织自身的逻辑牵制功能"拉进来"，一起参与信息系统风险的控制，认为这样的效果必然比单纯的技术控制好很多。Earl H. McKinney（2011）在《危机 IT 设计对高风险系统的影响》一文中指出，系统观点是对更传统的科学方法的补充，以帮助减少和缓解高风险系统中的风险，目的是调查高风险系统如何使用信息来维持控制，以及如何设计 IT 系统来支持此活动。其实，除了考虑纯技术要素和系统要素参与控制信息化风险外，Brandas, Claudiu, Stirbu, Dan, Didraga, Otniel（2013）在《会计信

[①] Cvitanic J, Karatzas I. On dynamic measures of risk[J]. Finance & Stochastics, 1999, (Apr): 451-482.

息系统风险,控制与审计的集成方法模型》一文中,有针对性地对财务信息系统,如 ERP(企业资源计划系统)或 FSSC(财务共享服务中心)进行了探讨。他们认为,现代信息技术在财务和会计流程中的使用率正在快速增长,这导致了对会计信息系统(AIS)风险、控制和审计研究的关注度迅速增加;在此背景下,AIS 风险的识别和控制是 IT 审计的核心职能之一,是企业 IT 治理的重要职责。关于信息化在风险、控制和审计方面的研究主要有两种:一种是可以适用于 AIS、COBIT、IT 风险、COSO 和 SOX 的专业方法;另一种是以研究方法论为导向的思路,即针对开发和测试 AIS 生命周期的模型,对每一个阶段进行风险识别、评价和控制设计,包括开发阶段风险的识别和控制、应用阶段风险的识别和控制、风控缺陷的识别和防范,以及针对系统数据安全、真实及完整性的风险控制和测试。

上述研究结论和观点较之前的学者有较大进展,能够将系统思想、公司治理、IT 治理和 IT 审计等纳入企业信息化风险管控的运行体系中,这对该领域的理论建设和实践创新具有极大的促进作用。当然,在共享中心、云计算系统以及大数据应用普遍扩展的当下,仅从自身系统出发的"系统观点"还是有些"局限性"或"局部性";没有跳开本系统,站在一个更大的系统来审视,没有从制度体系、输入环境、治理体系、系统要素等风控网络的角度来思考,不能不说是一种遗憾。

(六)信息化风险框架的搭建或标准应用

其实,在信息技术应用早期,国外专家已经意识到 IT 的两面性,曾提示人们提防过度技术化带来的风险,并在不同标准和流程中嵌入了相关标准。到了今天,相关标准更是林林总总、各负其责。如 SOX、COSO 及 COBIT 等系列标准,这也是许多学者研究、参考的依据。

风险治理方面,Holmquist、Eric 等(2007)[①] 从结构出发,将研究一步步延伸到信息化风险治理系统的核心问题,认为企业信息化风险治理要以结构为出发点;Purtell,Tim(2008)[②] 在《风险的新视角:建立一个全面的信息技术风险管理系统》中提出,目前大多数企业普遍认为包括 IT 风险在内的风

---

① Holmquist E. Operational Risk Management and Information Technology[J]. *The RMA Journal*, 2007,(Sep):42~45, 47~51, 9.

② Purtell, Tim. A New View on IT Risk: Building a Successful Information Technology Risk Management Program[J]. *The RMA Journal*, 2008, (Mar):55-56, 58-59, 9.

险管理概念需要外延,因此,一个完整的风险管理系统是一个在应用、管理、度量、监督和预警方面全面协调存在的完整体系;G. Bassellier,J. Henbestw 和 B. H. Reich（2009）① 等人主要关注企业领导者信息化管理能力对企业信息化的作用,他们认为,信息化领导者是决定信息化风险管理效果的核心力量;Dewan,Sanjeev（2011）② 从目标确定、风险防控等方面入手,认为许多企业对 COBIT 的认识有偏差或缺乏实践性,并提出将目标、准则和活动（主要是指控制环节和手段）综合考虑,建立可操作的标准系统;Schwarz 等（2011）③ 更加关注信息化风险治理对策的重大作用,认为仅依靠有效的治理结构无法满足企业信息化风险管理需求,还需要制定一个有效的信息化风险治理战略目标作为指导;Taylor,Hazel 等（2012）④ 人在《信息技术项目的风险管理：搭建理论和实践之间的桥梁》中指出了传统理论在实践上的局限,并在识别和评估信息化风险的基础上,提出了针对性的防范措施和治理对策,以应对企业信息化项目进行过程中的模糊性和多变性。

Klamm,K. Bonnie,Watson,Marcia Weidenmier（2009）在《SOX404 报告的风险管理弱点：对 COSO 框架组件和信息技术的测试》一文中,从 IT 视角和非 IT 视角两方面研究了组织风险管理集成框架对虚假财务报告委员会下属的发起人委员会（COSO）的五个组成要素的作用和意义,以及 COSO 的三个目标报告可靠性如何实现,并通过 490 家公司的样本,探讨了《萨班斯—奥克斯利（Sarbanes-Oxley）法案》第 404 条款对市场参与人的影响。Mark Wolden,Raul Valverde,Malleswara Talla 等（2015）从 COBIT5 信息安全框架中找到了减少对供应链管理系统网络攻击的灵感（IFAC Papers OnLine,2015）,其大体思路是：病毒、黑客、网络间谍和恶意软件的攻击对许多组织构成了巨大的威胁,特别是那些采用现代技术来提高效率的组织,尽管 ERP 系统和管理的新应用程序提供了更高的可用性和更好的技术服务,但这种定

---

① Bassellier G, Henbestw J, Reich B H. 信息化风险管理核心：组织管理者[J]. 经济研究评论. 2009,(9)：87~95.

② Dewan, Sanjeev, Ren, Fei. Information Technology and Firm Boundaries: Impact on Firm Risk and Return Performance[J]. *Information Systems Research*, 2011, (Jun): 369-388, 415, 417.

③ Schwarz. Monitoring risk in information technology projects [J]. Allied Academies International Conference. *Academy of Information and Management Sciences*, 2011, (Jun): 63-65.

④ Taylor H, Artman E, Woelfer J P. Information technology project risk management: bridging the gap between research and practice[J]. *Journal of Information Technology*, 2012, (Mar): 17-34.

制化的系统存在安全漏洞和信息盗用隐患,常见的供应链管理系统(SCMS)需要有一个信息系统的安全框架来防范这类风险。作者研究了COBIT5信息安全框架在减少网络攻击风险方面的有效性,采用问卷调查方法考核了该模型在根据控制目标搭建风险控制体系方面的效果。结果表明,在SCMS和ERP系统中实施COBIT5框架安全措施是有利的。Tatiana Dnescu,Mihaela Prozan,Andreea Cristina Dnescu通过会计和财务报告提供的有用信息,判断风险管理和风险管理活动的作用(Procedia Economics and Finance,2012),认为在结合COBIT及COSO等标准规划信息化风险的风险管理体系时,需确保会计信息具有相关性、可比性和可信性,并对会计和财务规范、政策和程序的知识加以理解和应用,确保财务状况和业绩的真实下,这类目标的实现是由于存在适当的风险管理。

概括地说,上述观点基本将COBIT框架的作用以及企业需要构建通用标准的信息化风险控制体系的意义和做法交代清楚了。但它们同样缺乏针对不同产业性质(如制造业或金融业)、不同企业生命周期(如创业期、成长期或成熟期)、不同技术含量企业的具体分析。经过近30年的发展,企业应用的IT技术越发先进,风险也在增加,说明单纯着眼于技术因素,无法从根本上解决企业信息化带来的风险和不确定性,必须另寻出路,这就是本书要构建基于人机和谐关系的IT风险治理体系的初衷。

二、国内学者的研究现状及分析

高新技术企业在管理方面实现信息化所体现的特点是起步早、起点高、发展快、投资大、组织扁平化、信息化风险高,而针对这些问题的系统性研究还比较少见。比如,代表着信息技术应用水平的ERP系统[Enterprise Recourse Planning(ERP),企业资源计划]在大型企业的运行不过是近10余年的事情,而更多的企业是最近五六年才开始上线,但投资势头异常迅猛,有的企业一套系统的投资就达上亿元甚至几十亿元(例如联想集团的ERP系统投资额为2.5亿元左右,而中石化四期信息化总投资在100亿元,中国移动的ERP系统投资更是达到了130亿元的天文数字——见联想集团、中石化、中国移动2015年财报)。

近几年国内学者已注意到上述趋势,并展开了卓有成效的研究:唐志豪教授认为,建立基于信息化平台的导向型风险治理模式是信息化风险管理的

一种选择，该平台应包括信息化风险管理的技术要素和运行环境并与企业管理信息系统相对接（唐志豪，2009，2012）；南开大学课题组则将网络控制植入公司治理框架之中，提出了包括 IT 环境、体系要素和控制标准的治理构架的设想（李维安，2008，2010；王德禄，2012）；张瑞君、张天西等人从企业集团财务风险的治理框架以及从管理信息披露目标倒推企业战略的实现程度等角度提出了信息化风险治理的具体建议，主要包括重塑信息化环境下企业运行的工作流程和网络道德规范、提高信息技术等级以及标准化企业信息披露模式和标准等（张瑞君，2012；张天西，2011）；姚建荣从信息化风险管理的内容与流程结合的角度提出了信息化风险治理导入模型，分别从制定企业战略、关键决策、组织安排及实施和评价四个方面探讨了信息化风险管理的实现流程（姚建荣，2008）。

本书项目组对信息化风险治理的研究主要体现在对以往研究成果的评价、反思和新模式的构建等方面，认为传统治理模式因无法与现代信息化风险治理理念很好地融合影响了治理效果。为做到上述融合，本书作者对企业管理活动中的人机关系进行了长期跟踪和探讨，对构建"信息化成熟度治理模式"的可行性进行了较为深入的研究，特别是对在高新技术企业组织架构、企业文化、组织行为等长期制约和影响下信息资源的输出、利用和决策制定等环节提出了"信息化成熟度治理模式"的实现机制（王凡林，2012）。本书项目申请人的前期研究成果为本书研究的开展提供了理论铺垫和参考思路。

三、对现有研究成果的分析和评价

尽管国内外学者的研究取得了相当丰富的成果，但现实中暴露出的信息化风险事件和巨额损失隐患仍层出不穷。我们认为，可能由于以下原因导致了理论与实际的脱节：

第一，较多引进和介绍的是西方的某些做法，缺乏中国国情的适应性研究。

因为信息技术的应用最早出现在西方，尤其是美国，所以现有的文献大多介绍的是美国的做法。中国的信息化进程与美国有较大不同（Bilwee，2016），如从工业化的程度和政府的推动方面看，中西方存在较大差异。因此，仅仅引进和介绍西方的某些做法是不够的。

第二，缺乏关于信息化风险管理理论的系统化研究。

纵观国内外的相关研究过程和成果，它们大多集中在信息系统规划、实施和审计的具体方式和手段上，而关于信息化风险管理结构理论、行为理论、控制理论以及与公司治理环境的关系、组织行为与信息化风险管理的关系等理论性问题，都没有理清，更缺乏系统思考。

第三，缺乏企业信息化风险治理如何具体实施的清晰的指导流程。

以 ITGI 为代表的研究团队虽然提出了类似 COBIT 模型的关于信息系统控制的目标框架，但缺少如何应对信息化管理中存在的风险的识别标准和程序，缺乏不同类型企业的具体管理措施和控制手段以及如何对管理效果进行评价的具体指标。企业的信息化素养和意识存在差异，对确立规范流程的指导和建议存在不同的理解，因而无法快速有效地实现对风险事项的识别和防范。

第四，过多强调技术因素，忽略了企业组织的现实环境。

国外开展信息化风险管理研究的相关机构大多起家于软件系统供应商的顾问公司，研究人员多数为技术出身或有"理工科背景"，其研究的着眼点过多强调技术、网络等"硬"因素的作用，有意无意间忽略了公司治理、组织行为、企业文化等"软"因素的作用。因此，其研究成果虽然在指导用户系统上线及操作运行方面具有一定的指导意义，但无法系统、长效地指导企业构建自己的信息化风险管理运行体系，更缺乏对高新技术企业现实管理的指导价值和可行性。

第五，缺乏风险管理评价的指标设计和后续监督的研究。

选择恰当的信息化风险管理模式，进而构建安全有效的信息化风险管理运行体系，是现代企业实现信息化风险管理的最直接的目标，也是为实现公司治理与信息化风险管理的协同一致所做的准备。企业实施信息化风险管理的效果如何，与公司治理是否存在重叠或盲区，怎样以及采用什么指标来考核企业信息化风险管理的效果和业绩密切相关。不同企业间如何对比治理效果，政府、机构和相关部门如何评价企业在信息化风险管理方面的作为等，均是一个值得研究的问题，然而目前此类研究还比较少。

第六，缺乏针对高新技术企业信息化风险的具体治理措施。

就国内这方面的研究成果而言，还存在这样的问题：忽略了对中国高新技术企业现状的针对性研究，从而无法"接地气"。这些企业多数关系到国计民生，传统风格和管理习惯根深蒂固，组织结构落后，企业信息化时间较晚（最近 10 年左右是我国企业信息化发展较快的时期），信息化环境不成熟，信息化参与人员信息素养较低，技术与组织尚未实质性一体化，在这样的现实状况下，人们对信息化带来的风险认识不足，也容易盲目照搬国外的研究成果，结果导致"水土不服"，甚至出现巨额投资不见收益的"投资黑洞"效应。

正是由于上述问题的存在，使得高新技术企业信息化风险和损失层出不穷、防不胜防。基于理论和现实的迫切需要，本书项目团队决计从基础工作做起，为我国企业的信息化风险管理理论和实践贡献绵薄之力。

第三章 信息化风险概述

IDC 统计显示，截至 2016 底，北京地区的网民数量占比较全国总体水平高 24 个百分点。较京津冀平均水平高 7 个百分点。无论从北京自身的地位还是基于京津冀协同发展的引擎作用看，北京市的信息化步伐都是最快最好的，其示范和标杆作用不言而喻；而与北京市高新技术企业的信息化程度相伴的信息化风险，也同样最为突出。①

本书所研究的企业信息化风险是指企业因实施信息化工作而直接或间接给自身带来损失的可能性，包括直接风险和间接风险。企业信息化是一个包括信息化规划、实施、运行、维护等过程的系统工程，按照诺兰模型（Norland Models）的阶段性理论，信息技术在企业管理领域的应用是一个信息技术（Information Tecnology）不断引入、延展、深化和自我完善的进化过程，目的是为企业各级管理活动提供辅助信息和参考方案。本书所涉及的信息化实施领域，重点是在企业运营的管理过程，包括管理过程的预测、决策、计划、预算、控制、执行、检查、考核、评价、分析、激励、约束、反馈等管理循环的每一个环节所需要的信息技术和信息资源。

根据麦肯锡咨询公司及毕马威会计师事务所的调查结果，截至 2015 年末，企业实施信息化的成功率并不高，且信息化方案提供方与企业用户的认识也不一致，前者认为信息化的成功率在 70% 左右，而后者认为实施以 ERP 为代表的信息化工作能达到设计预期的效果的不足 50% 甚至更低②。这就是现实。某些企业负责人甚至发出"不信息化是等死，而信息化是找死"的感慨，业内将这种情况称为"信息化悖论"或信息化"投资黑洞"。这种问题的存在，说明企业实行信息化并不必然带来管理质量的改进和管理效率的提升；

---

① 本书问卷调查结果是，按照工信部对信息化程度的度量指标（2002 版）来衡量，规模以上企业信息化程度为 55% 左右，高新技术企业的信息化程度为 70%，而信息化带来的风险同信息化程度相一致。

② 根据麦肯锡 2016 年学术报告和毕马威网站发布的报告综合整理。

尤其是网络依赖性较高的企业，它们在信息化过程中可能夹裹着诸多风险或隐患。信息化对管理和控制的提升作用还要依赖于信息化前期的顶层设计、详细调研、需求梳理、流程再造和管理优化等，同时，在整个信息化过程中，还要不断修正实施方案，科学设计和合理实施信息化风险管理体系，处理好人与系统的关系，这样才能避免或降低信息化风险。

为了更好地调查并研究北京地区企业信息化风险的起因、表现、后果及治理需要，有必要首先对信息化风险的相关理论进行讨论，以便为后面的讨论打好理论基础。

一、风险的相关理论

（一）风险的概念

为"风险"这一常见词汇下一个确切的定义并不容易，不同的领域、不同的研究目的，以及不同的文化背景和风险偏好，均可能对其存在各自不同的理解。本书讨论的信息化风险也有广义和狭义两种解释（虽然在原理上信息化风险符合一般风险的基本范畴，原理是通用的）：狭义的风险是普通意义上的"可能发生的危险"，即人们从事各种活动可能蒙受的损失或损害；广义的风险是一种不确定性，是指由于不确定性的存在，使得在给定条件下和特定时间内，那些可能发生的结果与预期之间的差异，差异越大则风险越大。由于广义的风险是指一种不确定性，那么风险既可能是不愿意接受的坏事或危险，又可能是期望的好事或机会，即造成的差异可能是不利的，也可能是有利的。

1. 风险的构成

从广义的含义来看，风险具备以下几个因素：

（1）事件：指活动或事件的主体未曾预料到或虽然预料到其发生，但未预料到其后果的事项。

（2）事件的概率：事件的发生具有不确定性，但根据某些方法，可以度量或估计出风险事件发生的概率。

（3）事件后果：事件发生后，带来的经济损失如货币表现。

（4）事件动因：引起某个风险发生的各种可能原因的总称。

风险中包含不确定的成分，这类问题有些可用概率加以计算。同时，失败引起的后果和灾难也必须加以考虑。每个风险事件的风险可定义为不确定性和后果的函数。总的来说，不确定性和后果的严重性增加，则风险加大。

风险中的另一个重要因素为风险原因。某个事件的发生或不发生会引起风险，这在信息化项目中，一般称为风险源。比如，特定事故能通过对事故的了解和采取必要的措施而最大限度地得以避免。风险来源可划分为自然、社会和经济三种来源，可以划分为组织内部来源或组织外部来源，也可以分为信息化项目的内部来源和外部来源。

风险是潜在的。只有具备了一定条件时，才有可能发生风险事件。这里把一定的条件称为转化条件。即使具备了转化条件，风险也不一定演变成风险事件。只有具备了另外一些条件时，风险事件才会真的发生。后面说的条件称为触发条件或触发器。

2. 风险的特征

风险一般具备如下特征，认识到这一点对信息化项目经理正确把握风险，采取科学措施来防范和规避风险非常必要。

（1）风险的客观性。信息化风险的客观性是指风险的存在是不以人的意志为转移的，不管风险主体是否能意识到风险的存在，风险在一定情况下都会发生。

（2）风险的不确定性。信息化风险具有不确定性，它的发生不是必然的。风险何时、何地发生以及风险对信息化成果或交付物的影响程度都是不确定的。

（3）风险事件的随机性。风险事件的发生及其后果都具有偶然性。人们通过长期的观察，认为风险事件具有随机性。

（4）风险的相对性。信息化风险是相对不同的风险管理主体而言的。风险管理主体承受风险的能力、对信息化资源投入后的期望效果以及投入资源的大小等因素都会对信息化风险的大小和后果产生影响。人们对于风险都有一定的承受能力，但是这种承受能力往往因人、因事、因经济实力甚至因个人心理素质而异。对于信息化风险，人们的承受能力主要受下列几种因素的影响。

第一，收益的大小。收益总是与损失的可能性相伴生。由于人的心理是普遍厌恶损失的，所以损失的可能性和数额越大，人们希望为弥补可能的损失而得到的收益也越大。反过来，如果收益越大，人们愿意承担的风险也就越大。

第二，投入的大小。对于高新技术企业来说，信息化项目的投资往往规模较大，周期也比较长，收益存在滞后性。投入的越多，企业对预期收益的期望也越大，愿意冒的风险也就越小。投入与收益期望值之间的关系如图3-1所示。一般人希望活动获得成功的概率随着投入的增加呈S曲线规律增加。当投入少时，人们可以接受较大的风险，即使获得成功的概率不高也能接受；当投入逐渐增加时，人们就开始变得谨慎起来，希望活动获得成功的概率提高，甚至无法接受额外风险。

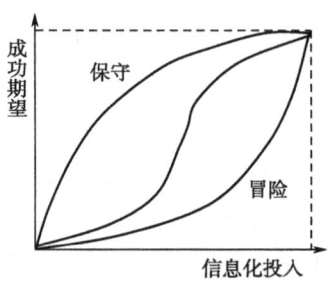

图3-1　信息化投入与期望值之间的关系

第三，地位和拥有的资源。高新技术企业管理人员中级别较高者比级别较低者相比能够承担较大的风险。同一风险，不同的个人或组织，其承受能力也不同。个人或组织拥有的资源越多，经济实力越强、边际收益敏感度越高、工作背景越好，其风险承受能力也越大，如图3-2所示。

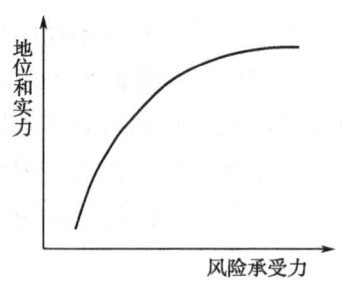

图3-2　地位、实力与风险承受之关系

（5）信息化风险的可变性。在不同的情况下，信息化项目的风险是存在变化的可能的。信息化项目的主观或客观原因和环境发生变化，信息化项目

第三章 信息化风险概述

的风险也会随之发生变化。一般情况下，信息化风险的可变性包括风险性质发生变化、风险后果发生变化、风险概率发生变化、风险形式和规模发生变化以及新生风险的出现。

（6）信息化风险的阶段性。信息化风险是分阶段发展的，而且各个阶段都有明确的特征和界限。信息化风险的阶段性如下：

第一，风险潜伏阶段。这一阶段中的潜在风险没有危害，但是它会逐步发展成为现实的风险。

第二，风险爆发阶段。此时，风险已经发生，但尚未产生后果，如果不及时采取措施或加以处理，风险就会给信息化项目带来危害。

第三，造成后果阶段。在这一阶段，风险造成的后果已经无法挽回，只能尽量采取措施减少它给信息化项目带来的损失。

二、信息化风险的定义和分类

本节具体讨论高新技术企业信息化风险的一些基本概念。

（一）信息化风险的定义

信息化风险是指由于信息化项目所处环境和条件的不确定性，使得信息化项目的最终结果与信息化项目利害关系人的期望产生背离，并给实施信息化的企业带来损失的可能性。信息化风险产生的原因主要是信息化项目的不确定性造成的，而不确定性又是信息化项目团队无法充分认识信息化项目后的发展和变化造成的，这种不确定性不能通过事先的努力来消除，而只能在某种程度上降低。

同时，由于企业的信息化功能往往是一个行进性的工作，不可轻易改变规划、推倒重来或者"不断试错"，这种"一次性"的属性，使得其不确定性要比其他活动大许多，因而信息化风险的可预测性也就差得多。业务运行或管理往往是重复性的，该过程若出了问题，往往可以事后弥补或"下不为例"，降低上次风险带来的总体损失；而信息化项目一旦出了问题，则很难补救，尤其是高新技术企业的核心资源和竞争力非常依赖信息化环境，出了问题对企业的打击可能是致命的。另一方面，企业实施信息化工作所遵循的路径、采取的模式或工作方式多种多样，每个企业都是根据自身的需求规划自己的信息化项目实施模式，因此它们各自有各自的具体问题。

诸多风险会贯穿于整个信息化工作的全生命周期，并且，信息化项目的不同阶段会有不同的风险。风险大多数随着信息化项目的进展而变化，不确定性一般会逐渐减少。最大的不确定性存在于信息化工作的早期，早期阶段做出的决策对以后阶段和信息化项目目标的实现影响最大。在信息化项目的各种风险中，进度拖延往往是费用超支、现金流出以及其他损失的主要原因。为减少损失，在早期阶段主动采取防范措施要比到后期才被迫应对划算得多。

(二) 信息化风险的分类

信息化风险可以从不同的角度、根据不同的标准进行分类。以下是按照风险的表现形式和风险后果所做的简单分类。

1. 按风险的表现形式划分

按照企业信息化工作在各个阶段的表现形式不同，可以将风险划分为以下7种基本类型：信用风险，规划风险，交付风险，安全风险，运行风险，管理风险，平台风险。

（1）信用风险。信息化项目融资时如果依赖于信用保证机构，如担保、银行、抵押等机构，组成信用保证机构的各个参与者是否有能力或愿意执行其职责，构成了信息化项目融资的信用风险。信用风险有时贯穿于信息化项目的各个阶段，企业应高度重视，否则会引起连锁反应，导致其他一系列风险的爆发。

（2）规划风险。信息化项目的规划风险往往潜藏在信息化系统的规划阶段，是由于规划方案的不科学、不可行而导致信息化项目或信息化运行达不到目标的可能性。业内认为规划阶段的隐患是最大的风险，其可导致交付、运行、信息资源管理等一系列风险的爆发，如信息化项目建设延期、信息化项目建设成本超支、信息化项目迟迟达不到设计规定的技术经济指标、运行后达不到预想的功能等。

（3）交付风险。信息化项目的交付风险是在信息化成果交付阶段产生的，表现为交付物属性、功能等参数无法达到预期目标的可能性，如交付延期、交付成本过高、交付物缺失、无法预期运行等。

（4）安全风险。信息化的安全风险可以表现在信息化项目和运行的各个阶段，包括软硬件安全、信息安全、平台安全、风险管理体系安全、监管和审计等方面。

（5）运行风险。信息化项目交付后的运行过程往往表现出诸多隐患，如网络拥堵、系统崩溃、违规操作、恶意访问、篡改数据等。

第三章　信息化风险概述

（6）管理风险。"三分建设、七分管理"形象地描述了信息化系统日常管理的重要性。在管理方面，可能存在制度缺失、执行不力、奖惩不明、升级不及时等风险。

（7）平台风险。随着大数据、云计算、人工智能等技术的广泛应用，平台化运行模式愈加普遍。企业对平台如技术服务平台、外部数据平台、在线法规平台等的依赖，会加大本企业的平台风险。如果平台的运行存在问题，会导致企业信息化工作的失败或遭受损失。平台风险是一种输入型风险，要靠更高层面的治理来解决，如国家法治的完善、数据环境的规范、网络道德和伦理的建立等。

2. 按风险的后果划分

按照后果的不同，风险可划分为纯粹风险和投机风险。

（1）纯粹风险。不能带来机会、无收益可能的风险称为纯粹风险。纯粹风险只有两种可能的后果——造成损失，不造成损失但不会带来收益。纯粹风险造成的损失是绝对损失。实施信息化的企业主体蒙受了绝对损失，企业链、产业链或行业都有可能一起受损失，因此应全力避免。

（2）投机风险。若某个事件可能带来机会、获得收益，又隐含不利、潜在损失，这种风险就称为投机风险。它既存在隐患，又存在机会。投机风险有三种可能的后果：造成损失，不造成损失，获得收益。投机风险还可细分为市场风险、经营风险、投资风险等。

纯粹风险和投机风险在一定条件下可以相互转化。信息化管理人员须避免投机风险转化为纯粹风险，并能准确判断纯粹风险的出现，及时采用止损策略，抓住信息化工作给高新技术企业带来收益的机会。

风险还有其他分类，如按影响范围、后果承担者、可管理性等进行分类，这里不再一一列举。

（三）信息化风险的成本

信息化风险（简写为风险）的成本问题在学界向来有争议，这里主要从企业成本的视角，考察风险事件的防范而发生的支出。风险事件造成的损失或减少的收益以及为防止发生风险事故采取预防措施而支付的费用，都构成风险成本。例如，信息化承担方向保险公司缴纳的保险费，便是企业实施信息化时所发生的风险成本的一部分。

Earl H. McKinney 在其著作 "Crisis IT design implications for high risk systems"（2011）中，将风险成本分为有形成本、无形成本以及预防与控制风险的成本。其实，该领域的主流学者们也大多按照此种分类在研究和操作中对待风险成本。高新技术企业的信息化风险成本同样按此界定被管控。

1. 风险损失的有形成本

风险损失的有形成本包括风险事故造成的直接损失和间接损失。

（1）直接损失。直接损失指因风险事件的发生而导致的财产损毁和人员伤亡的后果值。

（2）间接损失。间接损失指除直接损失以外还可能发生的其他损失，如善后损失、机会损失、责任损失或收益的减少额等。

例如，信息系统搭建人员在网络通信工程施工过程中发生人员高空坠落，其直接损失包括受伤人员的医疗费、休养费、工资等，间接损失包括因人员抢救、停工、延误工期、后期赔偿等发生的费用。

2. 风险损失的无形成本

风险损失的无形成本是指由于风险所具有的不确定性而使信息化项目或其他经济活动主体在风险事件发生之前或之后付出的代价。主要表现在如下几个方面：

（1）风险损失减少了收益机会。由于对风险事件事先的不确定性，无法确定风险事件的后果，信息化项目或其他经济活动的主体不得不为可能的损失事先做出准备。这种准备往往占用大量资金，这些资金不能投入再生产，不能用于经营周转，只能随时准备风险应急，这就减少了收益的机会。由于风险事件的发生，有时会对信息化项目主体的声誉产生不利的影响，从而会使信息化项目后期运行产生更多成本。

（2）风险阻碍了生产效率的提高。人们不愿意把资金投向风险很大的高新技术产业，阻碍了高新技术的应用和推广，进而阻碍了社会生产效率的提高。

（3）风险造成资源分配不当。由于担心在风险大的行业或如高新技术企业存在更大的风险，为了规避相关损失，人们愿意把资源投入到风险较小的行业或部门中，结果使得对国家创新战略有关键支撑的高新技术企业或相关领域（如无人驾驶、新能源汽车、人工智能、移动互联、区块链、物联网、数据孪生、医疗机器人、量子计算、外太空探索等）的发展缺乏应有的资源，而已经发展过度的行业或部门（如低端采掘业、高能耗冶炼业、高污染制造业等）却占用过多资源。

3. 风险预防与成本控制

为了预防和控制风险损失，必须要采取各种措施。如向保险公司投保、向有关专家咨询、配备必要人员、购置安全防护设备、对核心技术人员进行高端培训以及安排人员、设备维持和维护费用等，这些费用统称为预防控制成本。

以高新技术企业为代表的企业组织进行信息化风险管理要遵守"成本效益原则"。单纯从商业行为的目的来看，只有当风险事件的不利后果超过为信息化风险管理而付出的代价时，才有必要进行风险管理。

三、高新技术企业风险管理的参考框架

（一）风险管理理论

如前所述，针对风险，学者们至今仍未形成一致意见。其中，主要观点如下：C. A. Williams（1985）称风险是指在特定条件下和特定时期未来结果的不确定性；J. S. Rosenb（1972）和 F. G. Crane（1984）都将风险定义为未来损失的不确定性；我国学者则认为，风险因子、风险事件和风险结果是风险的组成要素。风险事件是指当外在因素产生非预期变动时发生的事件。本书研究的风险主要涉及风险因子和风险事件发生概率两个方面，旨在可能对高新技术企业信息化产生影响的众多因素中找出关键风险因子。

风险管理是为降低风险的不良影响而确定相应对策的过程，它在通过风险识别与度量的基础上进行选择，谨慎地衡量为规避风险而增加的成本与所获收益间的关系，最终采取措施予以应对。这一管理技术对成本收益方案和行动措施的决策（包括决定不采取任何行动），有助于以最小的成本收获最大的安全保障。对现代企业来说，风险管理就是通过风险的识别与度量，采取适当的对策加以防御，有计划地处理风险，使企业能够顺利生产或运营。

从风险管理的发展历史来看，大致经过了几个阶段：

第一阶段是萌芽时期。现代意义上的风险管理产生于 20 世纪 30 年代的美国，1929 年到 1933 年西方资本主义国家发生经济危机时，美国约 50% 的银行、企业面临生存困境，市场严重衰败。为谋取生存机会，美国多家主流企业纷纷成立保险机构来应对这种危机，保险机构主要对相应的保险事件进行有效管理，安排专门人员研究损失隐患的发生机理，进行后果评价并采取应对措施，这就是风险管理的雏形。

第二阶段是形成时期。从 1938 年开始，部分美国企业吸取了失败的教训，渐渐实行更加先进的措施加强风险控制。20 世纪 50 年代，风险管理进一步被大家接受，风险管理学科真正形成。部分欧洲国家和加拿大的企业效仿美国应对风险，也开始重视风险管理理论和实践。与此类似，日本业界也同样关注风险控制。

第三阶段是发展时期。20 世纪 80 年代以来，美、英、法、德、日等国分别成立了风险管理协会。1983 年，美国举办了风险管理协会例会，与会专业人士一起研究并制定了"101 条风险管理准则"，这对风险管理研究的开展意义重大。

20 世纪 80 年代，中国业界开始关注风险管理实务的运作，理论界亦随机展开相关研究。早期的研究是从引入国外理论和管理方法入手（包括风险管理方面的先进思想，如 COSO 模型）应用于部分国内企业。20 世纪 90 年代以后，随着中国资本市场的飞速发展，企业风险投资活动大幅增加，风险管理逐渐成为企业管理的重要组成部分，在最新研究成果企业权限管理 ERM（模型）的基础上，大型企业组建了内控部或风控部，风险管理实践和理论正式走入研究和运行的正轨。

（二）COSO 全面风险管理整合框架模型

识别动因、评估风险后果、实施风险应对措施，是风险管理的三大环节，缺一不可。截至目前，COSO 在 2004 年发布的企业风险管理的整合框架文件（COSO-ERM）被公认为较为前沿的风险管理理论。COSO-ERM 将内部控制引入风险管理体系内，并对其进行延伸和细化。该 COSO 模型囊括由"四个目标"（战略、经营、报告、合规）和"八个要素"组成的内控框架，被称为内控体系建设和运行的指导性文件。总之，COSO-ERM 是以企业风险为基础构建的框架，在该框架中，风险管理不再是对个别业务的单一风险进行管理，而是从整体出发，对企业全部风险加强管理，在标准一致的前提下，考虑它们之间的关联关系，并对其予以整体评估与求和，同时借助评估结果对其进行有效应对。该框架包含内部环境、目标设定、事项识别、风险评估、风险应对、控制活动、信息与沟通、监控八个相互联系的要素。其中，风险识别是指对企业战略目标有利弊影响的事件进行识别，具体包括影响因素、识别技术、各因素间的相互影响、风险类别等；风险评估是对未来某事项（包括数据、视角、应用技术等）对目标完成情况的影响的分析和评价；风险应对包括风险事前防御、事中控制、事后承受三个方面。

上述 COSO 全面风险管理整合框架模型，同样适用于企业信息化项目建设与实施过程中的风险管理。在对企业信息化风险进行分析总结时，本书梳理了高新技术企业信息化风险的特点，确定了高新技术企业信息化风险的研究方向，是结合高新技术企业信息化风险现状来归纳风险，从而确立风险识别—风险评估—风险治理的分析过程，同时根据影响高新技术企业信息化成败的关键因素提出针对性风险防范措施。

（三） COBIT 理论框架模型

如果说 COSO 模型是一般企业搭建内部控制体系的国际标准，那么 COBIT 模型则是信息化领域将内部控制体系与企业业务目标进行整合的另一个国际标准。COBIT 模型标准列示了对 30 多个业务流程的控制机制，并把它们集中到四个子域中：规划和组织（Planning and Organization），系统的获取和实施（Acquisition and Implementation），交付与支持（Delivery and Support），对信息系统运行性能的监控（Monitoring）。如图 3-3 所示。

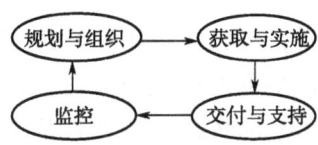

图 3-3 COBIT 治理模型框架

因此，COBIT 模型已成为国际上最被广泛接受的 IT 管理与控制标准，在很多国家的政府机关与企事业单位中得以广泛运用。COBIT 模型常被用来帮助政府、企事业单位对信息资源进行整合，对风险加以准确识别与治理。

COBIT 模型被许多学者誉为连接企业目标与 IT 治理目标之间的桥梁。

从内容覆盖的范围看，COBIT 模型囊括了从研究设计到应用实施再到系统维护的整个过程。

关于组织与规划，其核心是准确把握 IT 战略与业务需求间的关系，在业务目标基础上使 IT 战略具体化，选定适用的 IT 系统，对其进行详细的系统研究和设计。这种条件下的 IT 系统的研发过程以公司的实际业务需求为准绳，所以更注重信息系统与业务需求间的融合。

至于获取与实施，主要是考察企业需求，同时根据企业需求整合资源，提供优质的IT服务以满足企业需求。此时，IT实施已上升到IT服务阶段。

COBIT模型的顶层是对IT实施过程加以监控，保证信息化效果与业务的手工处理结果高度一致。COBIT模型覆盖整个信息系统的生命周期，其控制目标包括：①有效性（High Effectiveness），是指信息与业务流程相关，并以及时、精准、可靠的方式传递。②高效性（Efficiency），是指如何传递信息使资源得到最优利用（最高产和最经济）的特性。③机密性（Confidentiality），是指对敏感信息的保护，防止未经授权的接触。④完整性（Integrity）：指信息的准确性和完整性以及与商业评价、预期的一致性。⑤可用性（Availability）。它一方面指在业务处理过程中所需信息是可用的，另一方面也指对必要的资源进行保护。⑥符合性（Compliance）。是指在业务经营进行时应严格以法律、法规和合同为准绳。⑦可靠性（Reliability of Information），指为企业决策人员的日常经营管理及为财务报告的使用人提供真实有效的信息。总之，COBIT模型考虑了企业战略与IT战略间的密切关系，并形成不断完善的动态循环机制。

综上所述，若将COBIT模型与COSO模型进行融合，在对高新技术企业信息化过程进行监督控制时，可以发挥风险管控和资源治理的双重作用，能够从方法论依据和模型理论维度对研究对象进行风险识别、评估和管理。前者是基于风险导向的管控体系的搭建，后者是基于信息技术体系搭建的目标导向，二者融合在企业组织的风险管理活动中，通过体系对体系、要素对要素、目标对目标，并针对高新技术企业的风险特点，构建出基于"人机评价法"（HuPC）和信息化成熟度模型（HT-CMM）的风险控制体系。

四、高新技术企业的概念及特点

（一）高新技术企业的概念

"高新技术"（又称高科技，high-technology）一词在20世纪70年代被提出，并于20世纪80年代开始流行。由于高新技术发展迅速，目前对其概念的界定还没有达成一致意见。经济合作与发展组织（OECD）认为："高新技术是指追求积极创新、先进完善的研究、设计理念，加快发展和交互融合的经济实体。"日本学者认为，高新技术是指现代顶级技术和未来先进技术的融合。我国国家科技成果办公室认为："高新技术是指位居科技前沿，对发展生产力、推动社会文明起引导作用的技术集。"相比其他定义，我国此项定义对

第三章 信息化风险概述

高新技术的本质进行了更加明确的描述，本书认同的是这一定义。

高新技术企业是指拥有高比率知识型人才，以研究、设计、生产、销售技术创新型产品和服务为主要业务的企业。这些企业在国家重点支持的高新技术领域内，利用尖端科学方法和现代化技术设备生产、销售创新型产品和服务，通过不断进行科技研发，打造以知识产权为核心的企业竞争力，维持企业经营业务。总之，高新技术企业是以自主知识产权、技术创新为核心的新型市场主体。

目前高新技术的行业跨度已日渐宽泛。我国高新技术企业主要集中在"航空航天、计算机、电子通信、医药、科学仪器、电气机械、化学、非电气机械、军事装备"方面。

综上所述，不难发现，高新技术企业应该具备如下要素：

第一是以研发、创新为发展引擎。研究开发在企业生产经营中必不可少，并且具有较高的"研发费用/企业销售收入"比例。

第二是高人才投入。高素质的科研人才作为企业的中流砥柱，在企业人才结构中，"知识型科研人才/企业员工总数"居高不下。

第三是高资金投入。高新技术企业需要投入大量技术、人才，需要大量资金。

第四是新产品众多。企业的产品、服务大多以"创新"为特征，科技含量不言而喻。

第五是风险较高。包括创新风险、市场风险、技术风险、人才风险等。

截至2015年底，我国高新技术企业认定总量已达到59 953家之多，其中京、苏、粤、浙、沪、鲁东部6省市就占到其中的65%以上。如果从地域分布方面考虑，东北三省（黑、吉、辽）认定2 998家，占比5%；东部10省市（京、津、冀、沪、苏、浙、闽、鲁、粤、琼）认定41 368家，占比69%；西部12省区市（青、甘、陕、川、贵、云、蒙、新、藏、宁、桂、渝）认定5 995家，占比10%；中部6省（晋、皖、赣、豫、鄂、湘）认定9 592家，占比16%。高新技术企业规模及类型分布情况是：按照纳入火炬计划系统统计的55 157家（占92%）高新技术企业数据分析（下同），收入在1亿元以上的企业有23 111家，占比41.9%；收入在1 000万元到1亿元的企业23 828家，占比43.2%；收入在500万元到1 000万元之间的企业有3 475家，占比6.3%；收入在500万元以下的企业有4 743家，占比8.6%，如图3-4所示。

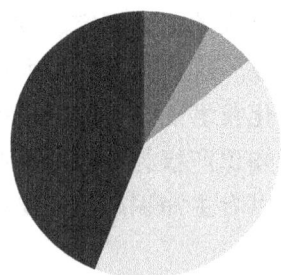

图 3-4　高新技术企业收入分布

高新技术产业集中分布区域如下：①沪、宁、杭地区；②京、津、唐地区；③珠江三角洲地区；④长江三角洲地区。地域分布不同，我国高新技术产业开发侧重点不同，其分布规律为：①沿海地区依靠知识资源和技术力量，着眼点放在科技园区型产业；②沿边地区以开放的政策和便利的地理位置为支点，侧重于贸易交流型产业；③内陆地区以优势资源和工业实力为基础，大力发展军工关联产业。

原国家工商总局公开的信息数据资料显示：高新技术企业的行业分布从第一产业到第三产业，区域分布从城市到乡镇；高新技术企业利税占全国企业利税总额的40%，工业产值占全国工业产值总额的60%。可见，高新技术企业已成为推动我国经济、技术进步不可低估的力量。

(二) 高新技术企业的特点

高新技术企业大都置身于大城市的优越环境，资金雄厚，技术含量密集，且对 IT 因素的依赖程度高，企业与国际机构合作频繁且传递的数据量大，数据平台先进，技术更新快且开放程度高，企业组织架构趋于扁平化，管理制度灵活而组织约束较为"松散"，管理团队趋于年轻化、企业治理不拘一格而又强调自我价值。本书引入高新技术企业的概念，是为了更加方便我们在信息化程度较高的大量高新技术企业中找到普遍的规律性的东西，增强本书的适用性与可靠性，同时，也使本书的研究结论更具有实践应用价值。

高新技术企业与一般企业有较大的差异，借助表 3-1 中所列对比结果[①]，我们将高新技术企业的特征在与传统企业进行对比的基础上做出如下概括。

---

① 胡学刚：《高技术企业的界定》，安徽农业大学学报，2000 年第 4 期，第 29 页。

第三章 信息化风险概述

表 3-1 高新技术企业与传统企业的比较

项目	传统企业	高新技术企业
研发费用密度	低	高
技术人才密度	低	高
产品技术含量	低	高
产品创新性	低	高
产品附加值	较低	高
产品生命周期	较长	较短
环境风险	较低	较高
战略目标	低成本	技术创新、灵活应变
关键资源	土地、劳动力、资本	人力资本和知识资本
人力资本	相对同质	异质性、知识员工为主
组织结构	金字塔、刚性	扁平化、柔性
组织文化	强调规则和服从	创新、合作、学习、共享

1. 高资金投入性

数据资料显示,高新技术企业在研发方面一般为 5%～15% 的资金投入强度,最高甚至达到 50%。高新技术的研发要想取得科技进步成果,就要投入巨额的科研费用,而且技术难度越大、科研过程越复杂,需要投入的资金额越多。另外,在开发过程中,调试、校验费用必不可少。在开发阶段,试验、调试费用支出是产品成功研发的基础;在商品化阶段,必要的广告费和其他销售费用投入是实现产品价值的保证。因此,高新技术企业势必需要投入高额的资金,否则高新技术企业就不能得到持续发展,甚至会在日益激烈的行业竞争中逐渐被淘汰。

2. 高技术人才密集性

人才、技术是高新技术企业行业竞争的有力武器,高新技术企业业务活动主要以技术人才及其脑力活动为核心资本。高新技术企业与普通企业的主要差异体现在高新技术企业主要以知识为核心,是科技、脑力、数据的集合。高新技术企业的人力资本结构有如下特点:负责产品研发、技术创新的专业人员比例较高,是企业发展的中流砥柱。据统计,高新技术企业中具有专业技术的高级员工占企业总体员工的 45%～70%,该数据是普通行业企业的 5 倍。高新技术企业竞争的实质是科学技术的竞争,关键在人员上,特别是高

素质、高智商的人员。在高新技术企业的业务经营过程中,专业性技术人才对企业发展意义重大。

3. 高创新性

高新技术企业是知识经济时代的产物,创新是其最基本的特点。在对高新技术企业进行认定时,其中一个关键指标就是新产品和新技术在企业营业收入中所占的比重。无论是管理创新、产品创新、业务创新还是技术创新,其在高新技术企业中的作用都是毋庸置疑的。创新活动已经成为高新技术企业生存和发展的依托。由于知识经济时代社会知识存量的急速变动,设计一套合理的创新机制是企业面临的首要问题。要想打造高新技术企业的核心竞争力,就一定要以创新为主要方向开展工作。技术创新是基础,不但要对科学技术进行专门保护,还应该重视对创新的投入;制度创新是保证,要不断尝试新的业务形式和管理模式;升级换代快且无法控制是高新技术产品的主要特征,所以高新技术企业必须增强创新意识、开展创新型活动,以与不断变化的市场需求相协调。

4. 高成长性

高新技术企业研发的新型产品一经试验成功并顺利投向市场,在专利技术的法律和政策等的保护下,企业便能够获得高额的利润和发展空间。创新型产品凭借其独特、新颖的特质,在产品市场中占据着优势,投资回报率在短时间内很可能增长数十倍;高额经济效益的获取在另一方面也促成了企业的成长,甚至使其在短期内成长为大型公司。所以,高新技术企业的发展,常常具有跳跃性。

5. 高风险性

研发结果的难以预测性和市场需求的不断变化,导致高新技术企业的高风险性。我们知道,高新技术企业产品研发结果的本身就难以预料,创新技术与最终商品或服务成果的转换也具有较高的不确定性,所以因技术失败而造成的风险不容小觑。新技术、新产品的研发是一个产生、完善、实施、灭亡的动态循环过程。当今时代,技术进步步伐加快,高新技术产品存续期间逐渐减短,研发的一项产品很快会被新的创新型产品所取代。升级换代快、存续期间短作为高新技术产品的基本特点,也使得高新技术企业的经营风险高居不下。此外,企业人员方面的风险也是导致高新技术企业高风险性不可忽略的因素之一。人力风险与企业对科技人才的依赖程度呈正相关变化趋势。在当前知识经济时代，科技人才流动性强，若企业不制定完善的人力资源计划与薪酬体系留住核心技术人才，势必给高新技术企业带来重大损失。

6. 组织结构扁平化

先进性和灵活性是高新技术企业的期望目标，企业的组织结构必须与之相适应。要想顺利完成技术进步并为企业的知识财富积累和共享创造条件，扁平化且富有弹性的结构是最优选择。将产品研发和推广作为核心业务的高新技术企业，工程师或技术员常常以单个项目为单位。柔性化、边界模糊也是高新技术企业组织形式的重要特点，高新技术企业的业务常常依靠跨部门小组或某一专业项目组来完成。项目团队式的组织结构可以使企业更好地适应不断变动的市场需求状况和日益激烈的行业竞争环境。所以，扁平式、系统化、高弹性的企业结构是高新技术企业的不二之选。

7. 合作和共享的组织文化

支持创新、信息共享是高新技术企业文化的核心。追求创新是实现企业生存发展的必要手段，团队合作、信息共享在企业研发过程中必不可少。高新技术企业的研发风险较高，对研发成果的可预测性较低，因此需要放宽对失败率的容许度，以激励企业科技人员的创新行为和创新精神。信息流动带来了知识价值的提升，信息共享并非信息从一方到另一方的转移，而是同时拥有。高新技术企业应拓展有利于员工、能够满足组织需要的知识管理库，让企业在不断的合作共享过程中向上发展。

（三）高新技术企业信息化的特点

相较于传统企业，高新技术企业信息化程度较高。局域网、企业官方网站、财务软件、人力资源管理软件等在大部分高新技术企业中已成为不可缺少的组成部分，企业资源计划（ERP）、客户关系管理（CRM）、供应链管理（SCM）、计算机集成制造系统（CIMS）等概念也逐渐被人们所熟知，信息化是时代发展的必然趋势。

我国高新技术企业在信息化发展方面的现状如下。

1. 信息化投入方面

一方面，大多数高新技术企业信息化硬件投入比例达到50%以上。大型高新技术企业由于资金相对充裕，硬件投入比例也随之会更大；而小型高新技术企业由于自身条件限制，硬件投入普遍较少，金额甚至不超过100万元。

另一方面,虽然近90%的高新技术企业都引入了软件系统,但应用水平差距较大。大型高新技术企业对软件系统投入水平较高,而小型企业投入则普遍不足。

从服务与支持的角度来看,企业信息化服务方面的投入主要表现在咨询费用、网站日常维护费用和研发费用等。虽然人们已普遍意识到信息系统服务与支持(如咨询、培训与定期维护等)的必要性,但对其投入却还远远不够。另外,在信息化专业人员投入方面,目前,缺少信息化专业技术人员尤其是既熟悉信息化应用和技术背景,又懂管理的复合型人才已成为大多数高新技术企业面临的主要困难。

2. 信息化分布方面

目前,我国高新技术企业的信息系统普遍集中在 CAD/CAM 系统、财务系统(用友、金蝶)和 OA 系统等信息系统上,信息化在企业决策支持方面的应用还有待完善。也就是说,信息化还未实现依靠对企业内外环境信息的融合来发现对企业制定方针政策有利的信息资源。另外,在电子商务的应用层次上,高新技术企业还有很大的不足。即使目前大多数高新技术企业都建立了自己的网站,但其网站内容普遍简单,大多数还不具备电子商务功能。企业信息化过程是一个整体,如果仅仅在企业的个别部门应用,那么它就算不上真正的企业信息化。

3. 信息化行业差异方面

高新技术企业日益增多,涉及的行业也越发广泛。由于不同行业提供的产品和服务范围差异较大,不同行业的信息化进行程度也不尽相同。航空航天、软件、通信技术、科学仪器等从业人员的信息技术水平和文化程度普遍较高,所以这些行业的信息化应用水平也较高。相对而言,医药、电气、机械、化学、军用装备等行业信息化应用水平远远不足。

(四)高新技术企业信息化风险的特点

近年来,随着计算机技术和网络技术在当代社会的迅速发展,作为先进生产方式代表的高新技术企业如果不对先进技术保持高度关注,就不能及时引进先进技术发展和完善自己,最终将在激烈的市场竞争中被淘汰。高新技术产业发展迅速,正逐渐成为我国国民经济的核心产业和关键经济增长点。同时,信息资源当数社会生产力中最为活跃的代表要素,无论是科学技术的进步还是知识经济的发展,都取决于信息工作的顺利进行。因此,随着信息化项目的优势日益为企业所接受，信息化项目给高新技术企业带来的严峻挑战也日益凸显。

高新技术企业信息化风险的特点如下：

（1）业务流程和管理基础薄弱。进行规范的日常业务操作和信息化标准管理，进而提高企业效益，是企业信息化项目的主要目标。如果高新技术企业在实施信息化项目时未对企业流程加以重组，也未对基础管理模式予以调节，那么，即使投入再多，也不会给企业带来任何收益。如果不试图调整传统的业务流程和管理思想，只是简单机械地将信息技术或系统嵌入传统手工业务流程中，那么这就不是对传统手工业务流程的信息化自动处理，反而导致了更为繁琐的业务流程，工作效率未增反降，工作环节未少反多。

（2）企业信息化项目战略规划不足。如果企业在正常运营过程中遇到麻烦，大多数企业首先会想到引入管理信息系统，以期通过这种方式解决麻烦。这属于问题导向型信息化项目，虽然它很可能在短时间内取得期望的效果，但是，只要企业所处时期不同，就会遇到不同的困难，若只顾眼前而未放眼未来，新引进的信息化项目很可能不再适应企业的未来发展需要。然而，进行重新建设不仅是企业担负大量的人力、物力压力，甚至会阻碍企业的发展。

（3）企业信息化项目投入不平衡，信息化软硬件投入不平衡现象较为普遍。部分管理者认为，硬件设施优劣是信息化项目的成败关键，导致高级硬件设施没有相应软件系统支撑。

（4）企业信息文化落后，仅仅将资金投入到硬件设施、软件系统上并不能提高企业效益，还应有适当的企业信息文化来推动企业不断发展。目前，信息文化建设还没有引起高新技术企业的普遍重视，主要表现为：企业的信息形式、信息规则、信息结构等不够规范，信息意识和理念与企业信息化建设不配套。如有些管理者认为像ERP这种管理思想在西方经济体制下具有明显优势，但在我国企业中并不适用；还有些管理者脱离本企业实际，盲目照搬其他企业的信息系统，结果不但未使工作效率得到提高，反而导致人力、物力、财力的浪费。

五、高新技术企业信息化成熟度模型

每一个企业的信息化投资规模不同，各软件要素、硬件要素、数据要素、规则要素和人员要素之间的空间关系、传递关系、控制关系和布局均存在差异,这会导致其信息化程度各不相同,其对应的风险也不尽相同。为了有针对性地使不同信息化水平的企业识别出不同的风险并提出可有效落实的风险防范措施,本书借助信息系统能力成熟度模型(CMM/CMMI)的原理,对高新技术企业信息化成熟度进行不同等级的划分,以便针对不同的成熟度给出与之对应的风险防范建议。这也是具体问题具体分析、因企施策、"一级一策"的风险防控原则的体现。

(一) HT-CMM 模型

先介绍软件能力成熟度模型(SW-CMM, Capability Maturity Model For Software,简称 CMM),它由美国卡内基梅隆大学软件工程研究院(CMUSEI)于 1987 年研发提出。此模型主要用于评价软件供应商对软件系统的完成能力,并包含帮助其改善软件质量的系列思路和方法。其手段是通过企业对软件工程的制度、流程等管理基础进行改进,增强开发与优化能力,保证预算、进度和质量三位一体的软件项目范围可控,并符合委托方的预期。

为了揭示高新技术企业在信息化管理或信息化项目实施过程中所表现出的风险环境、控制措施、风险后果等现状,本书课题组以北京市部分高新技术企业为蓝本,按照财政部出台的《企业风险管理应用指引》和《企业风险管理评价指引》相关规定,对北京市截至 2017 年 12 月 31 日认定的高新技术企业存量进行了信息化管理风险的现状进行调研①,从 11 728 家注册和认定于中关村的高新技术企业中选择了 32 家集团及 112 家下属企业进行调研和分析,该调研和分析结果为后面的进一步研究风险识别、评估后果和设计风险的风险管理体系打下了基础。

调研时,项目组成员 20 余人,分成 10 各组,历时 3 个月,对中关村科技园区所有分支机构列示的高新技术企业进行梳理和筛选,选出 112 家作为本课题的代表,进行详细调研。调研形式分为现场访谈、问卷调查、资料抽取、风险管理体系和风险系统穿行测试以及各类凭证和资料的搜寻。为了数据的完整性和相关性,将评价内容分为 26 大类指标,将一级指标划分为风险环境、风险治理措施和风控手段三大类要素。其中,风险环境类要素主要包括高新技术企业的组织架构、发展战略、人力资源、安全生产、社会责任和企业文化 6 个一

---

① 所调研的高新技术企业是根据《高新技术企业认定管理办法》(国科发火〔2016〕32 号)和《高新技术企业认定管理工作指引》(国科发火〔2016〕195 号)有关规定,从北京高新技术企业网 http://www.mycnhightech.com/公示和认定的企业名录中得到。

级指标；风险治理措施类要素则涵盖货币资金管理、筹资业务、投资业务、采购业务、资产管理、销售业务、研究与开发、工程项目建设、担保业务、业务外包和财务报告11个一级指标；风控手段类要素则包括其余9个一级指标，分别是预算管理、合同管理、内部信息传递、信息系统、关联交易、行政综合、反舞弊机制、日常监督和专项监督。对于这26个一级指标，主要从三个维度进行衡量，分别是制度设计的完整性、制度执行的有效性和综合情况。

结合上述理论以及本书项目组调研所得到的企业各类表现指标，我们提出了高新技术企业信息化成熟度模型的概念。所谓高新技术企业信息化成熟度模型，英文表示为"Informatization Maturity Model for High-tech enterprises"（简称HT-CMM），用于评价高新技术企业信息化建设程度和应用水平，评价方法一般包括下面提到的"人机关系"评价法所设计的指标体系，即包括"人因""机因""人机关系"三个维度，再结合COSO及COBIT模型的要素指标，综合设计得出具体的评价指标。高新技术企业信息化程度一方面依赖系统供应商或合作方对包括软件系统在内的整个系统的完成保证程度，是一系列指标评价的结果；另一方面是高新技术企业自身在预算、流程优化、组织再造、管理效率及资源配合方面和包括信息化资源应用合理规划和科学实施在内的配套措施。上述两个方面共同界定了企业信息化程度即HT-CMM的等级。

HT-CMM模型还在发展之中，初步思路是：根据高新技术企业的管理特点和目标需求，可将信息化成熟度模型HT-CMM的等级划分为四级，分别为：萌芽级（HT-CMM1）、花苞级（HT-CMM2）、青果级（HT-CMM3）和红果级（HT-CMM4），如图3-5所示。

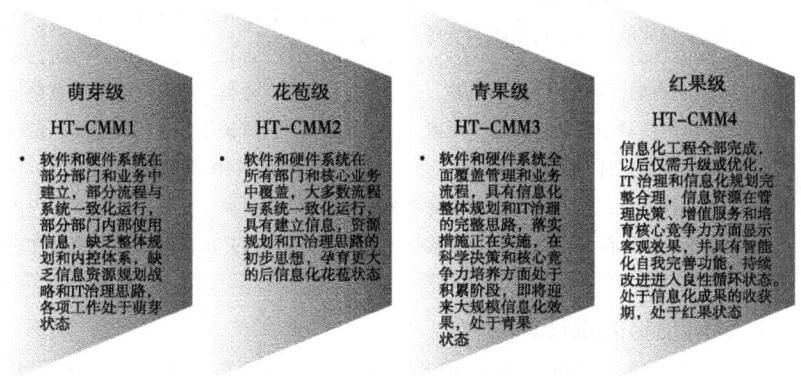

图3-5 HT-CMM等级模型

（二）HT-CMM 模型中的风险策略

对于高新技术企业来说，信息化成熟度级别的评价可以定期进行更新，如每年 2 次或 1 次，达到 HT-CMM4 级之后，还要持续跟踪、动态调整。针对每一级别成熟度的高新技术企业，其风险识别、分析、评估、排序和防范的策略思路不同，需要在科学评价 HT-CMM 模型等级的基础上做出应答。每一级别所对应的风险管理策略提示见表 3-2。

表 3-2　HT-CMM 模型对应风险及其管理策略提示

等级	可能的风险	管理策略
HT-CMM1（萌芽级）	1. 缺乏信息化规划 2. 实施信息化思路不清晰 3. 各部门系统割裂，信息化人才不足 4. 无法满足企业对信息资源的价值需要 5. 优化流程和制度不健全	1. 制定科学规划 2. 提高成熟度级别 3. 勾画统一信息化体系 4. 合理规划信息资源价值 5. 建立完善的制度、流程和内控体系
HT-CMM2（花苞级）	1. 有规划而无合理保障资源和实施措施 2. 存在信息孤岛 3. IT 治理与公司治理脱节 4. 流程优化和制度不稳定	1. 制定信息化规划方案和实施细则 2. 建立信息化规划落实保障机制 3. 对流程体系、信息化规划、制度体系等持续监督 4. IT 治理与公司治理有机整合
HT-CMM3（青果级）	1. 信息化效果不稳定 2. 信息化人才不稳地、机制不健全 3. 信息化持续提升动力不足 4. 信息化成果遭遇瓶颈 5. 信息化战略与公司战略无法动态协同	1. 建立人才和资源保障机制 2. 持续关注信息化战略与公司战略的协同性 3. IT 治理与公司持续系统
HT-CMM4（红果级）	1. 机制僵化和动力停滞的风险 2. 由跟随到引领的机制切换风险 3. 无法适应环境激变的风险 4. 内控系统、流程系统和制度体系僵化 5. 输入型风险与内生性风险叠加爆发	1. 建立动态自适应环境的信息化优化机制 2. 完善高新技术企业与顶级信息界别生态下的公司治理和 IT 治理 3. 动态监视公司流程、制度和内控体系 4. 持续提升风控系统的敏感性和防范效果

（三）调研指标的设计原则

用高新技术企业的 HT-CMM 模型具体指导风险问卷指标设计，需要遵循如下原则。

1. 分类分级原则

即在高新技术企业大类中区分行业特点、规模大小和 HT-CMM 等级，首先根据不同类别的公司、不同级别的信息化成熟度企业，同时根据图 3-6 HT-CMM 模型和指标设计原则框架所列示的风险问题设计不同的问卷指标。

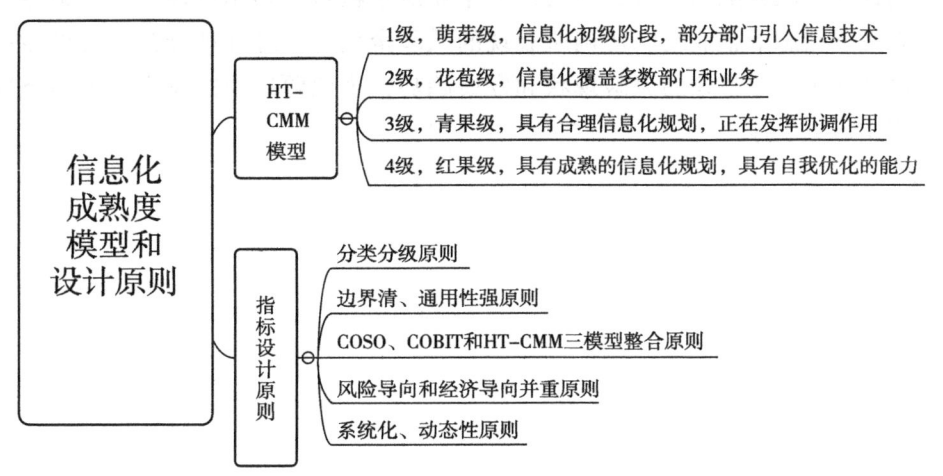

图 3-6 HT-CMM 模型及指标设计原则框架

2. 边界清、通用性强原则

设计的问题应清晰可辨、边界明确，应针对"人因""机因"和"人机关系"三大类因素覆盖到所有的高新技术企业，这样得到的指标才具有可比性、可加工分析，结论的通用性也强，用于指导风险的防范措施亦有说服力。

3. COSO、COBIT 和 HT-CMM 三模型整合原则

这三个模型分别从不同的角度揭示了企业在环境、流程、制度、业务、信息和监督等方面的风险，同时兼顾了 IT 环境下或高新技术企业生命周期内，在不同信息化层级中的企业的风险动因、概率、后果和可治理性。这是区别于一般的企业风险调查的特殊之处。

4. 风险导向和经济导向并重原则

问卷设计的目的是为了广泛识别高新技术企业可能遇到的风险或隐患，因此首先应符合风险导向，将可能遭遇的风险的所有影响因素、概率分布尽可能列示在问卷的调查范围内。其次要符合成本效益原则，对小企业要设计简单易答的问卷，对大型高新技术企业应设计较全面的问卷，并事先测算该

项工作的经济可行性并考虑相关战略的长远意义。

5. 系统化、动态性原则

为适应高新技术企业环境复杂、竞争加剧、成长性高且倒闭风险大等特点，设计问卷指标时应总体考虑风险格局和指标呈现情况，事先测算某些企业的存在年限和倒闭风险，只要某些企业能够覆盖整体指标体系，完整体现动态发展状态下企业组织协调所表现的风险全貌，经过详细分析就有可能得到高新技术企业整体的风险现状和发展趋势，为课题后期的风险治理措施提供现实数据支撑。

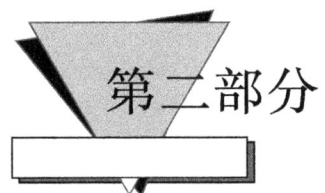

第二部分

高新技术企业
风险调研及分析

第四章 "人机关系"模型及环境类指标分析

一、"人机关系"评价法的提出

美国著名软件系统学家汤姆·狄马克（Tom DeMarco）和蒂莫西·利斯特（Timothy Lister）在其最新著作 People Ware：Productive Projects and Teams[①] 中明确指出，一个组织对软件开发和信息化手段的应用，最大的问题不在于技术而在于人。虽然人的因素并不容易解决，但当把人的因素与技术或硬件因素同等看待时，对解决问题的思路可能就"豁然开朗"了。例如，在企业运行的各类信息化系统中，除了"软件""硬件"外，还要更加重视"人件"，缺少"人件"的系统是不完整的，是无法到达最佳绩效的。这里的"人件"，就是对企业中正在开发和运行的各类系统的人的因素的统称，包括管理才能资源、健康温馨的办公环境、适合战略和岗位的员工、高效协作的团队、以人为本精神十足的企业文化以及快乐工作的冲动等。"人件"的提出，就是基于"人机关系"的一种具体应用，也是本书设计调研指标和提出治理风险模式的理论基础。

鉴于高新技术企业普遍构建了比较完善的"信息化"工作环境，为了探讨为何此类企业同样存在较高的风险，本书创新性地将"人件"原理与常规指标融合起来考虑，将人的因素与软硬件因素整合，设计出了反映问题实质的风险现状调研指标。这里的关键是"人机关系"模型的构建，初级模型见图 4-1。

图 4-1 揭示了在评价一个组织的信息化风险时，不宜采用传统的仅对信息系统或软件技术和硬件设备进行评价的思路，而应从系统思考的角度出发，将信息论、系统论和控制论的思路吸纳进来，创新性地运用基于"人机关系"

---

① Tom DeMarco, Timothy Lister：PeopleWare：Productive Projects and Teams，机械工业出版社，2014 年版。

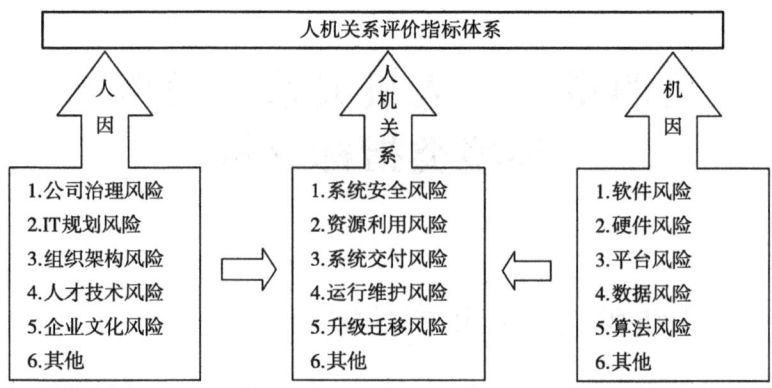

图 4-1 人机关系评价法示意图

的评价模式。事实上，高新技术企业信息化的因素在诸多价值驱动因素中占比较高，比其他生产要素或竞争要素的成分高出许多。这也是本书课题组在前期调研过程中所得出的基本规律，即：高新技术企业对信息化投资、运行和依赖程度方面比一般企业更高，高出一般企业20%~50%；面对信息化无处不在的经营环境，其风险的识别、评估和治理需要跳出传统思维，从人的因素（简称"人因"）、技术因素（简称"机因"）以及二者融合（简称"人机关系"）的多维视角来切入。

Tom DeMarco 和 Timothy Lister 认为，保持竞争优势的企业均在人件和软硬件方面保持完全一体化，从不将二者割裂开来。沿着这个思路，本书项目组在设计调研指标时，分别从上述三个视角考虑，并与 COSO 和 COBIT 两个模型相结合，制定出适合高新技术企业风险现状调研的指标体系。

（一）对"人因"的注解

从广义的角度看，"人因"是高新技术企业信息化风险管理的环境基础、制度体系以及与人力资源、激励政策和企业文化关联的软性要素的统称。在识别风险因素、风险概率和风险后果时，人的因素比技术因素更为关键，影响也更为深远，因为整个信息化环境的主导因素是人，人的主观能动性决定了其他要素的作用；只有当"人因"发挥作用时，软件、硬件、网络、数据、算法、规则等才能发挥作用；如果人有意制造舞弊、违规、无序或违背系统规范，风险就会暴露，反之风险就会得到治理。

根据 COSO 模型、COBIT 等传统理论模型对风险动因的分析，本书结合

"人因"的定位和目的，认为风险动因应包括以下几方面：

一是公司治理风险，即公司治理框架下是否存在关于 IT 投资、IT 资源治理等方面的制度安排，制衡措施是否存在风险漏洞。在平衡利益相关各方诉求的同时，应将本企业信息化纳入公司治理范畴，作为公司治理一个重要组成部分。

二是规划风险，即在企业信息化规划中是否存在风险。这要从顶层设计开始关注高新技术企业信息化可能带来的风险问题。如果缺乏规划或规划不合理，或者没有实现信息化规划的资源、能力、组织、支出和适应的流程改造等内容，就可能存在一定风险，这些风险需要在设计调研指标时予以体现。

三是组织架构风险，即组织架构不清晰或者组织结构、组织间信息传递以及各节点之间的链接、配合等不合理，或者组织架构不适应公司信息化战略以及岗位规划、人力配置不合理，或激励措施、岗位描述等不够科学清晰，导致组织架构风险的暴露。

四是人才与技术风险。在高新技术企业信息化过程中，如果专业人员对技术的跟踪和更新、技术的应用和控制不敏感，或者系统性技术的成熟度和适用度不够，人才和技术方面的风险就会表现出来。例如，人才的专业结构、年龄结构和阅历结构不合理，人才的稳定性和工作强度的饱满程度不合理，或者人力资源的工作氛围、办公环境、以人为本精神体现的程度不够理想，都会使人产生"不舒服"的工作体验，这必然导致企业信息化工作或项目的隐患或效率的发挥。这方面调查指标的设计需深入企业员工内部，真正了解他们所想所求所欲，通过换位思考、以人为本、尊重人才、崇尚创新等态度获取信任，调查出真实情况。

五是企业文化风险。企业文化风险既包括企业员工个体文化素养、道德水平、价值取向、组织认可度以及综合体现出的与公司价值的吻合度和一致性等方面可能产生的风险，又包括企业文化定位、规划或企业文化培育和发扬不良导致信息化项目失败给企业带来损失的可能性。企业文化的影响虽然更加含蓄和间接，但对企业风险意识和风险环境等的作用还是巨大的，因此，在设计问卷指标时，要考虑企业文化的隐性作用。培育有风险意识的企业文化是高新技术企业的切实需求，相对于一般企业而言，高新技术企业在无形资产培育和保护、知识产权创新和利用、核心竞争力培育和保护、创新风险和风险治理意识方面更应该有企业文化作为基础。

当然,"人因"的范围很广,理论上可包括除纯粹技术因素之外的所有与人有关的"软"因素,在此无法一一列举。实际风险管理中,需要高新技术企业根据具体目标、风险类型和企业特征等辩证地思考和设计。这里将其归为"其他"要素之中。

(二) 对"机因"的注解

"机因"是本书独创的用语,虽然可能不太规范,但含义比较明确,它是指影响企业信息化风险的,与计算机系统有关、在信息技术方面发挥作用的动因要素之和。这里对其变量集的解释如下:

(1) 软件风险。指高新技术企业在实施信息化管理的过程中,由于所使用或构建的软件系统存在隐患和风险而给企业带来直接和间接损失的可能性。例如,软件系统的安全风险、技术不成熟风险、界面不友好及操作不稳定风险,还有软件功能与规划不符的风险,应用算法和模型不合理的风险,开发文档不规范、维护不当的风险等。

(2) 硬件风险。指高新技术企业在硬件设备布局时与系统目标脱离的风险,或在经济指标、价格指标、性价比等方面不符合系统要求产生隐患的可能性。它们会影响整个信息化项目的成败甚至导致企业发生经济损失。与硬件风险相关的因素一般包括硬件的技术水平、硬件的升级维护或售后服务水平、硬件的使用成本和维护成本,以及是否与其他硬件兼容,备件情况或是否有扩展障碍,操作的便捷性以及防火、防潮、防水、防雷、防磁等方面的性能是否能够满足,等等。

(3) 平台风险。指系统平台的硬件无关性、数据接入的便捷性、产品工厂等扩展性、平台的兼容性、安全性和智能性,以及对平台上各类应用的支持等方面的风险。

(4) 数据风险。指数据作为资源在信息化管理过程中存在的隐患或风险,具体包括数据的规模、结构、形式、内容、价值量等与原规划不符或达不到相关要求的风险;亦即信息资源无法满足信息化管理需要,无法提供科学决策所需要的足够合理信息,或者不能反映管理对象的属性、规律,对管理目标的相关性、客观性、及时性、充分性等满足程度不足,从而导致信息系统不能给企业带来预期效益的风险。除此之外,数据的安全性、可利用性、可审计性、与业务的协同性,表达管理需求、业务本源的"语法信息""语义信息"甚至"语用信息"的事项规划等也应包括在内;如果这里所说的各维度的数据无法协调安排、妥善处理，则会有不同概率或不同后果的风险。

（5）算法风险。这是指数据资源经过处理输出为行动方案或披露为业务状态时所采用的算法不科学、不合规、不高效、不稳定、不易维护等表现出的风险。例如，一个数据处理的算法如果隐藏某种违规的、不稳定的或有漏洞的缺陷，则可能因其输出结果会不稳定不正确，而使得结论的可靠性存在问题，甚至损害个人隐私、干扰用户正常生活等。目前互联网常采用的"智能算法推送"，即会根据每个人的上网习惯而有针对性地采用推送广告等手段，但这其实会剥夺用户的"清零"或"选择充值"的权利，将用户限制在或许是"最初的无意之举"的固化路径中，使之无法有更多的选择。这种所谓的智能算法会给用户带来不便或损失，是典型的"算法风险"。因此，在调研时，需要有针对性地将对这种风险的考虑体现在问卷指标中。

（三）对"人机关系"的注解

"人机关系"属于"人件"理论和"辅人率"理论融合应用的产物，是各类技术在模型、平台和渠道应用中逐渐与人结合的产物。近几年出现的人工智能（AI）便是"人机关系"局部发展的一个杰出代表。当然我们希望这种相互融合的发展是全面的和健康的，是在人类道德和法治精神下的融合，其愿景应该是最终达到部分替代人的器官和思维的境界。

"人机关系"发展模型可用如下公式来示意：①

$$F_n(HuPC) = \{Hu_1, Hu_2, …, Hu_n, PC_1, PC_1, …, PC_n\} +\beta…$$

上式的 $HuPC$、Hu_n、PC_n 分别表示人机关系、人因和机因三个变量。人机关系是人因与机因两因素融合后的结果，是人因和机因的函数。这在企业引入信息化工具后表现非常明显，具体表现为组织再造、流程优化、资源整合、制度完善等一系列行动和后果。公式中，β 为其他常数项，其成分复杂。一家企业只有将传统的人的做法 Hu 与引入的信息技术 PC 整合，才

---

① 由于对技术的好奇和追求是人类的本性，在这一过程中人们往往容易忽略人类长期积累起来的无形约束，如道德和规则，导致人机关系错位的案例比比皆是。如最近的"基因编辑婴儿"的出生，就是过度追求技术的结果，这是灾难性风险事件，必须在顶层设计或做思想规划时就要充分考虑。由于该问题的复杂性和创新性，这里仅给出一个示意的公司，其导向是要将 Hu（Human 人类）与 PC（Peoplecomputer 个人电脑）进行生物学融合，而不是物理融合。

能将信息技术用活用神,才能真正克服"将手工工作搬到计算机上"的"两张皮"现象。

美国流程管理专家哈默博士和钱皮博士在20世纪90年代研究美国企业因信息化而失败的案例时便敏锐地洞察到,"人机关系"处理不当,会导致信息技术给企业带来招致倒闭的"信息化悖论"。因此,克服"人机关系"风险,是以高新技术企业为代表的信息化程度较高的企业不可忽视的新型风险。具体包括:

(1)系统安全风险。这里提到的"系统安全风险",是指在组织文化、安全文化、内控文化和安全技术依赖度等方面的共同作用下,企业组织在安全方面的疏忽或隐患。例如,按照"辅人率"的原理,信息技术是辅助人类进行各类信息资源管理的,但某些企业过度依赖技术的自动化属性,忽视了其机械性、无伦理性(缺乏爱与道德)等方面的缺陷,将安全事务完全交给信息技术,导致各类信息泄露、黑客攻击、病毒感染、非授权传播、泄露个人信息和组织信息以及网络诈骗、网络黑帮、网络伦理失范等事件的发生,这些均会给企业造成人机不和的风险和损失。

(2)"资源利用风险"。它是"辅人率"在信息化工程应用中另一个典型隐患。按照信息资源的价值量原理,信息资源浪费是价值链原点的浪费,对整个链条的影响巨大,尤其是花巨资构建起来的信息化系统,不仅会导致管理层各类活动与业务需求或市场实际相脱节,而且会因为缺乏信息的桥梁作用导致决策失误,给企业带来持续损失。该风险具体包括系统数据收集和处理应用规划风险,管理措施缺失风险,数据采集风险、数据规模不足或垃圾信息干扰风险,数据的兼容性及安全性风险,数据备份及恢复风险,等等。在对高新技术企业的各类风险进行调研指标设计时,应留意信息资源管理过程中存在的这些可能的风险。

(3)"系统交付风险"。它表现为信息化过程结束时需要交付的成果可能存在的风险,包括交付物与事先的规划目标不一致的风险,交付物在形式、水平、规模、含义或经济承载力等方面超出预期的风险,或者交付物在可用性、可维护性、将人因与机因无缝连接方面的风险等。这些方面在对高新技术企业进行调研设计时应重点考虑。例如,交付物虽然符合规划目标,但在运行过程中对人的管理因素出现不当取代导致系统风险爆发,或影响人的存在感、成就感、控制欲、可视性、接触感、体验感、参与感等正向效果的发挥。这些也都是需要注意了解的，因为目前的确存在这种倾向，即智能化或信息化就是取代人，这是一种误解，必须从信息化启动的早期就开始重视，因为一旦形成气候，再做修正则代价巨大。正如微软测试团队给出的答案：规划期的 1 美元付出的错误，需要实施阶段 17 美元的代价来补救还未必见效。因此，应该在规划期梳理信息化思路时，就应更好地将"人机关系"融合为"生物关系"，避免割裂风险。

（4）"运行维护风险"。它是指信息化工程的交付成果在运行过程暴露的风险敞口。信息技术业内常说的"三分技术七分维护"，就是对系统运行维护重要性的最好概括。运行维护风险包括维护规划不合理风险、维护措施落实及无效果风险，或维护技术和措施不及时给管理信息化工作带来损失的风险，还有系统维护成本过高、人员缺乏、升级不及时、缺乏质量保障和监督机制的风险。针对高新技术企业的信息化特点，制定适合自身运行特点的运行维护目标、措施和保障机制非常必要，如果这方面做得不够，则可能导致运行维护风险。因此，应从上述几个风险的表现侧面确定调查的指标和针对的问题。

（5）"升级迁移风险"。它是指在系统升级以及数据迁移时，忽略对人因与机因的融合考虑，忽略基于组织管理需求的深入考量，缺乏组织风格继承、管理文化升华、组织价值传承和流程相对稳定等的限制，使得系统因为升级或数据迁移而出现断档、切换失败、系统无法兼容、数据接口不一，或者迁移后的数据丢失、无法整合集成等风险。这需要企业在系统升级和数据迁移之前做好规划和技术保障，同时给出可行的数据备份、丢失、补救或升级失败、终止、撤销等的预案。因此，在设计调研指标时，应同样考虑"人机关系"对技术和组织的同时兼顾，提出的问题或设计的问卷选项要避免单方面提问。这点已得到某些高新技术企业关键岗位人员的肯定，认为在确定访谈对象时充分考虑管理岗或"人文岗"对技术的看法很新鲜也很实际。

综上所述，从问卷设计、评分指标上体现出对"人因"、"机因"和"人机关系"的考虑，可以更全面地反映高新技术企业信息化管理风险的真正动因，识别出风险的源头和后果，摸清风险现状和发展趋势，了解治理风险的内部资源和外部约束。另外还可以通过横向比较（主要通过人因的反馈，给出同行业同类企业的比较值和对风险的看法），得到类似大数据分析的结果，便于风险管理部门给出科学的风险控制策略。这也是本书即本项目研究成果的创新之处。

二、高新技术企业风险管理环境指标分析

风险管理环境是指一个组织的风险管理氛围,它反映组织内部人员特别是管理层对风险管理的态度,是企业实施风险管理的基础和有效实施风险管理的保障。风险管理环境会直接影响公司风险管理措施的落实和公司经营目标及整体目标的实现。

从本书项目组在对北京市高新技术企业信息化调研的情况看,各高新技术企业的风险管理体系中,风险环境类指标经核查的得分情况如图4-2和表4-1所示。其中,HGJT①在所有核查的高新技术企业风险环境方面的综合得分最高,为100分;XAJT得分最低,只有68分。调研的32家高新技术企业的风险环境类要素指标综合得分的平均分值是89分,其中,21家高新技术企业综合得分在平均分值以上(含平均分),仅有11家低于平均分。XAJT、FZKG、DWJM等企业风险环境方面的指标还有待进一步改善。

当我们将风控制度设计的完整性和执行的有效性结合起来考虑时,各高新技术企业的情况又略有不同。单从风险环境类要素看,HGJT、SLJT、BJXL、SFJT等企业集团在风险管理体系建设中,既有完善的风控制度建设,又能保证风控制度得以有效实施。但是,大多数高新技术企业都还存在以下两种情况:一是虽然制度建设较为完善,但是执行力度有所欠缺;二是制度建设存在缺陷,不过执行落地情况表现较好。SWTZ、BZJT、GLGL、HWJT、FZKG、JTKG、JCSS、BJKG、GDJT、XAJT等高新技术企业虽然制度设计存在缺陷,但是都能保证现有的制度被有效执行;而CJJT、DTJT、BQJT、SDCY、DWJM等企业集团在风险管理体系建设中未能实现风控制度的有效落实。

将风险环境类指标评价的得分汇总,可以了解这32家高新技术企业风控建设中在风险环境要素方面的整体情况(见表4-1最后一行)。以下进一步对风险环境类要素的6个一级指标进行深入分析。表4-1给出了各高新技术企业6个一级指标的具体得分情况。

---

① 为保护企业商业秘密,这里的企业名称用字母代替,不影响数据的真实性和结论的客观性。下同。

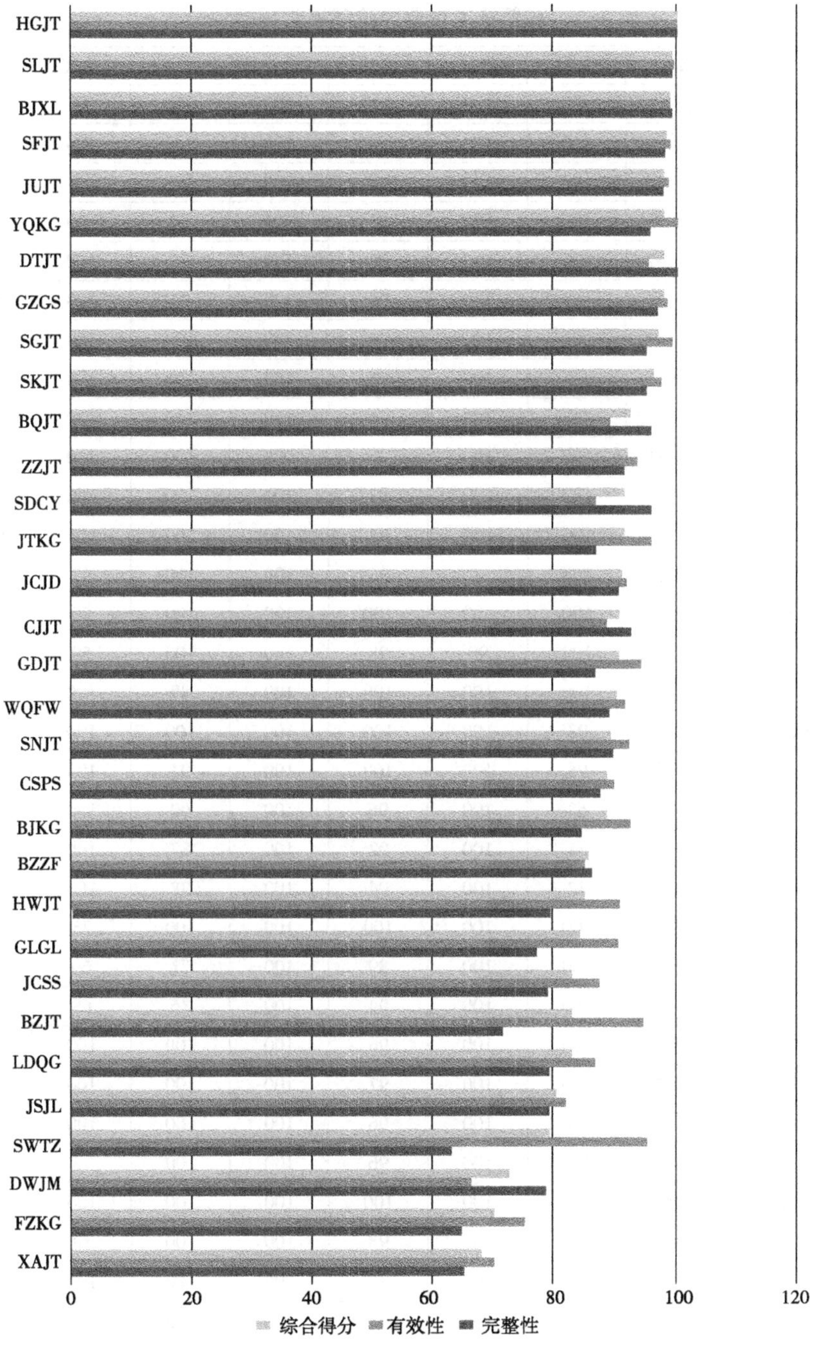

图 4-2 高新技术企业风险管理环境评价情况

表 4-1 高新技术企业风险环境类指标评分表

企业名称	指标	组织架构	发展战略	人力资源	安全生产	社会责任	企业文化	平均分
YQKG	完整性	100	100	100	100	100	75	95.83
	有效性	100	100	100	100	100	100	100.00
	综合得分	100	100	100	100	100	88	98.00
JUJT	完整性	100	100	96	100	90	100	97.67
	有效性	100	100	96	100	96	100	98.67
	综合得分	100	100	96	100	93	100	98.17
GZGS	完整性	85	100	96	100	100	100	96.83
	有效性	95	100	95	100	100	100	98.33
	综合得分	90	100	96	100	100	100	97.67
BJXL	完整性	100	100	96	100	100	100	99.33
	有效性	100	100	93	100	100	100	98.83
	综合得分	100	100	94	100	100	100	99.00
JCJD	完整性	100	80	96	100	100	67	90.50
	有效性	100	100	100	100	100	50	91.67
	综合得分	100	90	98	100	100	58	91.00
SFJT	完整性	100	100	100	100	89	100	98.17
	有效性	93	100	100	100	100	100	98.83
	综合得分	96	100	100	100	94	100	98.33
ZZJT	完整性	62	100	96	100	90	100	91.33
	有效性	81	100	92	100	87	100	93.33
	综合得分	72	100	94	100	88	100	92.33
SDCY	完整性	100	100	100	100	100	75	95.83
	有效性	100	100	89	100	71	60	86.67
	综合得分	100	100	94	100	86	68	91.33
SLJT	完整性	100	100	96	100	100	100	99.33
	有效性	100	100	97	100	100	100	99.50
	综合得分	100	100	96	100	100	100	99.33
SGJT	完整性	100	100	96	100	100	75	95.17
	有效性	95	100	100	100	100	100	99.17
	综合得分	98	100	98	100	100	88	97.33
HGJT	完整性	100	100	100	100	100	100	100.00
	有效性	100	100	100	100	100	100	100.00
	综合得分	100	100	100	100	100	100	100.00

续表

企业名称	指标	组织架构	发展战略	人力资源	安全生产	社会责任	企业文化	平均分
CJJT	完整性	85	100	96	86	89	100	92.67
	有效性	90	100	91	100	100	50	88.50
	综合得分	88	100	94	93	94	75	90.67
DWJM	完整性	77	80	89	100	50	75	78.50
	有效性	76	38	83	100	100	0	66.17
	综合得分	76	59	86	100	75	38	72.33
DTJT	完整性	100	100	100	100	100	100	100.00
	有效性	77	100	100	100	95	100	95.33
	综合得分	88	100	100	100	98	100	97.67
SNJT	完整性	92	100	96	100	100	50	89.67
	有效性	94	100	97	100	100	60	91.83
	综合得分	93	90	96	100	100	55	89.00
JCSS	完整性	92	100	100	86	20	75	78.83
	有效性	85	100	97	100	42	100	87.33
	综合得分	88	100	98	93	31	88	83.00
BZZF	完整性	58	80	78	100	100	100	86.00
	有效性	75	88	97	100	100	50	85.00
	综合得分	66	84	88	100	100	75	85.50
SKJT	完整性	100	100	96	100	100	75	95.17
	有效性	100	100	100	100	85	100	97.50
	综合得分	100	100	98	100	92	88	96.33
GLGL	完整性	92	60	100	100	78	33	77.17
	有效性	92	100	100	100	89	62	90.50
	综合得分	92	80	100	100	84	48	84.00
WQFW	完整性	100	100	93	100	75	67	89.17
	有效性	100	100	100	100	100	50	91.67
	综合得分	100	100	96	100	88	58	90.33
GDJT	完整性	83	80	72	100	86	100	86.83
	有效性	88	89	100	100	88	100	94.17
	综合得分	86	84	86	100	87	100	90.50
JSJL	完整性	83	100	73	100	67	50	78.83
	有效性	80	100	80	100	90	40	81.67
	综合得分	82	100	76	100	78	45	80.17

续表

企业名称	指标	组织架构	发展战略	人力资源	安全生产	社会责任	企业文化	平均分
HWJT	完整性	75	100	89	86	100	25	79.17
	有效性	93	100	92	100	100	60	90.83
	综合得分	84	100	90	93	100	42	84.83
LDQG	完整性	92	100	96	86	33	67	79.00
	有效性	95	100	100	100	75	50	86.67
	综合得分	94	100	98	93	54	58	82.83
XAJT	完整性	67	80	67	100	44	33	65.17
	有效性	65	75	77	100	64	40	70.17
	综合得分	66	78	72	100	54	36	67.67
SWTZ	完整性	25	50	84	100	50	67	62.67
	有效性	100	71	100	100	100	100	95.17
	综合得分	62	60	92	100	75	84	78.83
BJKG	完整性	85	100	96	100	75	50	84.33
	有效性	85	100	95	100	76	100	92.67
	综合得分	85	100	96	100	76	75	88.67
CSPS	完整性	88	100	88	86	88	75	87.50
	有效性	92	100	95	100	92	60	89.83
	综合得分	90	100	92	93	90	68	88.83
FZKG	完整性	92	60	93	100	43	0	64.67
	有效性	94	100	97	67	92	0	75.00
	综合得分	93	80	95	84	68	0	70.00
BZJT	完整性	88	40	88	86	78	50	71.67
	有效性	92	75	100	100	100	100	94.50
	综合得分	90	57	94	93	89	75	83.00
BQJT	完整性	100	100	100	100	100	75	95.83
	有效性	100	100	100	100	95	40	89.17
	综合得分	100	100	100	100	98	57	92.50
合计平均分	完整性	88	90	92	97	82	74	87.17
	有效性	91	95	96	99	92	74	91.17
	综合得分	90	92	94	98	87	74	89.17

组织架构方面，从制度设计完整性的层面看，YQKG、JUJT、BJXL、JCJD、SFJT、SDCY、SLJT、SGJT、HGJT、DTJT、WQFW 和 BQJT 等 12 家高新技术企业制度设计较为完善。但是相较而言，SWTZ、BZZF、ZZJT 和 XAJT 在组织架构方面的制度设计中存在较多缺陷。从制度执行有效性的层面看，YQKG、JUJT、BJXL、JCJD、SDCY、SLJT、HGJT、SKJT、WQFW、SWTZ、BQJT 这 11 家高新技术企业执行力较高，无论制度设计完整与否，企业都能将现有制度有效落实，而 DWJM、DTJT、BZZF 和 XAJT 在制度落实上还存在不足。

发展战略方面，从制度设计完整性的层面看，近 2/3 的高新技术企业制度设计较为完善，但 BZJT、SWTZ、FZKG、GLGL 等 10 家高新技术企业这一指标的制度设计还需进一步完善。从制度执行有效性的层面看，只有 DWJM、BZZF、GDJT、XAJT、SWTZ 和 BZJT 这 6 家企业在执行力度上稍有欠缺，其中 DWJM 的执行力最差，未来还需加快制度落实的步伐。

人力资源方面，从制度设计完整性的层面看，YQKG、SFJT、SDCY、HGJT、DTJT、JCSS、GLGL 和 BQJT 这一指标的制度设计较为完善，而 BZZF、GDJT、JSJL 和 XAJT 的制度设计有待改善。从制度执行有效性的层面看，近 1/2 的高新技术企业都能有效执行人力资源相关的制度规范，但 XAJT、JSJL、DWJM 和 SDCY 的执行效率相对较差。

安全生产方面，从制度设计完整性的层面看，超过 3/4 的高新技术企业已经设计出了较为完善的保障安全生产的制度规范，但 CJJT、JTKG、JCSS、HWJT、LDQG、CSPS 和 BZJT7 家企业制度设计尚不完善。从制度执行有效性的层面看，只有 FZKG 这 1 家企业存在制度不能有效执行的不足。

社会责任方面，从制度设计完整性的层面看，YQKG、GZGS、BJXL、JCJD、SLJT、SGJT、HGJT、DTJT、SNJT、BZZF、SKJT、HWJT 和 BQJT13 家高新技术企业的制度设计较为完善，但是，DWJM、JCSS、JSJL、LDQG、XAJT、SWTZ 和 FZKG 在社会责任方面的制度建设中存在较多缺陷，其中 JCSS 的制度设计缺陷最多。从制度执行有效性的层面看，2/3 以上的企业都能够切实落实制度规范，但 JCSS、XAJT、SDCY、LDQG 和 BJKG 这 5 家企业在执行力上明显较弱。

企业文化方面，从制度设计完整性的层面看，JUJT、GZGS、BJXL、SFJT、ZZJT、SLJT、HGJT、CJJT、DTJT、JTKG、BZZF 和 GDJT 相关制度的

设计较为完善。其他高新技术企业中，制度设计漏洞较多的企业是 JCJD、SNJT、GLGL、WQFW、JSJL、HWJT、LDQG、XAJT、SWTZ、BJKG 和 BZJT。从制度执行有效性的层面看，除 YQKG、JUJT、GZGS、BJXLSFJT、ZZJT、SLJT、SGJT、HGJT、DTJT、JTKG、JCSS、SKJT、GDJT、SWTZ、BJKG 和 BZJT 这 16 家企业在实际操作中能有效地执行制度规定，其他企业的执行力度都还有待进一步提升。其中，DWJM 关于企业文化方面有相应的制度建设，但是在实际操作中却完全没有将制度有效地执行；FZKG 在其风险管理体系建设中彻底忽略了对企业文化的建设，没有制定相关的制度规范，自然也就不存在执行的问题了。

三、二级企业风险环境类指标分析

本书项目组调研工作不仅对所选取的 34 家高新技术企业集团进行评价，同时还对它们各自下属的 1 家二级企业的风险管理体系建设成果进行了核查，共检查二级企业 34 家。各二级企业的风险环境类指标核查的得分情况见图 4-3。其中，BHNC 在 34 家二级企业中得分最高，为 100 分；XAHY 则是最差的企业，得分只有 61 分。二级企业在风险环境类要素指标的综合得分为 86 分，其中有 21 家二级企业达到平均分值，而其余 13 家企业的综合得分低于平均分。XAHY、JFZB 和 JYSL 是风险环境方面做得最不到位的 3 家企业。

当我们企业风控制度的设计完整性和执行有效性时，可以从不同层面看出这些企业风控建设过程中存在的相应问题。从风险环境方面的风控建设整体看，YSJT、XHGQ、BGWC、JUDC 等二级企业既有完善的制度设计，又能够确保制度得有效落实。但是大多数二级企业可能面临制度设计完整而执行不到位或者设计存有缺陷但执行有效这两对矛盾的情况。JYSL、YTSZ、TNJT、WFSA、JYJT、GHWY、XAHY、JFZB、CJTM、YHMD、BSYS 和 LDYS 等企业在各自的风控工作建设中，有效性层面比完整性层面做得更到位，但 BJNC、JJFZ、YSGS 和 JTGS 等企业在风险管理体系建设中，执行层面相对比较薄弱。

从图 4-3 可以大致了解到 34 家二级企业在风险环境方面的整体建设情况。下面对这些企业风险环境类要素的 6 个一级指标进行的分析。表 4-2 列示了这 34 家二级企业各个风险环境类一级指标的具体评分情况。

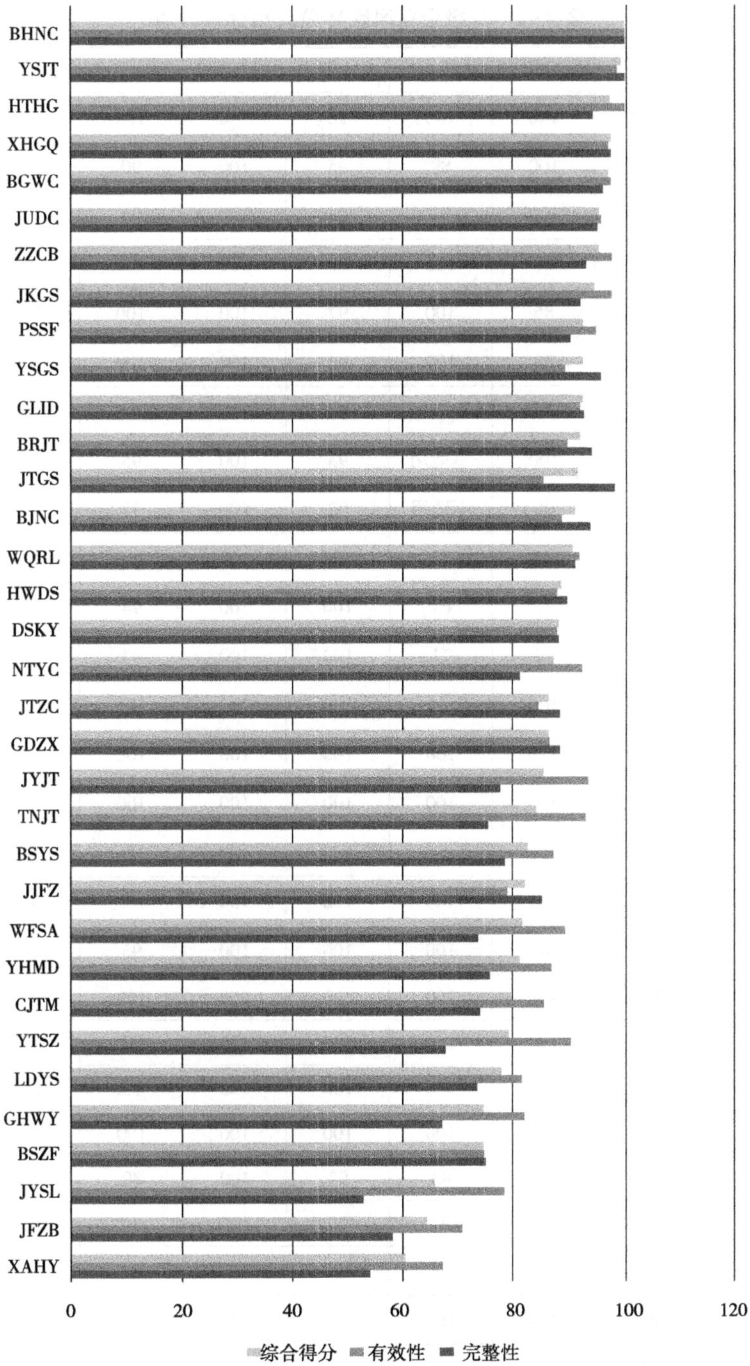

第四章 "人机关系"模型及环境类指标分析

图 4-3 高新技术企业的二级企业风险管理环境评价情况

表 4-2　二级企业风险环境类指标评分表

企业名称	描述	组织架构	发展战略	人力资源	安全生产	社会责任	企业文化	平均分
JUDC	完整性	100	100	96	100	100	75	95.17
	有效性	100	89	95	100	90	100	95.67
	综合得分	100	94	96	100	95	88	95.50
XHGQ	完整性	90	100	96	100	100	100	97.67
	有效性	86	100	97	100	100	100	97.17
	综合得分	88	100	96	100	100	100	97.33
JKGS	完整性	80	不适用	91	100	90	100	93.100
	有效性	100	不适用	93	100	95	100	97.60
	综合得分	90	不适用	92	100	92	100	94.80
DSKY	完整性	86	75	100	100	100	67	88.00
	有效性	77	67	100	100	94	88	87.67
	综合得分	82	71	100	100	97	78	88.00
BHNC	完整性	100	100	100	100	100	100	100.00
	有效性	100	100	100	100	100	100	100.00
	综合得分	100	100	100	100	100	100	100.00
BRJT	完整性	100	100	100	100	90	75	94.17
	有效性	100	100	100	100	100	40	90.00
	综合得分	100	100	100	100	95	57	92.00
YSJT	完整性	100	100	100	100	100	100	100.00
	有效性	100	100	100	100	93	100	98.83
	综合得分	100	100	100	100	96	100	99.33
JTGS	完整性	89	100	100	100	100	100	98.17
	有效性	93	83	97	100	89	50	85.33
	综合得分	91	92	98	100	94	75	91.67
HTHG	完整性	100	100	100	100	100	67	94.50
	有效性	100	100	100	100	100	100	100.00
	综合得分	100	100	100	100	100	84	97.33

续表

企业名称	描述	组织架构	发展战略	人力资源	安全生产	社会责任	企业文化	平均分
ZZCB	完整性	100	100	88	100	70	100	93.00
	有效性	100	100	97	100	89	100	97.67
	综合得分	100	100	92	100	80	100	95.33
BSYS	完整性	89	67	88	100	100	25	78.17
	有效性	91	100	100	100	92	40	87.17
	综合得分	90	84	94	100	96	32	82.67
BJNC	完整性	89	100	100	100	100	75	94.00
	有效性	100	100	100	100	82	50	88.67
	综合得分	94	100	100	100	91	62	91.17
LDYS	完整性	92	100	96	86	33	33	73.33
	有效性	93	100	94	100	54	50	81.83
	综合得分	92	100	95	93	44	42	77.67
BSZF	完整性	100	20	100	100	62	67	74.83
	有效性	100	33	94	100	71	50	74.67
	综合得分	100	26	97	100	66	58	74.50
BGWC	完整性	78	100	100	100	100	100	96.33
	有效性	86	100	100	100	100	100	97.67
	综合得分	82	100	100	100	100	100	97.00
YSGS	完整性	75	100	100	100	100	100	95.83
	有效性	78	100	94	100	97	67	89.33
	综合得分	76	100	97	100	98	84	92.50
GLJD	完整性	75	80	100	100	100	100	92.50
	有效性	92	78	88	100	94	100	92.00
	综合得分	84	79	94	100	97	100	92.33
HWDS	完整性	100	75	95	100	100	67	89.50
	有效性	100	100	100	100	94	33	87.83
	综合得分	100	88	98	100	97	50	88.83

续表

企业名称	描述	组织架构	发展战略	人力资源	安全生产	社会责任	企业文化	平均分
XAHY	完整性	57	60	54	86	67	0	54.00
	有效性	67	80	62	100	69	25	67.17
	综合得分	62	70	58	93	68	12	60.50
JYSL	完整性	67	20	78	86	33	33	52.83
	有效性	73	88	88	100	70	50	78.17
	综合得分	70	54	83	93	52	42	65.67
JYJT	完整性	85	100	93	71	43	75	77.83
	有效性	100	100	92	100	88	80	93.33
	综合得分	92	100	92	86	66	78	85.67
NTYC	完整性	100	20	88	100	80	100	81.33
	有效性	94	89	97	75	100	100	92.50
	综合得分	97	55	92	88	90	100	87.00
WQRL	完整性	90	100	89	67	100	100	91.00
	有效性	97	75	89	100	91	100	92.00
	综合得分	94	88	89	84	90	100	90.83
WFSA	完整性	45	60	87	100	50	100	73.67
	有效性	50	100	96	100	90	100	89.33
	综合得分	48	80	92	100	70	100	81.67
PSSF	完整性	80	100	94	100	100	67	90.17
	有效性	75	100	93	100	100	100	94.67
	综合得分	78	100	94	100	100	84	92.67
GDZX	完整性	80	60	90	100	100	100	88.33
	有效性	86	75	94	不适用	77	100	86.40
	综合得分	83	68	92	不适用	88	100	86.20
CJTM	完整性	86	33	88	100	70	67	74.00
	有效性	89	100	90	100	82	50	85.17
	综合得分	88	66	89	100	76	58	79.50

续表

企业名称	描述	组织架构	发展战略	人力资源	安全生产	社会责任	企业文化	平均分
TNJT	完整性	92	80	81	100	50	50	75.50
	有效性	94	100	97	100	67	100	93.00
	综合得分	93	90	89	100	58	75	84.17
GHWY	完整性	83	67	82	100	70	0	67.00
	有效性	100	100	85	100	67	40	82.00
	综合得分	92	84	84	100	68	20	74.67
JTZC	完整性	100	100	96	100	67	67	88.33
	有效性	100	100	93	100	64	50	84.50
	综合得分	100	100	94	100	66	58	86.33
YHMD	完整性	89	80	77	100	75	33	75.67
	有效性	90	100	89	100	91	50	86.67
	综合得分	90	90	83	100	83	42	81.33
JJFZ	完整性	100	100	95	67	100	50	85.33
	有效性	80	60	100	33	100	100	78.83
	综合得分	90	80	98	50	100	75	83.97
YTSZ	完整性	100	0	86	100	89	33	68.00
	有效性	100	50	97	100	95	100	90.33
	综合得分	100	25	92	100	92	66	79.17
JFZB	完整性	88	60	67	57	43	33	58.00
	有效性	90	62	81	67	74	50	70.67
	综合得分	89	61	74	62	58	42	64.33
合计平均分	完整性	88	77	91	95	82	69	83.67
	有效性	91	89	94	96	87	75	88.67
	综合得分	89	83	92	95	84	72	85.83

组织架构方面，从制度设计的完整性的层面看，JUDC、BHNC、BRJT、YSJT、HTHG、ZZCB、BSZF、HWDS、NTYC、JTZC、JJFZ 和 YTSZ 这 12 家二级企业都有较为完善的制度设计，而 BGWC、YSGS、GLJD、XAHY、JYSL 和 WFSA 在组织架构方面的制度建设中存在较多漏洞，还应进一步完善相关的制度设计。从执行有效性的层面看，JUDC、JKGS、BHNC、BRJT、HTHG、ZZCB、BJNC、BSZF、HWDS、JYJT、GHWY、JTZC 和 YTSZ13 家企业可以有效地执行企业制定的组织架构方面的制度，但 XAHY、JYSL、WFSA、PSSF 等二级企业的执行力度较差。

发展战略方面，从制度设计完整性的层面看，1/2 的企业在制度设计上都较为完整，而 BSYS、BSZF、XAHY、JYSL、NTYC、WFSA、GDJT、CJTM、GHWY 和 JFZB 等企业关于战略发展方面的制度建设缺陷较多。从执行有效性的层面看，过半数的二级企业能有效执行企业现有的制度规范，但 DSKY、BSZF、JJFZ、YTSZ 和 JFZB 等企业的执行力度差，在发展战略方面更应加强执行力度。其中，YTSZ 企业在风控制度设计中并没有制定相关的制度，但是从现场核查结果看，YTSZ 实际上也开展了发展战略方面的工作，只是由于企业尚未认识到这也是风险管理体系建设中的一部分，没有以制度文档的形式使发展战略的建设工作得以制度化、规范化。

人力资源方面，从制度设计完整性的层面看，DSKY、BHNC、BRJT、YSJT、JTGS、HTHG、BJNC、BSZF、BGWC、YSGS 和 GLJD 共 11 家企业在人力资源方面设计有较为完善的制度体系；其他企业中，XAHY、JYSL、YHMD 和 JFZB 制度设计存在的漏洞较多。从制度执行有效性的层面看，只有 DSKY、BHNC、BRJT、YSJT、HTHG、BSYS、BJNC、BGWC、HWDS 和 JJFZ 这 10 家二级企业在执行上比较有效，XAHY 在执行上的有效性最差。其他二级企业从抽查结果看，有效性程度相近且居于平均水平。

安全生产方面，从制度设计完整性的层面看，超过 2/3 的二级企业都很重视安全生产方面的制度建设，都建有比较完善的制度体系，但 WQRL、JJFZ 和 JFZB 这 3 家企业还应继续不断完善相关制度的设计工作。从执行有效性的层面看，近 30 家企业都能有效按照相关的风控制度和规章执行，但 NTYC、JJFA 和 JFZB 的执行力还有待加强；GDZX 虽然在制度设计上较为完善，但其主营业务以提供咨询服务为主，所以在实际工作中的安全生产环节指标并不适用。

社会责任方面，从制度设计完整性的层面看，除了 JUDC、XHGQ、DSKY、BHNC、YSJT、JTGS、HTHG、BSYS、BJNC、BGWC、YSGS、GLJD、HWDS、WQRL、PSSF、GDZX 和 JJFZ 这 17 家，其他二级企业在相关制度的设计中都存在较多缺陷。其中，LDYS、JYSL、JYJT、WFSA、TNJT 和 JFZB 在相关制度设计中缺陷最多。从制度执行有效性的层面看，只有 XHGQ、BHNC、BRJT、HTHG、BGWC、NTYC、PSSF 和 JJFZ 这 8 家二级企业能够将社会责任方面的制度得以有效落实；相比之下，执行力度较差的企业是 LDYS、BSZF、XAHY、JYSL、TNJT、GHWY、JTZC 和 JFZB。

企业文化方面，从制度设计完整性的层面看，XHGQ、JKGS、BHNC、YSJT、JTGS、ZZCB、YSGS、GLJD、NTYC、WQRL、WFSA 和 GDZX 制度设计较为完善，但其他 21 家企业的情况却不容乐观，特别是，XAHY 和 GHWY 这 2 家企业在风控建设工作中彻底没有设计企业文化方面的制度，BSYS、LDYS、JYSL、TNJT、YHMD、JJFZ、YTSZ 和 JFZB 等企业虽然有相关制度设计，但是存在的"漏洞"较多。从制度执行有效性的层面看，近 1/2 的企业能够落实到位，但仍有 BRJT、JTGS、BSYS、BJNC、LDYS、BSZF、YSGS、HWDS、XAHY、JYSL、CJTM、GHWY、JTZC、YHMD 和 JFZB 共 15 家企业落实不到位。

四、高新技术企业与二级企业间的对比分析

本书项目调研实际共涉及 35 家高新技术企业，其中 3 家企业集团的情况较为特殊。JZJT 是去年第一批曾核查过的企业，本次核查不再重复评价。另外，JFZB 的集团公司 BCTJ 下设的各个职能部门都只为 JFZB 服务，本身并没有任何业务，加之 BCTJ 领导人变更频繁等复杂原因，BCTJ 在风控小组进场时尚未建立起自己的风险管理体系，故风控小组无法对其风险管理体系进行检查。WFJT 由于检查小组入场时没有进行自查，所以项目组只对其二级公司 WFSA 进行了调研。其余 32 家高新技术企业中，由于 BZZF 集团层面的风控建设启动较晚，尚未存在二级企业，所以只对除 BZZF 之外的 31 家高新技术企业及其下属的 1 家二级其企业进行了调研。

图 4-4 给出了高新技术企业与二级公司风险环境整体情况的对比分析图。显然，高新技术企业无论是风险环境方面的制度设计完整程度还是执行的有

效性程度都远优于二级企业。

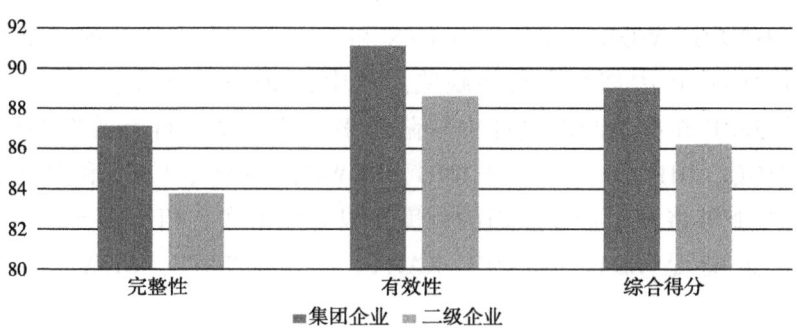

图 4-4　集团与子企业对比图

表 4-3 和图 4-5 均给出了高新技术企业和相应二级子公司风险环境情况的对比分析，从中可以看出，CJJT、JTKG、HGJT、JSJL、JUJT、BJKG、LDQG、BZZF、DTJT、GDJT、GZGS、SFJT、SDCY、SKJT、SLJT、SWTZ、XAJT、YQKG、BZJT 和 SGJT 这 20 家高新技术企业在风险环境方面的工作更到位，而其余 11 家高新技术企业对风险环境的管控相比核查的二级子公司略差一些。从总体对比情况看，虽然高新技术企业与其二级子公司的风险环境工作存在差异，但是差异都较小，其中，SKJT 和其二级子公司 BZZF 在风险环境方面工作上的差距最大。

表 4-3　高新技术企业与二级企业对比分析

序号	企业名称	完整性	有效性	综合得分	二级企业	完整性	有效性	综合得分
1	CJJT	93	89	91	CJTM	74	85	80
2	CSPS	88	90	89	PSSF	90	95	93
3	DWJM	79	66	72	BSYS	78	87	83
4	FZKG	65	75	70	TNJT	76	93	84
5	JTKG	87	96	91	DSKY	88	88	88
6	GLGL	77	91	84	GLJD	93	92	92
7	HGJT	100	100	100	HTHG	95	100	97
8	HWJT	79	91	85	HWDS	90	88	89

续表

序号	企业名称	完整性	有效性	综合得分	二级企业	完整性	有效性	综合得分
9	JSJL	79	82	80	GHWY	67	82	75
10	JUJT	98	99	98	JUDC	95	96	96
11	JCJD	91	92	91	BRJT	94	90	92
12	BJKG	84	93	89	JYJT	78	93	86
13	LDQG	79	87	83	LDYS	73	82	78
14	DTJT	100	95	98	YSGS	96	89	93
15	GDJT	87	94	91	GDJT	88	86	86
16	GZGS	97	98	98	NTYC	81	93	87
17	JCSS	79	87	83	JTZC	88	85	86
18	SFJT	98	99	98	JKGS	92	98	95
19	SDCY	96	87	91	JJFZ	85	79	82
20	SKJT	95	98	96	BSZF	75	75	75
21	SLJT	99	100	99	BGWC	96	98	97
22	SNJT	90	92	89	BJNC	94	89	91
23	SWTZ	63	95	79	JYSL	53	78	66
24	WQFW	89	92	90	WQRL	91	92	91
25	BJXL	99	99	99	YSJT	100	99	99
26	XAJT	65	70	68	XAHY	54	67	61
27	YQKG	96	100	98	XHGQ	98	97	97
28	ZZJT	91	93	92	ZZCB	93	98	95
29	BZJT	72	95	83	YTSZ	68	90	79
30	BQJT	96	89	93	BHNC	100	100	100
31	SGJT	95	99	97	JTGS	98	85	92

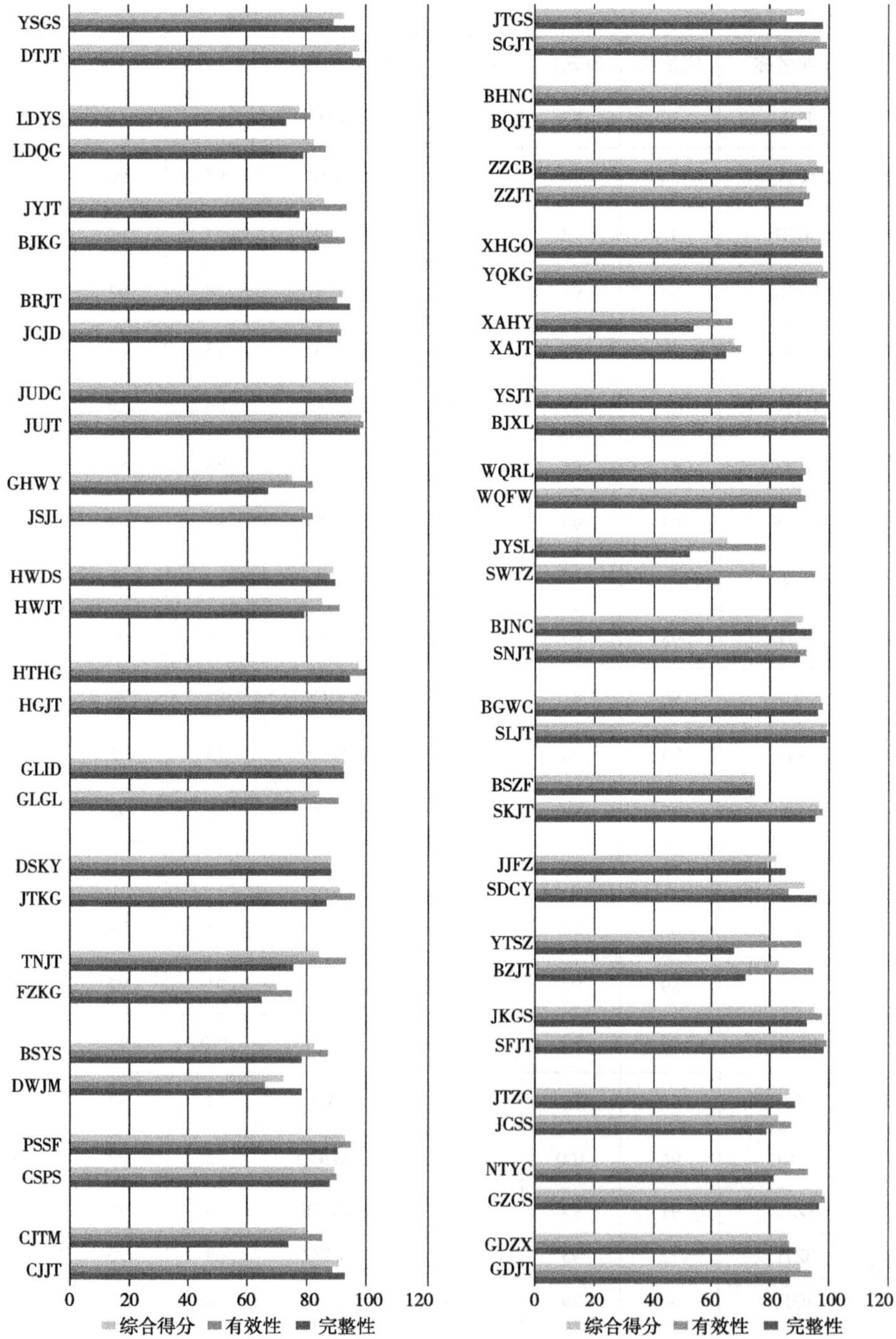

图 4-5 对应母子公司对比分析图

从某种程度而言，由于集团公司可以将更多的人力、物力和财力投入风险管理体系建设，所以在风控建设上比子公司拥有更多的优势。但是不可否认，或许是因企业自身的因素，也可能是由于外部因素，抑或是其他原因，子公司的风险管理建设工作有可能做得更到位。无论是高新技术企业集团公司的风控工作做得更到位还是二级公司风控工作开展得更好，作为同一个"经济体"，高新技术企业集团公司和二级企业应该相互借鉴、取长补短、共同进步、"以优带劣"，实现整体更好、更快的发展。

第五章 风险治理措施类指标分析

风险管理活动是确保管理阶层的指令得以执行的政策及程序。控制活动在企业内的各个层级和职能之间都会出现。企业必须制定风险控制的政策及程序并予以执行,以帮助管理层保证"其控制目标的实现,其用以辨认并用以处理风险所必须采取的行动业已有效落实"。

一、高新技术企业风险治理措施类指标分析

本书项目组通过对 8 个行业 32 家高新技术企业的调研、核查,获得了各高新技术企业风险管理体系中关于风险治理措施类指标的得分情况,如图 5-1 所示。其中,SLGT 在所有核查的高新技术企业中风险治理措施方面的综合得分最高,为 100 分;BJKG 得分最低,只有 73 分。32 家高新技术企业风险治理措施类指标综合得分的平均分值是 91 分,其中 20 家高新技术企业综合得分在平均分值以上(含平均分),而另外 12 家则低于平均分,诸如 SWTZ、BJKG、BZJT 等企业在风险治理措施方面还有待进一步改善。

当我们将风控制度设计的完整性和执行的有效性结合起来考虑时,各高新技术企业的情况又略有不同。HGJT、SLJT、BJXL、GZGS、DTJT、BQJT 等集团在企业风险管理体系建设中既有完善的风控制度建设,又能保证风控制度得以有效实施。但是,大多数高新技术企业存在以下两种情况:一是制度建设较为完善但执行力度有所欠缺,二是制度建设存在缺陷但执行较好。SWTZ、SXJT、LDQJ、SGJT、CSPS、BZJT、JCJD、HWJT、GDJT、FZKG、JTKG、JSJL、XAJT 等高新技术企业虽然制度设计存在缺陷,但都能保证现有的制度被有效执行;相反,SNJT、JUJT、GLGL、BJXL、BQJT 等集团在风险管理体系建设中存在未能实现风控制度有效落实的问题。

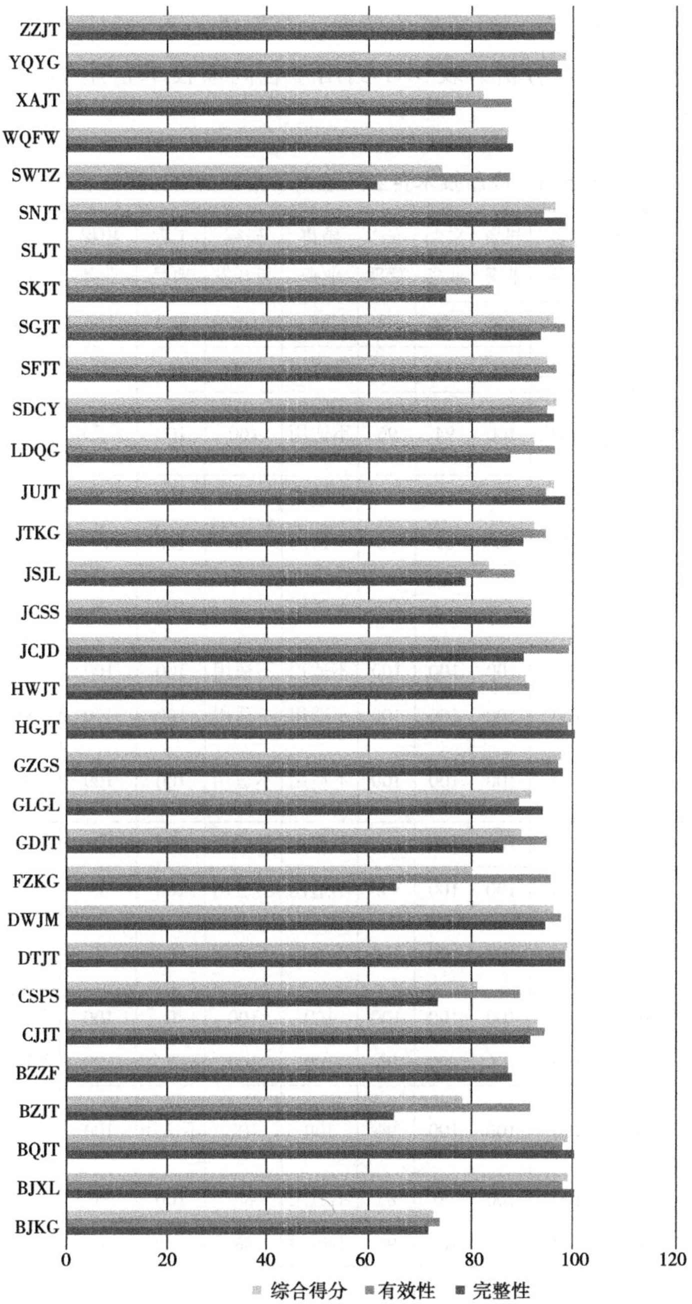

图 5-1 高新技术企业风险治理措施评价情况

从风险治理措施类指标评价的得分汇总情况，可以了解到32家高新技术企业风险治理措施要素方面的整体情况。下面进一步对风险治理措施类要素的11个一级指标进行分析。表5-1给出了各高新技术企业11个一级指标的具体得分情况。

表5-1 高新技术企业风险治理措施类指标评分表

企业名称	描述	货币资金管理	筹资业务	投资业务	采购业务	资产管理	销售业务	研究与开发	工程项目	担保业务	业务外包	财务报告	平均分
YQKG	完整性	100	100	100	100	100	85	100	100	100	88	100	98
	有效性	95	不适用	100	88	93	不适用	100	100	不适用	不适用	100	97
	综合得分	98	不适用	100	94	96	不适用	100	100	不适用	不适用	100	98
JUJT	完整性	100	100	100	80	不适用	100	100	100	100	100	100	98
	有效性	100	100	97	69	98	不适用	100	100	87	100	92	94
	综合得分	100	100	98	74	99	不适用	100	100	94	100	96	96
GZGS	完整性	80	100	100	100	不适用	不适用	100	100	100	100	100	98
	有效性	88	100	100	100	不适用	不适用	100	100	100	86	100	97
	综合得分	84	100	100	100	不适用	不适用	100	100	100	93	100	97
BJXL	完整性	100	100	100	100	不适用	不适用	100	100	100	不适用	100	100
	有效性	100	100	100	100	不适用	不适用	100	100	83	不适用	100	98
	综合得分	100	100	100	100	不适用	不适用	100	100	92	不适用	100	99
JCJD	完整性	100	100	100	100	100	100	0	100	100	不适用	100	90
	有效性	95	100	100	100	96	100	100	不适用	100	100	100	99
	综合得分	98	100	100	100	94	100	100	不适用	100	100	100	99
SFJT	完整性	91	100	100	90	85	不适用	88	100	90	88	100	93
	有效性	90	100	93	100	93	不适用	88	100	100	100	100	96
	综合得分	90	100	96	95	89	不适用	88	100	95	94	100	95

续表

企业名称	描述	货币资金管理	筹资业务	投资业务	采购业务	资产管理	销售业务	研究与开发	工程项目	担保业务	业务外包	财务报告	平均分
ZZJT	完整性	100	83	100	100	86	100	100	90	100	不适用	100	96
	有效性	95	100	94	94	93	100	100	88	100	不适用	100	96
	综合得分	98	92	97	97	90	100	100	89	100	不适用	100	96
SDCY	完整性	100	100	100	100	100	不适用	不适用	75	100	88	100	96
	有效性	100	100	100	82	93	不适用	不适用	不适用	82	100	100	95
	综合得分	100	100	100	91	96	不适用	不适用	不适用	91	94	100	97
SLJT	完整性	100	100	100	100	100	100	100	100	100	100	100	100
	有效性	100	100	100	100	99	100	100	100	100	100	100	100
	综合得分	100	100	100	100	100	100	100	100	100	100	100	100
SGJT	完整性	91	100	93	不适用	86	不适用	不适用	不适用	90	不适用	100	93
	有效性	100	100	100	不适用	89	不适用	不适用	不适用	100	不适用	100	98
	综合得分	96	100	96	不适用	88	不适用	不适用	不适用	95	不适用	100	96
HGJT	完整性	100	100	100	100	100	100	100	100	100	100	100	100
	有效性	100	不适用	100	100	98	不适用	100	100	100	100	92	99
	综合得分	100	不适用	100	100	99	不适用	不适用	100	100	100	96	99
CJJT	完整性	82	100	93	70	100	100	100	92	90	不适用	90	92
	有效性	95	100	94	71	98	100	100	97	91	不适用	100	95
	综合得分	88	100	94	70	99	100	100	94	90	不适用	95	93
DWJM	完整性	91	100	93	100	100	100	不适用	100	90	100	70	94
	有效性	100	100	100	90	94	91	不适用	100	100	100	100	98
	综合得分	96	100	96	95	97	96	不适用	100	95	100	85	96

续表

企业名称	描述	货币资金管理	筹资业务	投资业务	采购业务	资产管理	销售业务	研究与开发	工程项目	担保业务	业务外包	财务报告	平均分
DTJT	完整性	100	83	100	100	100	不适用	100	100	100	100	100	98
	有效性	95	不适用	100	92	100	不适用	100	100	不适用	100	100	98
	综合得分	93	不适用	100	96	100	不适用	100	100	不适用	100	100	99
JTKG	完整性	82	83	86	70	92	100	100	100	90	86	100	90
	有效性	95	100	100	94	90	100	100	100	79	78	100	94
	综合得分	88	92	93	82	91	100	100	100	84	82	100	92
SNJT	完整性	100	100	93	100	100	100	100	100	100	88	100	98
	有效性	100	100	94	71	92	不适用	100	100	100	83	100	94
	综合得分	100	100	94	86	96	不适用	100	100	100	86	100	96
JCSS	完整性	100	100	100	70	65	不适用	88	100	90	100	100	91
	有效性	100	100	100	77	54	不适用	100	86	100	100	100	92
	综合得分	100	100	100	74	60	不适用	94	93	95	100	100	92
BZZF	完整性	100	100	100	100	69	92	75	95	50	83	100	88
	有效性	89	92	100	94	81	88	62	95	71	86	100	87
	综合得分	94	96	100	97	75	90	68	95	60	84	100	87
SKJT	完整性	82	83	0	100	100	不适用	不适用	不适用	90	不适用	70	75
	有效性	95	100	0	100	100	不适用	不适用	不适用	93	不适用	100	84
	综合得分	88	92	0	100	100	不适用	不适用	不适用	92	不适用	85	80
GLGL	完整性	100	100	100	80	100	100	100	91	100	不适用	67	94
	有效性	100	64	97	90	96	100	88	90	75	不适用	92	89
	综合得分	100	82	98	85	98	100	94	90	88	不适用	80	92

续表

企业名称	描述	货币资金管理	筹资业务	投资业务	采购业务	资产管理	销售业务	研究与开发	工程项目	担保业务	业务外包	财务报告	平均分
WQFW	完整性	100	100	100	67	92	67	不适用	75	100	不适用	90	88
	有效性	89	100	100	87	94	45	不适用	69	100	不适用	95	87
	综合得分	94	100	100	77	93	56	不适用	72	100	不适用	92	87
GDJT	完整性	100	67	77	90	68	不适用	100	94	100	88	78	86
	有效性	97	91	83	91	90	不适用	100	100	不适用	100	100	95
	综合得分	98	79	80	90	80	不适用	100	97	不适用	94	89	90
JSJL	完整性	100	83	100	44	83	不适用	不适用	不适用	80	不适用	60	79
	有效性	89	92	100	88	90	不适用	不适用	不适用	60	不适用	100	88
	综合得分	94	88	100	66	86	不适用	不适用	不适用	70	不适用	80	83
HWJT	完整性	91	100	86	100	77	0	75	88	100	75	100	81
	有效性	91	100	89	94	78	不适用	100	84	100	75	100	91
	综合得分	91	100	88	97	78	不适用	88	86	100	75	100	90
LDQG	完整性	100	83	100	60	100	不适用	不适用	不适用	90	不适用	80	88
	有效性	100		100	85	96	不适用	不适用	不适用	不适用	不适用	100	96
	综合得分	100		100	72	98	不适用	不适用	不适用	不适用	不适用	90	92
XAJT	完整性	91	83	79	60	58	不适用	不适用	83	90	不适用	70	77
	有效性	100	100	94	88	80	不适用	不适用	71	91	不适用	77	88
	综合得分	96	92	86	74	69	不适用	不适用	77	90	不适用	74	82
SWTZ	完整性	64	83	71	56	87	25	50	81	86	12	60	61
	有效性	89	92	100	85	85	100	71	73	100	83	81	87
	综合得分	76	88	86	70	86	62	60	77	93	48	70	74

续表

企业名称	描述	货币资金管理	筹资业务	投资业务	采购业务	资产管理	销售业务	研究与开发	工程项目	担保业务	业务外包	财务报告	平均分
BJKG	完整性	90	100	93	70	84	不适用	不适用	4	100	12	90	71
	有效性	85	100	83	79	78	不适用	不适用	24	83	30	100	74
	综合得分	88	100	88	74	81	不适用	不适用	14	92	21	95	73
CSPS	完整性	100	50	93	80	84	50	88	100	10	62	90	73
	有效性	100	100	93	92	93	71	89	100	91	56	100	90
	综合得分	100	75	93	86	88	60	88	100	50	59	95	81
FZKG	完整性	100	33	71	40	81	不适用	86	不适用	50	不适用	60	65
	有效性	100	100	100	89	81	不适用	100	不适用	92	不适用	100	95
	综合得分	100	66	86	64	81	不适用	93	不适用	71	不适用	80	80
BZJT	完整性	36	33	71	44	75	100	100	96	不适用	12	80	65
	有效性	81	100	100	87	88	100	100	79	不适用	90	92	92
	综合得分	58	66	86	66	82	100	100	88	不适用	51	86	78
BQJT	完整性	100	100	100	100	100	100	100	100	100	100	100	100
	有效性	100	100	100	100	91	不适用	88	100	100	100	100	98
	综合得分	100	100	100	100	96	不适用	94	100	100	100	100	99
合计平均分	完整性	93	89	91	83	90	83	93	88	90	79	89	88
	有效性	95	98	94	90	91	91	94	90	92	88	98	93
	综合得分	94	93	92	86	90	89	93	91	90	83	93	91

货币资金管理方面，从制度设计完整性的层面看，YQKG、JUJT、BJXL、JCJD、ZZJT、SDCY、SLJT、HGJT、DTJT、SNJT、JCSS、BZZF、GLGL、WQFW、GDJT、JSJL、LDQG、CSPS、FZKG 和 BQJT 等 20 家高新技术企业制度设计较为完善，但相比而言，GZGS、SWTZ、CJJT、JTKG、SKJT、SWTZ 和

BZJT 在组织架构方面的制度设计中存在较多缺陷。从制度执行有效性的层面看，YQKG、JUJT、BJXL、JCJD、ZZJT、SDCY、SLJT、HGJT、CJJT、DWJM、DTJT、JTKG、SNJT、JCSS、SKJT、GLGL、GDJT、LDQC、XAJT、CSPS、FZKG 这 21 家高新技术企业执行力较强，无论制度设计完整与否，企业都能将现有制度有效落实；GZGS、BZZF、WQFW、BJKG 和 BZJT 在制度落实上还存在不足。

筹资业务管理方面，从制度设计完整性的层面看，1/2 以上的高新技术企业制度设计较为完善，但 ZZJT、DTJT、JTKG、SKJT、JSJL、LDQG、XAJT、SWTZ 等 8 家高新技术企业这一指标的制度设计还需进一步完善，尤其是 GDJT、CSPS、FZKG 及 BZJT 等企业制度设计存在严重缺陷，必须彻底修订与完善。从制度执行有效性的层面看，JSJL、BZZF、GLGL、GDJT 和 SWTZ 这 5 家企业在执行力度上稍有欠缺，其中 GLGL 的执行力最差，未来还需加快相关制度落实的步伐。

投资业务管理方面，从制度设计完整性的层面看，1/2 以上的高新技术企业制度设计较为完善，而 HWJT、GDJT 和 BJKG 的制度设计有待改善，且 SKJT 两项指标得分均为 0，未建立与投资业务相关的风险管理，必须重视该项缺陷，进行全面评估和建设。从制度执行有效性的层面看，近 1/2 的高新技术企业都能有效执行投资业务管理相关的制度规范，但 GDJT、HWJT 和 BJKG 的执行效率相对较差。

采购业务管理方面，从制度设计完整性的层面看，仅有不到 1/2 的高新技术企业设计出了较为完善的采购业务的制度规范，其他大多数企业的采购业务风险管理制度设计存在缺陷，其中 JUJT、CJJT、JTKG、GLGL、WQFW、JSJL、LDQG、XAJT、SWTZ、BJKG、BJKG、JCSS、FZKG、BZJT 等企业制度设计存在较大的缺陷，需分析其缺陷的原因，予以重点改进。从执行层面看，JUJT、SDCY、CJJT、SNJT、JCSS、SWTZ、BJKG、LDQG 等企业存在制度不能有效执行的不足。

资产管理方面，从制度设计完整性的层面看，YQKG、JUJT、GZGS、BJXL、JCJD、SDCY、SLGL、CJJT、HGJT、DWJM、DTJT、SKJT 等半数高新技术企业的制度设计较为完善，但是其余高新技术企业的制度设计存在缺陷，其中 JCSS、BZZF、GDJT、HWJT、XAJT 和 BZJT 这 6 家企业资产管理制度建设存在较大缺陷，XAJT 的制度设计缺陷最多，得分仅仅 58 分，这几家企业均需分析其缺陷存在的原因，尽快加以改善。从制度执行有效性的层面看，仅有 GZGS、BJXL、DTJT 和 SKJT 这 4 家企业能够切实落实制度规范，其他企业或多或少存在执行效率的问题，其中 JCSS、HWJT 和 BJKG 这 3 家企业在执行力上明显较弱,下一步必须大力落实。

销售业务管理方面,有1/2的高新技术企业不适用于这一指标,这主要是由于企业的性质和指标设计的针对性不一致,可见不同企业抑或不同行业应设计不同的指标体系来进行相应的风险管理核查,以便能更好地评价一家企业的风控建设与执行效果的好坏。其余1/2的高新技术企业中,从制度设计完整性的层面看,JCJD、DWJM、SNJT、SLJT、ZZJT、GLGL、HGJT、CJJT、BZJT、JTKG等企业对相关制度的设计较为完善,且其设计的制度均能得到完美的实施,其他高新技术企业中制度设计漏洞较多的企业是CSPS、WQFW和SWTZ。从制度执行有效性的层面看,只有CSPS和WQFW这两家企业在实际操作中未能有效执行制度规定,其他企业的执行力度相对都较好,也就是说,就这一指标说,企业基本上均能实现制度设计并有效执行,仅有个别企业需要大力加强这一流程的风险管理制度建设。

研究与开发管理方面,GZGS、BJXL、SDCY、SGJT、DWJM、SKJT、WQFW、JSJL、LDQG、XAJT和BJKG这11家高新技术企业不适用这一流程,这主要是由于企业的性质和指标设计的针对性不一致,可见不同企业抑或不同行业应设计不同的指标体系来履行相应的风险管理核查,以便能更好地评价一家企业的风控建设与执行效果的好坏。其余企业中,从制度设计完整性的层面看,YQKG、JUJT、JCJD、ZZJT、SLJT、CJJT、DTJT、SNJT、JTKG、BZJT这10家高新技术企业制度设计均较为完善,但BZZF、HWJT和SWTZ这3家企业在研究与开发方面的制度设计中存在较多缺陷。从制度执行有效性的层面看,制度设计完整的10家企业均能将其有效实施,且JCSS、HWJT和FZKG3家无论制度设计完整与否,企业都能将现有制度有效落实。而SWTZ、BZZF等企业在制度落实上还存在不足。

工程项目管理方面,SGJT、SKJT、JSJL、LDQG和BZJT这5家企业不适用这一指标。其余高新技术企业中,从制度设计完整性的层面看,有1/2左右的高新技术企业制度设计较为完善,其他企业或多或少存有缺陷,但仅WQFW、BIKG、XAJT和SWTZ这4家高新技术企业在这一指标的制度设计上存在较大缺陷,尤其是BIKG,它在这一指标上存在严重缺陷,其设计完整性得分仅为4分,须彻底修订与完善。从制度执行有效性的层面看,制度设计完整的企业其相关制度都得到了有效实施,而制度设计不完整的企业,其执行也同时存在相应缺陷,对这些企业来说,这两项指标需同时修订与改进。

担保业务管理方面，仅 BZJT 这 1 家企业不适用，其余企业中，从制度设计完整性的层面看，1/2 以上的高新技术企业制度设计较为完善，而 BZZF、JSJL、SWTZ、CSPS 和 FZKG 这 4 家企业制度设计有待改善，其中 BZZF、CSPS 和 FZKG 这 3 家企业制度设计存在较大缺陷，需要引起企业的高度重视。从制度执行有效性的层面看，近 1/2 的高新技术企业都能有效执行相关制度规范，但 JTKG、BZZF、GLGL、JSJL、CSPS 和 FZKG 等执行效率相对较差。

业务外包管理方面，BJXL、JCJD、SGJT、CJJT、SKJT、GLGL、WQFW、JSJL、LDQG、XAJT 和 FZKG 这 11 家企业不适用该指标。其余企业中，从制度设计完整性的层面看，仅有不到 1/2 的高新技术企业设计出了较为完善的业务外包的制度规范，其他大多数企业的业务外包风险管理制度设计存在缺陷，其中 HWJT、SWTZ、CSPS、BJKG 和 BZJT 等企业制度设计存在缺陷，且 SWTZ、BJKG、BZJT 和 CSPS 这 3 家企业存在较大缺陷，需分析其缺陷的原因，予以重点改进；从制度执行有效性的层面看，CSPS、BZJT、BJKG 等企业存在制度不能有效执行的不足。

财务报告管理方面，从制度设计完整性的层面看，YQKG、JUJT、GZGS、BJXL、JCJD、SFJT、ZZJT、SDCY、SGJT、DTJT、SNJT、JTKG、JCSS、BZZF、HWJT 等 1/2 以上的高新技术企业制度设计较为完善，其余高新技术企业的制度设计存在缺陷，但是各企业缺陷均不大，需参考相关制度要求分析其缺陷存在的原因，尽快加以改善。从制度执行有效性的层面看，制度设计完整的大多数企业均能有效地将风险管理执行落地，仅有少数几家企业存在执行效率的问题，其中 SWTZ 和 XAJT 这两家企业在执行力上明显较弱，必须尽快改善。

二、二级企业风险治理措施类指标分析

本书项目组调研工作不仅对所选取的高新技术企业集团公司进行评价，同时对每家高新技术企业下属的一家二级企业风险管理体系建设成果也进行了核查，共检查二级企业 34 家。各二级企业的风险管理体系中的风险治理措施类指标核查的得分情况如图 5-2 所示。其中，YSGH、HTHG 两家企业在 34 家二级企业中得分最高，为 100 分；JFZB 是最差的企业，得分只有 46 分。二级企业风险治理措施类要素指标的综合得分为 88 分，其中有 19 家二级企业达到平均分值，而其余 15 家企业的综合得分低于平均分。YTSZ、JFZB 和 JJFZ 是风险治理措施方面做得最不到位的 3 家企业。

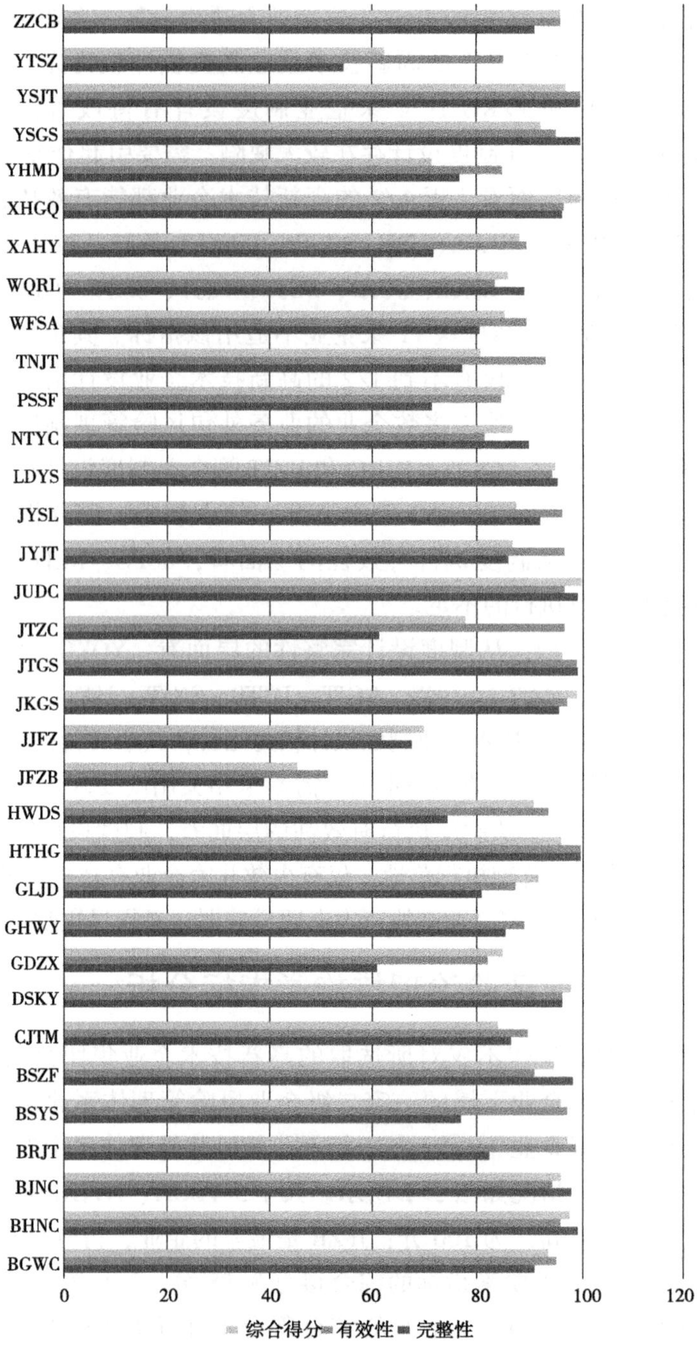

图 5-2 二级企业风险治理措施评价情况

第五章 风险治理措施类指标分析

当综合考虑企业风控制度的设计完整性和执行有效性指标，可以看出企业风控建设过程中存在的相关问题。从整体风险治理措施方面的风控制度设计的完整性看，YSJT、XHGQ、LDYS、JTGS、JKGS、JUDC、HTHG 和 BHNC 等二级企业在风险治理措施方面既有完善的制度设计，又能确保制度得到有效落实，但是大多数二级企业可能面临制度设计完整而执行不到位或者设计存有缺陷但执行有效这两对矛盾。PSSF、YTSZ、TNJT、JJFZ、JTZC、HWDS、XAHY、JFZB、GDZX、YHMD 和 BSYS 等企业在各自的风控工作建设中，制度执行的有效性层面比制度设计的完整性层面做得更到位，YTSZ、YHMD、WQRL、NTYC、JFZB 和 GDZX 等企业在风险管理体系建设中，执行层面相对比薄弱。

从图 5-2 可以大致了解到 34 家二级企业在风险治理措施方面的整体建设情况。下面对风险治理措施类要素的 11 个一级指标进行分析。表 5-2 列示了二级企业各个风险治理措施类一级指标的具体评分情况。

表 5-2 二级企业风险治理措施类指标评分表

企业名称	描述	货币资金管理	筹资业务	投资业务	采购业务	资产管理	销售业务	研究与开发	工程项目	担保业务	业务外包	财务报告	平均分
JUDC	完整性	100	100	100	100	92	100	100	不适用	100	100	99
	有效性	100	100	94	95	87	94	100	100	不适用	100	100	97
	综合得分	100	100	97	98	94	93	100	100	不适用	100	100	98
XHGQ	完整性	100	100	100	70	95	100	100	96	100	100	96
	有效性	100	100	100	88	89	94	100	100	不适用	不适用	100	97
	综合得分	100	100	100	79	92	97	100	98	不适用	不适用	100	96
JKGS	完整性	100	不适用	不适用	100	100	100	不适用	74			100	96
	有效性	100	不适用	不适用	100	100	100		84			100	97
	综合得分	100	不适用	不适用	100	100	100		79			100	97
DSKY	完整性	100	不适用	不适用	75	100	100		100		100	100	96
	有效性	89	不适用	不适用	86	100	100		100		100	100	96
	综合得分	94	不适用	不适用	80	100	100		100		不适用	100	100	96

续表

企业名称	描述	货币资金管理	筹资业务	投资业务	采购业务	资产管理	销售业务	研究与开发	工程项目	担保业务	业务外包	财务报告	平均分
BHNC	完整性	100	100	100	100	95	不适用	100	100	100	不适用	100	99
	有效性	100	100	94	80	93	不适用	100	100	100	不适用	100	96
	综合得分	100	100	97	90	94	不适用	100	100	100	不适用	100	98
BRJT	完整性	100	83	100	100	95	100	100	0	70	62	100	83
	有效性	100	100	94	100	100	100	100	100	不适用	100	100	99
	综合得分	100	92	97	100	98	100	100	50	不适用	81	100	92
YSJT	完整性	100	100	100	100	100	100	100	100	100	100	100	100
	有效性	100	100	100	不适用	100	不适用	不适用	100	不适用	不适用	100	100
	综合得分	100	100	100	不适用	100	不适用	不适用	100	不适用	不适用	100	100
JTGS	完整性	100	100	100	100	100	100	100	96	不适用	100	100	100
	有效性	100	100	100	100	100	100	100	93	不适用	100	100	99
	综合得分	100	100	100	100	100	100	100	94	不适用	100	100	99
HTHG	完整性	100	100	100	100	100	不适用	100	100	100	100	100	100
	有效性	100	100	不适用	100	100	不适用	100	100	100	100	100	100
	综合得分	100	100	不适用	100	100	不适用	100	100	100	100	100	100
ZZCB	完整性	100	不适用	不适用	90	80	100	100	100	不适用	不适用	78	91
	有效性	100	不适用	不适用	100	95	100	100	88	不适用	不适用	95	96
	综合得分	100	不适用	不适用	95	88	100	100	94	不适用	不适用	86	94
BSYS	完整性	100	100	不适用	100	70	100	不适用	不适用	不适用	0	70	77
	有效性	90	100	不适用	100	93	100	不适用	不适用	不适用	100	100	98
	综合得分	95	100	不适用	100	82	100	不适用	不适用	不适用	50	85	87
BJNC	完整性	100	100	86	100	100	不适用	不适用	100	不适用	100	100	98
	有效性	100	91	100	69	100	不适用	不适用	不适用	不适用	100	100	94
	综合得分	100	96	93	84	100	不适用	不适用	不适用	不适用	100	100	96

续表

企业名称	描述	货币资金管理	筹资业务	投资业务	采购业务	资产管理	销售业务	研究与开发	工程项目	担保业务	业务外包	财务报告	平均分
LDYS	完整性	100	100	93	100	92	100	不适用	不适用	89	不适用	90	96
	有效性	95	不适用	100	92	86	不适用	不适用	不适用	不适用	不适用	100	95
	综合得分	98	不适用	96	96	89	不适用	不适用	不适用	不适用	不适用	95	95
BSZF	完整性	91	100	不适用	100	100	100	100	100	不适用	不适用	100	99
	有效性	70	67	不适用	100	100	91	100	100	不适用	不适用	100	91
	综合得分	80	84	不适用	100	100	96	100	100	不适用	不适用	100	95
BGWC	完整性	100	100	100	100	64	不适用	不适用	73	不适用	不适用	100	91
	有效性	100	不适用	80	100	92	不适用	不适用	100	不适用	不适用	100	95
	综合得分	100	不适用	90	100	78	不适用	不适用	86	不适用	不适用	100	92
YSGS	完整性	100	不适用	不适用	100	100	100	不适用	100	不适用	100	100	100
	有效性	89	不适用	不适用	94	95	不适用	不适用	100	不适用	94	100	95
	综合得分	94	不适用	不适用	97	98	不适用	不适用	100	不适用	97	100	98
GLJD	完整性	100	33	7	90	100	91	100	100	不适用	88	100	81
	有效性	100	不适用	0	94	91	100	100	100	不适用	100	100	87
	综合得分	100	不适用	4	92	96	96	100	100	不适用	94	100	87
HWDS	完整性	73	不适用	不适用	100	71	78	不适用	0	不适用	100	100	75
	有效性	95	不适用	不适用	100	91	71	不适用	100	不适用	100	100	94
	综合得分	84	不适用	不适用	100	81	74	不适用	50	不适用	100	100	84
XAHY	完整性	91	不适用	77	60	44	100	不适用	71	不适用	不适用	60	72
	有效性	90	不适用	100	82	62	100	不适用	94	不适用	不适用	100	90
	综合得分	90	不适用	88	71	53	100	不适用	82	不适用	不适用	80	81
JYSL	完整性	100	67	92	100	90	89	不适用	100	不适用	不适用	100	92
	有效性	100	不适用	100	100	87	89	不适用	100	不适用	不适用	100	97
	综合得分	100	不适用	96	100	88	89	不适用	100	不适用	不适用	100	96

续表

企业名称	描述	货币资金管理	筹资业务	投资业务	采购业务	资产管理	销售业务	研究与开发	工程项目	担保业务	业务外包	财务报告	平均分
JYJT	完整性	100	100	100	70	75	不适用	100	88	100	25	100	86
	有效性	100	100	94	89	93	不适用	100	93	100	100	100	97
	综合得分	100	100	97	80	84	不适用	100	90	100	62	100	91
NTYC	完整性	100	100	100	90	79	82	100	87	不适用	62	100	90
	有效性	84	0	71	88	91	93	100	87	不适用	100	100	81
	综合得分	92	50	86	89	85	88	100	87	不适用	81	100	86
WQRL	完整性	82	100	100	100	50	85	100	100	100	75	90	89
	有效性	84	17	93	92	78	69	100	100	不适用	100	100	83
	综合得分	83	58	96	96	64	77	100	100	不适用	88	95	86
WFSA	完整性	91	不适用	不适用	100	71	83	不适用	95	不适用	25	100	81
	有效性	90	不适用	不适用	85	98	91	不适用	84	不适用	78	100	89
	综合得分	90	不适用	不适用	92	84	87	不适用	90	不适用	52	100	85
PSSF	完整性	不适用	不适用	不适用	67	68	不适用	不适用	79	不适用	不适用	不适用	71
	有效性	不适用	不适用	不适用	88	93	不适用	不适用	73	不适用	不适用	不适用	85
	综合得分	不适用	不适用	不适用	78	80	不适用	不适用	76	不适用	不适用	不适用	78
GDZX	完整性	100	0	69	62	83	100	50	不适用	不适用	12	70	61
	有效性	82	0	100	100	79	94	100	不适用	不适用	86	100	82
	综合得分	91	0	84	81	81	97	75	不适用	不适用	49	85	71
CJTM	完整性	90	不适用	不适用	80	100	100	不适用	100	不适用	50		87
	有效性	100	不适用	不适用	94	60	86	不适用	100	不适用	100		90
	综合得分	95	不适用	不适用	87	80	93	不适用	100	不适用	75		88

续表

企业名称	描述	货币资金管理	筹资业务	投资业务	采购业务	资产管理	销售业务	研究与开发	工程项目	担保业务	业务外包	财务报告	平均分
TNJT	完整性	82	83	86	62	94	不适用	100	48	78	62	80	78
	有效性	95	100	100	80	89	不适用	100	100	85	83	100	93
	综合得分	88	92	93	71	92	不适用	100	74	82	72	90	85
GHWY	完整性	91	100	100	89	92	82	不适用	不适用	80	88	50	86
	有效性	87	不适用	100	87	81	69	不适用	不适用	100	100	89
	综合得分	89	不适用	100	88	86	76	不适用	不适用	94	75	87
JTZC	完整性	100	0	0	89	100	不适用	不适用	不适用	0	100	61
	有效性	95	不适用	不适用	100	89	不适用	不适用	不适用	100	100	97
	综合得分	98	不适用	不适用	94	94	不适用	不适用	不适用	100	100	97
YHMD	完整性	80	不适用	不适用	89	56	58	不适用	不适用	100	78	77
	有效性	70	不适用	不适用	88	73	79	不适用	不适用	100	100	85
	综合得分	75	不适用	不适用	88	64	68	不适用	不适用	100	89	81
JJFZ	完整性	73	0	100	100	71	不适用	不适用	100	0	75	90	68
	有效性	95	0	不适用	57	79	不适用	不适用	100	0	62	100	62
	综合得分	84	0	不适用	78	75	不适用	不适用	100	0	68	95	63
YTSZ	完整性	90	17	21	50	65	50	83	86	不适用	38	44	54
	有效性	86	75	78	88	71	93	78	100	不适用	80	100	85
	综合得分	88	46	50	69	68	72	80	93	不适用	59	72	70
JFZB	完整性	55	50	71	30	15	27	不适用	不适用	30	62	10	39
	有效性	57	50	14	60	43	69	不适用	不适用	62	55	51
	综合得分	56	50	42	45	29	48	不适用	不适用	62	32	46
合计平均分	完整性	94	76	83	87	83	89	95	84	75	74	87	84
	有效性	92	72	86	90	88	91	98	96	71	93	98	91
	综合得分	93	76	85	88	85	89	97	90	71	82	93	88

货币资金管理方面，仅有 PSSF 这 1 家企业不适用该指标。其余企业中，从制度设计完整性的层面看，JUDC、XHGQ、JKGS、DSKY、BHNC、BRJT、YSJT、JTGS、HTHG、ZZCB、BSYS、BJNC、LDYS、BGWC、YSGS、GLJD、JYSL、JYJT、NTYC、GDZX 和 JTZC 这 21 家二级企业都有较为完善的制度设计，而 JFZB 和 YHMD 这两家企业在货币资金管理方面的制度建设中存在较多漏洞，除此之外的其他 11 家企业也存在一定不足，还应进一步完善相关的制度设计。从制度执行的有效性层面看，JUDC、XHGQ、JKGS、BHNC、BRJT、YSJT、JTGS、HTHG、ZZCB、BJNC、BGWC、GLJD、JYSL、JYJT 和 CJTM 这 15 家企业可以有效执行企业制定的货币资金管理方面的制度，但是 JFZB 和 YHMD 这两家二级企业的执行力度较差。

筹资业务管理方面，JKGS、DSKY、ZZCB 等 10 家企业不适用这一指标。其余企业中，从制度设计完整性的层面看，JUDC、XHGQ、BHNC、YSJT 等 15 家企业在制度设计上都较为完整，而 GLJD、JYSL、GDZX、JTZC、YTSZ 和 JFZB 这 6 家企业在筹资业务管理方面的制度建设存在严重缺陷，且执行效率极低，需引起高度重视，大力改善。从制度执行有效性的层面看，除了 BJNC、BSZF、BGWC、NTYC、WQRL、GHWY 等企业不能有效按照制度实施，其余制度设计完整的二级企业均能有效执行企业现有的制度规范。

投资业务管理方面，JKGS、DSKY、ZZCB 和 BSYS 等 11 家企业不适用这一指标。其余企业中，从制度设计完整性的层面看，XHGQ、BHNC、BRJT、YSJT、JTGS、HTHG、BGWC、JYJT、NTYC、WQRL、GHWY 和 JJFZ 共 12 家企业设计有较为完善的制度体系，而 XAHY、JYSL、YHMD 和 JFZB 制度设计中存在的漏洞较多。从制度执行有效性的层面看，BGWC、GLJD、NTYC、YTSZ 和 JFZB 这 5 家二级企业执行效率较低，其中 GLJD 制度执行的有效性最差；其他二级企业从抽查结果看，制度执行的有效性程度相近且居于中上水平。

采购业务管理方面，从制度设计完整性的层面看，超过 1/2 的二级企业都很重视采购业务方面的制度建设，都建有比较完善的制度体系，但 NTYC、JJFA、XAHY、TNJT、JJFZ 和 JFZB 这 6 家企业还应继续不断完善相关制度的设计工作。从制度执行有效性的层面看，只有少数企业能够有效按照相关的风控制度规章执行，多数企业的执行力还有待加强，

XAHY、TNJT、JJFZ 和 JFZB 等企业尤需加快其风控制度执行、落地的步伐。

资产管理方面，从制度设计完整性的层面看，除了 JUDC、DSKY、JKGS、YSJT、JTGS、HTHG、BJNC、BSZF、YSGS、GLJD、CJTM 和 JTZC 以外，有 22 家二级企业在相关制度的设计中都存在缺陷，其中 BGWC、HWDS、YHMD、JJFZ、YTSZ 和 JFZB 在相关制度设计缺陷最严重。从制度执行有效性的层面看，只有 JKGS、DSKY、YSJT、JTGS、HTHG、BJNC 和 BSZF 这 7 家二级企业能够将资产管理方面的制度得以有效落实，相比之下执行力度较差的是 XAHY、WQRL、GDZX、YHMD、JJFZ、YTFZ 和 JFZB。

销售业务管理方面，BHNC、BJNC、BGWC、JYJT、PSSF、TNJT、JTZC 和 JJFZ 这 8 家企业不适用这一指标。其余企业中，XHGQ、JKGS、DSKY、BRJT、YSJT、JTGS、HTHG、ZZCB、BSYS、LDYS、BSZF、YSGS、XAHY、CJTM 和 GDZX 制度设计较为完善，而 JUDC、GLJD、HWDS、JYSL、NTYC、WQRL、WFSA、GHWY、YHMD、YTSZ 和 JFZB 等企业虽然有相关制度设计，但是存在的漏洞较多，尤其 YHMD、YTSZ 和 JFZB 这 3 家企业，销售业务管理方面存在严重的制度缺陷。从制度执行有效性的层面看，1/2 的企业能够将相关制度落实到位，但仍有 HWDS、JYSL、WQRL、CJTM、GHWY、YSGS、YSJT、LDYS、YHMD 和 JFZB 共 10 家企业执行效率不足，尤其 YSGS、YSJT 和 LDYS 这 3 家企业完全未将相关风控制度执行落地。

研究与开发管理方面，有 JKGS、DSKY、HTHG、ZZCB、BSYS、BJNC、LDYS、BGWC、YSGS、HWDS、XAHY、JYSL、WFSA、PSSF、CJTM、GHWY、JTZC、YHMD、JJFZ 和 JFZB 近 2/3 家二级企业不适用这一流程，这主要是由于企业的性质和指标设计的针对性不一致产生的，可见不同行业甚至不同企业应设计不同的指标体系来衡量其相应的风险管理情况，以便更好地评价其风控制度建设与执行效果的好坏。其余企业中，从制度设计完整性的层面来看，XHGQ、JUJT、BHNC、BRJT、YSJT、JTGS、BSZF、GLJD、JYJT、NTYC、WQRL 和 TNJT 这 12 家二级企业制度设计较为完善，但相比而言，GDZX 和 YTSZ 这两家企业研究与开发管理方面制度设计存在较多缺陷。从制度执行有效性的层面看，制度设计完整的 10 家企业均能做到有效实施，而 YTSZ 则在制度落实上还存在不足。

工程项目管理方面，BSYS、BJNC、LDYS 和 GDZX 等 8 家二级企业不适用这一指标。其余二级企业中，从制度设计完整性的层面看，1/2 左右的二级企业制度设计较为完善，其他企业或多或少存有缺陷，尤其 HWDS 这家企业在这一指标上存在严重缺陷，其得分为 0 分，必须进行全面建设与完善。从制度执行有效性的层面看，制度设计完整的企业其相关制度都得到了有效执行，而制度设计不完整的企业其执行也同时存在相应缺陷，这些企业这两项指标需同时修订与改进。

担保业务管理方面，20 家企业不适用这一指标，这是因为多数二级企业不被允许单独对外提供担保，故此业务不适用于二级企业。其余企业中，制度设计完整的企业仅有 BHNC 和 JYJT 这两家企业做到了有效实施，其他企业执行的有效性这项指标得分均为 0 分，这也显示了二级企业不对外提供担保是事实。

业务外包管理方面，XHGQ、JKGS、BHNC、ZZCB、LDYS、BSZF 和 BGWC 等 10 家企业不适用该指标。其余企业中，从制度设计完整性的层面看，有 1/2 的二级企业设计出了较为完善的业务外包管理的制度规范，而 BRJT、BSYS、JYJT、NTYC、WQRL、PSSF、TNJT、JJFZ、YTSZ、JFZB 和 WFSA 等企业制度设计存在缺陷，且 BRJT、BSYS、JYJT、NTYC、PSSF、TNJT、YTSZ、JFZB 和 WFSA 这 9 家企业存在较大缺陷，需分析其缺陷产生的原因，予以重点改进。从制度执行有效性的层面看，JJFZ、YTSZ、JFZB、WFSA、WQRL 等企业存在制度不能有效执行的问题。

财务报告管理方面，从制度设计完整性的层面看，JUDC、XHGQ、JKGS、DSKY、BHNC、BRJT、YSJT、JTGS、HTHG、BJNC、BSZF、BGWC、YSGS、GLJD、HWDS 等 3/4 以上的二级企业的制度设计较为完善，其余企业的制度设计存在一定缺陷，需参考相关制度建设的要求，分析其缺陷存在的原因，尽快加以改善。从制度执行有效性的层面看，制度设计完整的大多数企业均能有效地将风险管理执行落地，仅有少数几家企业存在执行效率的问题，其中 JJFZ 和 JFZB 这 2 家企业在执行力上明显较弱，必须尽快改善。

三、高新技术企业集团与二级企业间的对比分析

本书项目组调研实际共涉及 35 家高新技术企业，但其中 3 家企业集团情况较为特殊：JZJT 是上年第一批曾核查过的企业，本次核查不再重复评

价；BCTJ 的集团公司 JFZB 下设的各个职能部门都只为 JFZB 服务，本身并没有任何业务，加之 BCTJ 领导人变更频繁，本书项目组进场时，BCTJ 尚未建立起自己的风险管理体系，无法对其风险管理体系进行检查；WFJT 由于本书项目组入场时还没有进行自查，所以我们只对其二级公司 WFSA 进行了调研。其余 32 家高新技术企业中，由于 BZZF 集团层面的风控管理建设启动较晚，尚未覆盖到二级企业，所以只对除 BZZF 之外的 31 家高新技术企业集团及其下属一家二级企业进行了调研。

图 5-3 给出了高新技术企业集团公司与二级公司风险治理措施整体建设情况的对比分析。显然，集团技术企业无论是风险治理措施方面的制度设计完整程度还是执行的有效性程度，都明显优于二级企业。

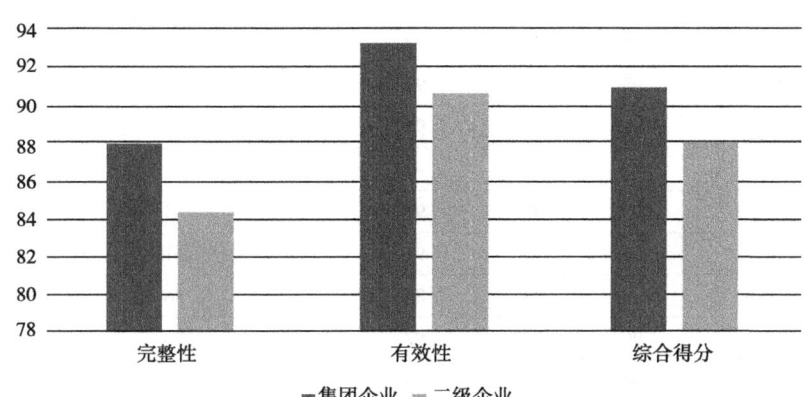

图 5-3 集团企业与二级企业对比分析

表 5-3 和图 5-4 均给出了高新技术企业集团和相对应的二级子公司风险治理措施方面建设工作开展情况的对比分析，从中可以看出，JCJD、GLGL、GDJT、CJJT、ZZJT、SNJT、DWJM、JCSSS、BQJT、HGJT、BJXL、DTJT、GZGS、SDCY 和 SLJT 这 15 家高新技术企业集团在风险治理措施方面的建设工作更到位，其余 17 家高新技术企业集团对风险治理措施的管控比核查的二级子公司略差一些。从总体对比情况看，虽然高新技术企业集团与其二级子公司在风险治理措施建设工作中存在差异，但是差异都较小，其中 SDCY 和其二级子公司 JJFZ 在风险治理措施建设方面差距最大。

表 5-3 高新技术企业集团与二级企业对比分析

序号	高新技术企业	完整性	有效性	综合得分	二级企业	完整性	有效性	综合得分
1	BJKG	71	74	73	JYJT	86	97	87
2	BJXL	100	98	99	YSJT	100	100	97
3	BQJT	100	98	99	BHNC	99	96	98
4	BZJT	65	92	78	YTSZ	54	85	63
5	CJJT	92	95	93	CJTM	87	90	84
6	CSPS	73	90	81	PSSF	71	85	85
7	DTJT	98	98	99	YSGS	100	95	92
8	DWJM	94	98	96	BSYS	77	98	96
9	FZKG	65	95	80	TNJT	78	93	81
10	GDJT	86	95	90	GDZX	61	82	85
11	GLGL	94	89	92	GLJD	81	87	92
12	GZGS	98	97	97	NTYC	90	81	87
13	HGJT	100	99	99	HTHG	100	100	96
14	HWJT	81	91	90	HWDS	75	94	91
15	JCJD	90	99	99	BRJT	83	99	98
16	JCSS	91	92	92	JTZC	61	97	78
17	JSJL	79	88	83	GHWY	86	89	81
18	JTKG	90	94	92	DSKY	96	96	98
19	JUJT	98	94	96	JUDC	99	97	100
20	LDQG	88	96	92	LDYS	96	95	95
21	SDCY	96	95	97	JJFZ	68	62	70
22	SFJT	93	96	95	JKGS	96	97	99
23	SGJT	93	98	96	JTGS	100	99	97
24	SKJT	75	84	80	BSZF	99	91	95
25	SLJT	100	100	100	BGWC	91	95	94
26	SNJT	98	94	96	BJNC	98	94	96
27	SWTZ	61	87	74	JYSL	92	97	87
28	WQFW	88	87	87	WQRL	89	83	86
29	XAJT	77	88	82	XAHY	72	90	88
30	YQKG	98	97	98	XHGQ	96	97	100
31	ZZJT	96	96	96	ZZCB	91	96	96

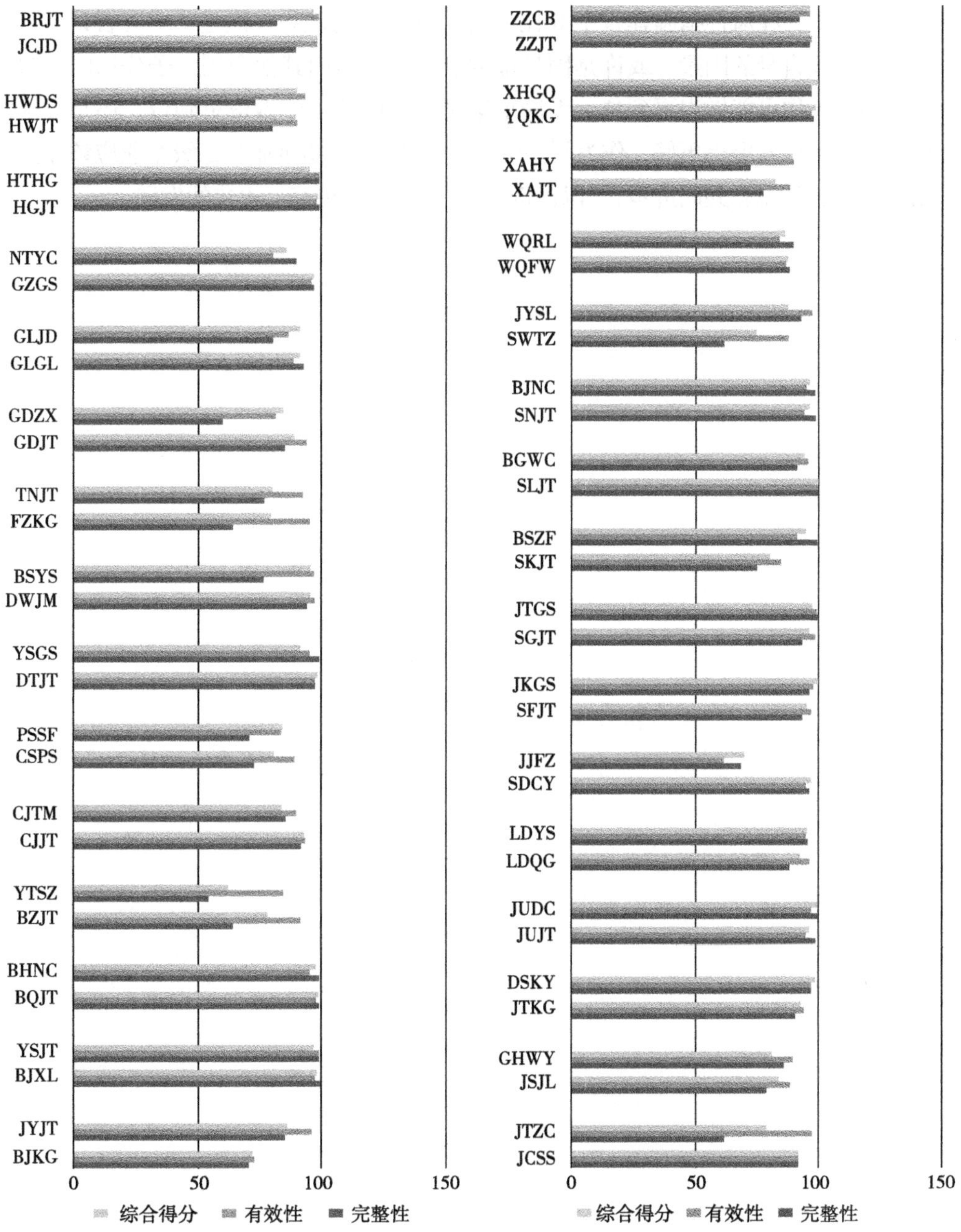

图 5-4 高新技术企业对应母子公司对比分析

从某些程度上说，由于集团公司可以将更多的人力、物力和财力投入风险管理体系建设，在风控措施建设上要比子公司有更多的优势。但是，不可否认，或许是因企业自身的因素、或许是因外部因素，抑或是因其他原因，子公司的风险管理建设工作可能做得更到位。无论是集团企业风控工作做得更到位，还是二级公司风控工作开展得更好，作为同一个"经济体"，集团企业和二级企业应该相互借鉴、取长补短、共同进步、"以优带劣"，实现整体更好、更快的发展。

第六章 风控手段类指标分析

风控手段偏重于"工具"性质，属于风险管理的实现方式，往往涉及企业整体业务或管理。风控手段执行的效果对于风险管理体系的建设至关重要，它能够有效控制公司的风险，提高经营效率，促进公司目标的实现。

一、高新技术企业风控手段类指标分析

本书项目组调研的高新技术企业为32家，覆盖8个行业板块。各高新技术企业的风险管理体系中关于风控手段类指标核查的得分情况如图6-1所示。其中，BJXL、BQJT、SLJT这3家企业在所有核查的高新技术企业中风控手段方面的综合得分最高，为100分；SWTZ得分最低，只有68分。32家高新技术企业的风控手段类要素指标综合得分平均分值为89分，其中14家企业综合得分在平均分值以上（含平均分），18家低于平均分。诸如SWTZ、BZJT、DTJT等企业在风控手段方面还有待进一步改善。

综合考虑风控制度设计的完整性和执行的有效性指标，各高新技术企业的情况又略有不同。单从风控手段类要素看，BJXL、BQJT、SLJT等集团在企业风险管理体系建设中既有完善的风控制度建设，又能保证风控制度得以有效实施。但是，大多数高新技术企业存在以下两种情况：一是制度建设较为完善但是执行力度有所欠缺，二是执行落地表现较好但是制度建设存在缺陷。LDQG、FZKG、BZJT、JSJL、WQFW、HWJT等高新技术企业虽然制度设计存在缺陷，但是都能保证现有的制度被有效执行；相反，GZGS、GLGL等在风险管理体系建设中，未能实现风控制度的有效落地。

从风控手段类指标评价的得分汇总情况，可以看出32家高新技术企业这方面的整体情况。以下面进一步对风控手段类要素的9个一级指标进行分析。表6-1给出了各高新技术企业9个一级指标的具体得分情况。

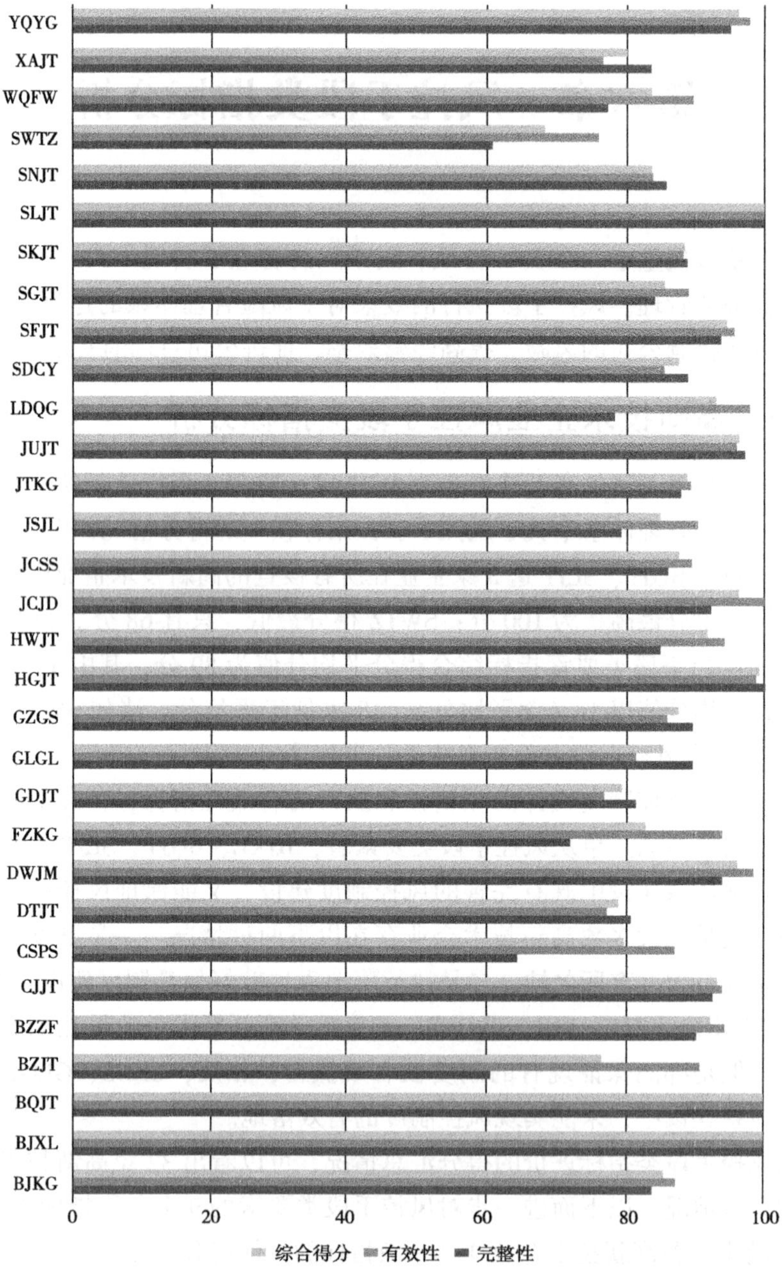

图 6-1 高新技术企业风控手段评价情况

表 6-1 高新技术企业风险环境类指标评分表

公司名称	指标	预算管理	合同管理	内部信息传递	信息系统	关联交易	行政综合	反舞弊机	日常监督	专项监督	平均分
YQKG	完整性	100	100	80	100	100	100	75	100	100	95.00
	有效性	100	100	100	100	不适用	100	83	100	100	97.88
	综合得分	100	100	90	100	不适用	100	79	100	100	96.13
JUJT	完整性	100	100	100	82	100	92	100	100	100	97.11
	有效性	100	90	97	83	100	93	100	100	100	95.89
	综合得分	100	95	98	82	100	92	100	100	100	96.33
GZGS	完整性	85	100	100	91	40	92	100	100	100	89.78
	有效性	100	93	100	94	0	93	100	93	100	85.89
	综合得分	92	96	100	92	20	92	100	96	100	87.56
BJXL	完整性	100	100	100	100	不适用	100	100	100	不适用	100.00
	有效性	不适用	100	100	100	不适用	100	100	100	不适用	100.00
	综合得分	不适用	100	100	100	不适用	100	100	100	不适用	100.00
JCJD	完整性	100	100	100	100	80	100	100	100	50	93.10
	有效性	100	100	100	100	100	100	100	100	100	100.00
	综合得分	100	100	100	100	90	100	100	100	75	96.11
SFJT	完整性	92	100	100	91	100	92	100	67	100	93.56
	有效性	81	94	100	90	100	94	100	100	100	95.44
	综合得分	86	97	100	90	100	93	100	84	100	94.44
ZZJT	完整性	100	100	100	100	0	92	100	100	100	88.00
	有效性	94	100	100	100	不适用	99	83	92	75	92.88
	综合得分	97	100	100	100	不适用	96	92	96	88	96.13

续表

公司名称	指标	预算管理	合同管理	内部信息传递	信息系统	关联交易	行政综合	反舞弊机	日常监督	专项监督	平均分
SDCY	完整性	100	100	100	100	100	100	100	100	0	88.89
SDCY	有效性	100	75	100	95	100	100	100	100	0	85.56
SDCY	综合得分	100	88	100	98	100	100	100	100	0	87.33
SLJT	完整性	100	100	100	100	100	100	100	100	100	100.00
SLJT	有效性	100	100	100	100	100	100	100	100	100	100.00
SLJT	综合得分	100	100	100	100	100	100	100	100	100	100.00
SGJT	完整性	100	90	100	100	100	100	100	17	50	84.11
SGJT	有效性	100	94	100	95	100	100	100	62	50	89.00
SGJT	综合得分	100	92	100	98	90	100	100	40	50	85.56
HGJT	完整性	100	100	100	100	100	100	100	100	100	100.00
HGJT	有效性	100	100	100	90	不适用	100	100	100	100	98.75
HGJT	综合得分	100	100	100	95	不适用	100	100	100	100	99.38
CJJT	完整性	92	100	100	91	100	100	50	100	100	92.56
CJJT	有效性	94	100	100	84	100	100	100	93	75	94.00
CJJT	综合得分	93	100	100	88	100	100	75	96	88	93.33
DWJM	完整性	92	100	80	91	83	100	100	100	100	94.00
DWJM	有效性	88	97	100	100	100	100	100	100	100	98.33
DWJM	综合得分	90	98	90	96	92	100	100	100	100	96.22
DTJT	完整性	100	100	100	100	0	100	75	100	50	80.56
DTJT	有效性	100	100	100	100	0	94	100	100	0	77.11
DTJT	综合得分	100	100	100	100	0	97	88	100	25	78.89

续表

公司名称	指标	预算管理	合同管理	内部信息传递	信息系统	关联交易	行政综合	反舞弊机	日常监督	专项监督	平均分
JTKG	完整性	100	100	80	91	不适用	100	100	33	100	88.00
	有效性	88	94	80	95	不适用	100	100	57	100	89.25
	综合得分	94	97	80	93	不适用	100	100	45	100	88.63
SNJT	完整性	100	100	100	55	100	92	75	100	50	85.78
	有效性	100	100	100	63	100	94	83	38	75	83.67
	综合得分	100	100	100	59	90	93	79	69	62	83.56
JCSS	完整性	92	100	100	82	0	100	100	100	100	86.00
	有效性	100	100	100	80	100	100	100	100	25	89.44
	综合得分	96	100	100	81	50	100	100	100	62	87.67
BZZF	完整性	100	100	100	100	60	100	100	100	50	90.00
	有效性	100	94	100	95	60	100	100	100	100	94.33
	综合得分	100	97	100	98	60	100	100	100	75	93.102
SKJT	完整性	100	100	100	100	100	100	100	100	0	88.89
	有效性	100	100	100	94	100	100	100	100	0	88.22
	综合得分	100	100	100	97	100	100	100	100	0	88.56
GLGL	完整性	92	100	100	82	82	100	100	100	50	89.56
	有效性	88	93	100	62	62	97	93	100	38	81.44
	综合得分	90	96	100	72	72	98	96	100	44	85.33
WQFW	完整性	92	78	100	91	0	100	100	83	50	77.11
	有效性	100	73	100	94	40	100	100	100	100	89.67
	综合得分	96	76	100	92	20	100	100	92	75	83.44

续表

公司名称	指标	预算管理	合同管理	内部信息传递	信息系统	关联交易	行政综合	反舞弊机	日常监督	专项监督	平均分
GDJT	完整性	100	100	100	82	0	100	100	100	50	81.33
GDJT	有效性	100	100	100	92	0	100	100	100	0	76.89
GDJT	综合得分	100	100	100	87	0	100	100	100	25	79.11
JSJL	完整性	100	100	100	50	0	100	100	83	不适用	79.13
JSJL	有效性	100	95	100	85	50	100	100	92	不适用	90.25
JSJL	综合得分	100	98	100	68	25	100	100	88	不适用	84.88
HWJT	完整性	92	100	100	100	40	100	100	83	50	85.00
HWJT	有效性	100	100	100	100	60	100	100	93	不适用	94.13
HWJT	综合得分	96	100	100	100	50	100	100	88	不适用	91.75
LDQG	完整性	100	50	100	55	0	100	100	100	100	78.33
LDQG	有效性	100	100	100	82	不适用	100	100	100	100	97.75
LDQG	综合得分	100	75	100	68	不适用	100	100	100	100	92.88
XAJT	完整性	62	90	50	100	100	92	75	83	100	83.56
XAJT	有效性	76	87	67	85	100	82	83	60	50	76.67
XAJT	综合得分	69	88	58	92	100	87	79	72	75	80.00
SWTZ	完整性	83	90	100	90	0	100	50	33	0	60.67
SWTZ	有效性	86	80	100	82	100	100	100	36	0	76.00
SWTZ	综合得分	84	85	100	86	50	100	75	34	0	68.22
BJKG	完整性	77	100	100	64	33	100	100	83	100	84.11
BJKG	有效性	76	100	80	75	83	93	83	93	100	87.00
BJKG	综合得分	76	100	90	70	58	96	92	88	100	85.56

续表

公司名称	指标	预算管理	合同管理	内部信息传递	信息系统	关联交易	行政综合	反舞弊机	日常监督	专项监督	平均分
CSPS	完整性	100	100	75	82	40	100	50	33	0	64.44
	有效性	100	97	100	90	40	100	100	69	不适用	87.00
	综合得分	100	98	88	86	40	100	75	51	不适用	79.75
FZKG	完整性	92	67	80	91	40	77	100	100	0	71.89
	有效性	87	88	100	82	100	93	100	94	100	93.78
	综合得分	90	78	90	86	70	85	100	97	50	82.89
BZJT	完整性	31	70	100	70	17	100	75	33	50	60.67
	有效性	100	89	100	79	100	100	83	75	不适用	90.75
	综合得分	66	80	100	74	58	100	79	54	不适用	76.38
BQJT	完整性	100	100	100	100	100	100	100	100	100	100.00
	有效性	100	100	100	100	100	100	100	100	100	100.00
	综合得分	100	100	100	100	100	100	100	100	100	100.00
平均分	完整性	93	95	95	88	57	98	91	85	67	85.44
	有效性	95	95	98	90	77	98	97	89	70	89.89
	综合得分	94	95	96	89	67	98	94	87	70	87.78

预算管理方面，从制度设计完整性的层面看，YQKG、JUJT、BJXL、JCJD、ZZJT、SDCY、SLJT、SGJT、HGJT、DTJT、JTKG、SNJT、BZZF、SKJT、GDJT、JSJL、LDQG、CSPS、BQJT 这 19 家也就是一多半高新技术企业制度设计较为完善，但 GZGS、XAJT、SWTZ、BJKG 和 BZJT 在组织架构方面的制度设计中存在较多缺陷。从制度执行有效性的层面看，有 21 家也就是近 2/3 的高新技术企业都能有效执行风险管理的相关规定，有力地防范风险，但依然有少数企业在该流程的执行层面较为欠缺，如 KAJT、BJKG、SWTZ、SFJT 等。

合同管理方面，从制度设计完整性的层面看，近 4/5 的高新技术企业制度设计较为完善，但 WQFW、LDQG、FZKG、BZJT 这 4 家高新技术企业这一指标的制度设计还需进一步完善。从制度执行有效性的层面看，只有 SDCY、WQFW、XAJT、SWTZ、FZKG 和 BZJT 这 6 家企业在执行力度上稍有欠缺，其中 WQFW 的执行力最差，未来还需加快相关制度落实的步伐。

内部信息传递方面，从制度设计完整性的层面看，26 家公司这个一级指标的制度设计较为完善，仅有 YQKG、DWJM、JTKG、XAJT、CSPS 和 FZKG 几家企业的制度设计有待改善。从制度执行有效性的层面看，28 家高新技术企业都能有效执行相关制度和规范，但 JUJT、JTKG、XAJT 和 BJKG 这 4 家高新技术企业的执行效率相对较差。

信息系统方面，从制度设计完整性的层面看，YQKG、BJSL、JCJD、ZZJT、SDCY、SLJT、SGJT、SGJT 这 14 家高新技术企业已经设计出了较为完善的保障安全生产的制度和规范，但 JUJC、SNJT、JCSS、GLGL、GDJT、JSJL、LDQG、BJKG、CSPS 和 BZJT 这 10 家企业制度设计仍存在较大的问题。从制度执行有效性的层面看，YQKG、BJXL、JCJD、ZZJT、SDCY、SLJT、SGJT、DWJM、DTJT、JTKG、BZZF、HWJT、BQJT 这 13 家企业执行情况较好，而 JUJT、CJJT、SNJT、JCSS、GLGL、JSJL、LDQG、XAJT、SWTZ、BJKG、FZKG、BZJT 这 12 家企业执行力度不足。

关联交易方面，各企业风险管理体系建设差别较大。从制度设计的完整性看，YQKG、JUJT、SFJT、SDCY、SLJT、SGJT、HGJT、CJJT、SNJT、SKJT、XAJT、BQJT 这 12 家高新技术企业的规章制度较为完善，其他企业有关关联交易的规章制度漏洞较多，ZZJT、DTJT、JCSS、WQFW、GDJT、JSJL、LDQG、SWTZ 这 8 家公司甚至还没有建立起与关联交易有关的规章制度。从制度执行有效性的层面看，有近 1/2 的高新技术企业该流程的风控制度得到了有力的执行，其他企业的执行力度需要进一步提高；GZGS、DTJT、GDJT 这 3 家公司无论是否有与此相关的规章制度，都尚未执行。许多企业关联交易流程风险管理体系的建设，无论是制度设计层面还是执行层面都存在严重的问题，因而该流程需要引起企业的重视。

行政综合方面，无论是制度设计还是执行有效性层面，大部分公司的建设都较为完善。从制度设计完整性的层面看，仅有 FZKG 一家公司还需进一步加强。从制度执行有效性的层面看，也仅有 XAJT 一家公司的执行力度不够。因此，在行政综合方面，大部分公司都在一定程度上较好地防控了风险，各家公司应该在原有基础上进一步完善制度建设，加强执行力度。

反舞弊机制方面，超过 3/4 的企业都比较重视该流程风险管理体系的建设，相关的规章制度较为完善，并将其有力执行。从设计完整性的层面来看，仅有 YQKG、CJJT、DTJT、SNJT、XAJT、SWTZ、CSPS、BZJT 这 8 家高新技术企业需要进一步完善该流程的规章制度；从制度执行有效性的层面看，仅有 YQKG、ZZJT、XAJT、BJKG、BZJT、SNJT 这 6 家高新技术企业需要加强该流程相关制度的执行力度，防控该环节产生的风险。

日常监督方面，从制度设计完整性的层面看，各企业之间的差异较大，大约有 3/4 的企业制度设计较为完善，SFJT、SGJT、JTKG、WQFW、JSJL、HWJT、XAJT、SWTZ、BJKG、CSPS、BZJT 这 12 家企业相关制度还需进一步完善，尤其是 SGJT、JTKG、SWTZ、CSPS、BZJT、SFJT 几家公司得分较低，需要重视日常监督流程制度的完善；从制度执行有效性的层面看，近 3/4 的高新技术企业都能够较好地执行该流程风险管理体系建设的相关规章制度，但 SGJT、JTKG、SNJT、XAJT、CSPS、BZJT 几家公司执行力度较差，其中 SWTZ 的得分最低，该公司的日常监督流程没有完善的规章制度，防范该流程风险的管控措施较少。

专项监督方面，部分高新技术企业风险防控较好，但也有些高新技术企业甚至还没有开展任何有关专项监督方面的风险管理体系建设活动；此外，该方面的风险管理体系建设工作只适用于部分企业。从制度设计完整性的层面看，近 1/2 的高新技术企业在专项监督方面有较为完善的规章制度，约 1/2 企业在该方面存在较大的漏洞，其中 SDCY、SKJT、SWTZ、CSPS、FZKG 这 5 家公司尚未建立该方面有关的规章制度，此外，专项监督不适用的企业为 BJXL、JSJL 两家企业。从制度执行有效性的层面看，情况与制度设计层面类似，近 1/2 的高新技术企业能够有效执行专项监督方面的相关制度，其余约 1/2 的高新技术企业在执行上尚不到位，部分企业如 SDCY、DTJT、SKJT、GDJT、SWTZ 等尚未采取该流程相关的风险管控措施；此外，BJXL、JSJL、HWJT、CSPS、BZJT 等公司并不适用专项监督指标的评价，虽然其中部分公司建立了部分专项监督方面相关的规章制度，但我们的指标却不适用于该企业。

二、二级企业风控手段类指标分析

本项目组调研工作不仅对所选取的高新技术企业进行评价，同时还对每一高新技术企业下属的一家二级企业风险管理体系建设成果进行核查，共检查二级企业 34 家。各二级企业的风险管理体系下风控手段类指标核查的得分情况如图 6-2 所示。其中，DSKY、YSJT 两家公司得分最高，为 100 分；YHMD 得分最低，只有 35 分。二级企业在风控手段类要素指标的综合得分的平均分为 84 分，其中有 19 家二级企业达到平均分值，其余 15 家企业的综合得分低于平均分。

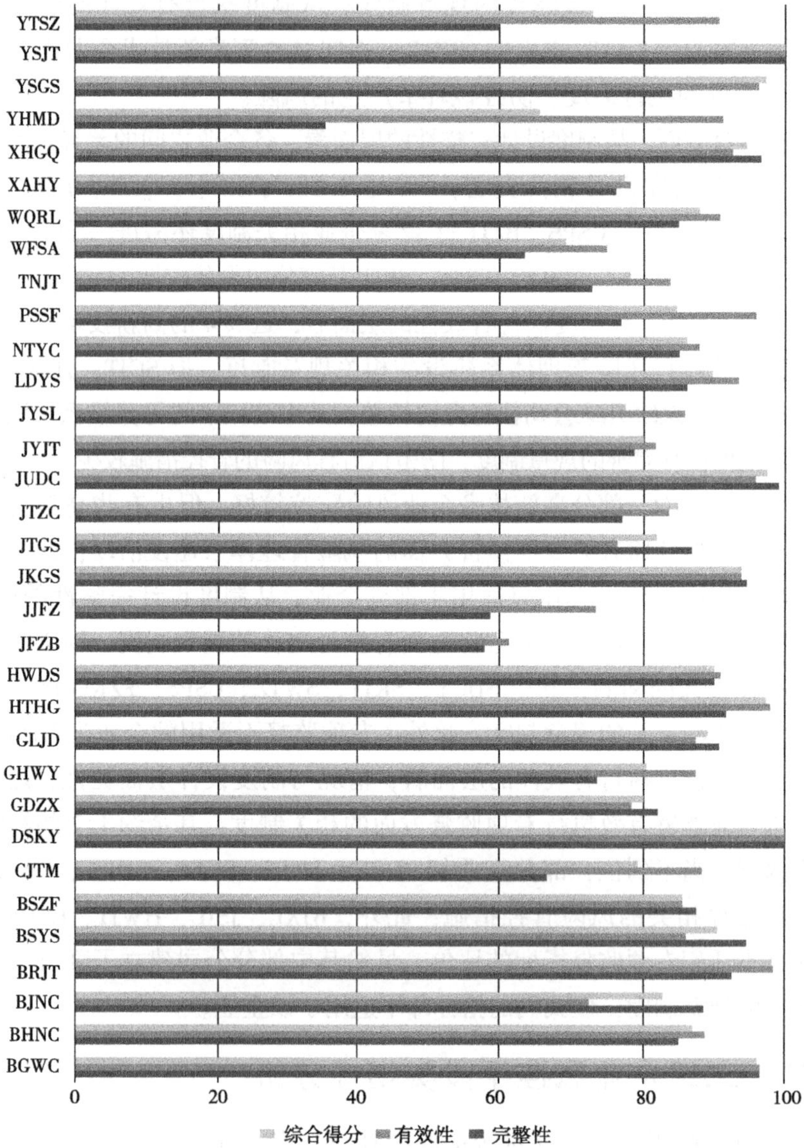

图 6-2　二级企业风控手段评价情况

从企业风控制度设计的完整性和制度执行的有效性来看，企业之间存在不同的问题。BGWC、DSKY、JUDC、YSJT 等二级企业在风控手段方面既有完善的制度设计，又能够确保制度得到有效落实。但是，大多数二级企业还存在风控制度不完善或者执行不到位的情况：BJNC、JTGS 等二级企业虽然制度设计相对较为完善，但是执行力度却不够；CJTM、CHWY、JYSL、PSSF、YHMD、YTSZ 等二级企业虽然通过采取风险治理措施防范了风险，但是却没有形成相应的规章制度，没有做到"有章可循"。

图 6-2 大致反映了 34 家二级企业在风控手段方面的建设情况。下面对风控手段类要素的 9 个一级指标进行分析。表 6-2 列示了二级企业各个风控手段类一级指标的具体评分情况。

表 6-2 二级企业风控手段类指标评分表

公司名称	指标	预算管理	合同管理	内部信息	信息系统	关联交易	行政综合	反舞弊机	日常监督	专项监督	平均分
JUDC	完整性	92	100	100	100	100	100	100	100	100	99.11
	有效性	97	100	100	95	100	95	100	100	75	95.78
	综合得分	94	100	100	98	100	98	100	100	88	97.56
XHGQ	完整性	100	80	100	91	100	100	100	100	100	96.78
	有效性	100	86	100	79	不适用	90	100	86	100	92.63
	综合得分	100	83	100	85	不适用	95	100	93	100	94.50
JKGS	完整性	100	100	100	91	不适用	100	100	67	100	94.75
	有效性	100	100	100	89	不适用	91	100	77	不适用	93.86
	综合得分	100	100	100	90	不适用	96	100	72	不适用	94.00
DSKY	完整性	100	100	100	100	不适用	100	100	100	100	100.00
	有效性	100	100	100	100	不适用	100	100	100	不适用	100.00
	综合得分	100	100	100	100	不适用	100	100	100	不适用	100.00

续表

公司名称	指标	预算管理	合同管理	内部信息	信息系统	关联交易	行政综合	反舞弊机	日常监督	专项监督	平均分
BHNC	完整性	85	100	100	100	80	100	100	100	0	85.00
	有效性	100	100	100	100	100	100	100	100	0	88.89
	综合得分	92	100	100	100	90	100	100	100	0	86.89
BRJT	完整性	92	100	100	100	100	92	100	100	50	92.67
	有效性	94	94	100	100	100	100	100	100	不适用	98.50
	综合得分	93	97	100	100	100	96	100	100	不适用	98.25
YSJT	完整性	100	100	100	100	100	100	100	100	100	100.00
	有效性	100	100	100	100	不适用	100	100	100	不适用	100.00
	综合得分	100	100	100	100	不适用	100	100	100	不适用	100.00
JTGS	完整性	100	100	100	100	33	100	100	100	50	87.00
	有效性	100	100	100	95	67	100	100	0	25	76.33
	综合得分	100	100	100	98	50	100	100	50	38	81.78
HTHG	完整性	100	100	100	91	83	100	100	100	50	91.56
	有效性	100	100	100	83	100	100	100	100	不适用	97.88
	综合得分	100	100	100	87	92	100	100	100	不适用	97.38
ZZCB	完整性	100	90	25	100	不适用	100	100	83	50	81.00
	有效性	100	94	100	100	不适用	100	83	100	不适用	96.71
	综合得分	100	92	62	100	不适用	100	92	92	不适用	91.14
BSYS	完整性	100	100	100	91	67	100	100	100	不适用	94.75
	有效性	100	93	100	69	100	100	100	27	不适用	86.13
	综合得分	100	96	100	80	84	100	100	64	不适用	90.50

续表

公司名称	指标	预算管理	合同管理	内部信息	信息系统	关联交易	行政综合	反舞弊机	日常监督	专项监督	平均分
BJNC	完整性	100	100	100	55	100	92	100	100	50	88.56
	有效性	100	93	100	30	100	93	50	14	不适用	72.50
	综合得分	100	96	100	42	100	92	75	57	不适用	82.75
LDYS	完整性	92	100	100	55	不适用	92	50	100	100	86.13
	有效性	86	100	100	76	不适用	93	100	92	100	93.38
	综合得分	89	100	100	66	不适用	92	75	96	100	89.75
BSZF	完整性	100	100	100	100	100	100	不适用	100	0	87.50
	有效性	100	100	100	100	100	100	不适用	不适用	0	85.71
	综合得分	100	100	100	100	100	100	不适用	不适用	0	85.71
BGWC	完整性	91	80	100	100	不适用	100	100	100	100	96.38
	有效性	91	85	100	100	不适用	100	100	100	不适用	96.57
	综合得分	91	82	100	100	不适用	100	100	100	不适用	96.14
YSGS	完整性	100	90	100	100	不适用	100	100	83	0	84.13
	有效性	100	100	100	78	不适用	100	100	不适用	不适用	96.33
	综合得分	100	95	100	89	不适用	100	100	不适用	不适用	97.33
GLJD	完整性	100	100	100	100	17	100	100	100	100	90.78
	有效性	100	100	100	100	60	97	100	31	100	87.56
	综合得分	100	100	100	100	38	98	100	66	100	89.11
HWDS	完整性	92	100	100	38	80	100	100	100	100	90.00
	有效性	100	100	100	56	80	100	100	91	不适用	90.88
	综合得分	96	100	100	47	80	100	100	96	不适用	89.88

续表

公司名称	指标	预算管理	合同管理	内部信息	信息系统	关联交易	行政综合	反舞弊机	日常监督	专项监督	平均分
XAHY	完整性	100	90	75	82	80	92	0	67	100	76.22
	有效性	100	94	100	70	80	100	60	100	0	78.22
	综合得分	100	92	88	76	80	96	30	84	50	77.33
JYSL	完整性	100	70	80	82	0	100	25	100	0	61.89
	有效性	100	92	100	86	不适用	77	67	89	75	85.75
	综合得分	100	81	90	84	不适用	88	46	94	38	77.63
JYJT	完整性	100	90	80	55	33	100	100	100	50	78.67
	有效性	100	94	100	14	100	94	83	100	50	81.67
	综合得分	100	92	90	34	66	97	92	100	50	80.11
NTYC	完整性	85	100	80	100	50	100	100	100	50	85.00
	有效性	60	100	100	75	83	85	100	86	100	87.67
	综合得分	72	100	90	88	66	92	100	93	75	86.22
WQRL	完整性	85	70	75	64	80	92	100	100	100	85.11
	有效性	86	100	100	100	60	89	100	81	100	90.67
	综合得分	86	88	85	82	70	90	100	90	100	87.89
WFSA	完整性	67	100	100	70	17	100	100	17	0	63.44
	有效性	67	100	100	82	100	100	100	25	0	74.89
	综合得分	67	100	100	76	58	100	100	21	0	69.11
PSSF	完整性	85	80	100	100	不适用	100	50	0	100	76.88
	有效性	100	92	100	100	不适用	100	80	100	不适用	96.00
	综合得分	92	86	100	100	不适用	100	65	50	不适用	84.71

续表

公司名称	指标	预算管理	合同管理	内部信息	信息系统	关联交易	行政综合	反舞弊机	日常监督	专项监督	平均分
GDZX	完整性	100	90	100	100	0	100	100	100	50	83.102
	有效性	100	77	100	90	17	96	100	50	75	78.33
	综合得分	100	84	100	95	8	98	100	75	62	80.22
CJTM	完整性	73	100	100	100	0	69	75	83	0	66.67
	有效性	100	100	100	71	80	100	100	55	不适用	88.25
	综合得分	68	100	100	86	40	84	88	69	不适用	79.38
TNJT	完整性	92	50	100	91	50	92	100	83	0	73.11
	有效性	67	94	100	89	50	85	100	69	100	83.78
	综合得分	80	72	100	90	50	88	100	73	50	78.11
GHWY	完整性	83	90	100	50	40	100	25	100	不适用	73.50
	有效性	100	92	100	82	75	100	50	100	不适用	87.38
	综合得分	92	91	100	66	57	100	38	100	不适用	80.50
JTZC	完整性	100	100	100	0	0	92	100	100	100	76.89
	有效性	93	100	100	0	不适用	100	75	100	100	83.50
	综合得分	96	100	100	0	不适用	96	88	100	100	85.00
YHMD	完整性	83	100	50	不适用	0	50	0	0	0	35.38
	有效性	86	88	100	不适用	100	83	100	80	不适用	91.00
	综合得分	84	94	75	不适用	50	66	50	40	不适用	65.57
JJFZ	完整性	91	80	25	50	33	100	100	50	0	58.78
	有效性	73	92	80	56	67	100	100	91	0	73.22
	综合得分	82	86	52	53	50	100	100	70	0	65.89

续表

公司名称	指标	预算管理	合同管理	内部信息	信息系统	关联交易	行政综合	反舞弊机	日常监督	专项监督	平均分
YTSZ	完整性	46	30	100	45	0	100	50	67	100	59.78
	有效性	100	89	100	78	67	100	100	92	不适用	90.75
	综合得分	73	60	100	61	34	100	75	80	不适用	72.88
JFZB	完整性	82	100	100	30	17	100	0	33	不适用	57.75
	有效性	25	86	100	69	40	100	50	20	不适用	61.25
	综合得分	54	93	100	50	28	100	25	26	不适用	59.50
平均分	完整性	92	91	91	80	50	96	81	83	58	80.22
	有效性	92	95	99	79	79	96	91	77	59	85.22
	综合得分	91	93	95	79	65	96	86	80	56	82.33

预算管理方面，从制度设计完整性的层面看，约 1/2 的二级企业都有较为完善的制度设计，如 XHGQ、JKGS、DSKY、YSJT 等，这些企业也能将相关的制度规定贯彻执行，而 WFSA、CJTM、YTSL 和 JFZB 等在预算管理方面的制度建设中存在较多漏洞，还应进一步完善相关的制度设计；从制度执行有效性的层面看，近 3/4 的二级企业都能采取有效的风险治理措施防范该流程的风险，如 XHGQ、JKGS、DSKY、BHNC、ZZCB、BSZF等，但 BHNC、HWDS、CJTM、YTSZ 等企业却没能够在预算管理方面设计较为完善的规章制度，需要将该方面的工作制度化、规范化，更好地防控风险。

合同管理方面，从制度设计完整性的层面看，1/2 以上的企业在制度设计上都较为完整，而 JYSL、WQRL、TNJT、YTSL 等企业合同管理方面的制度建设缺陷较多，需要进一步完善；从制度执行有效性的层面看，大部分二级企业能有效执行企业现有的制度和规范，仅 GDZX 一家企业执行力度差，尽管该二级企业制度设计完整性方面相对较为完善，因此，该企业需要强化合同管理制度的执行力度。

内部信息管理方面，26家企业既有完善的规章制度，又能够将有力地执行，能够很好地防控该管理流程的风险。从制度设计完整性的层面看，8家企业在制度层面的漏洞较多，其中ZZCB、JJFZ两家二级公司相关制度最不完善；从制度执行有效性的层面看，仅有JJFZ这一家二级公司制度执行的力度有待加强。

信息系统管理方面，各个二级公司在该管理流程的方面差别较大。从制度设计完整性的层面看，JUDC、DSKY、BHNC、BRJT、YSJT、JTGS、ZZCB、BSZF、BGWC、YSGS、GLGD、NTYC、PSSF、GDZX、GJTM等15家二级企业拥有较为完善的制度体系，其余公司的制度完善性较差，尤其是JTZC、YHMD两家公司尚未建立任何与信息系统管理有关的规章制度。从制度执行有效性的层面看，JUDC、DSKY、BHNC、BRJT、YSJT、JTGS、ZZCB、BSZF、BGWC、GLJD这10家公司能够较好地执行已有的规章制度，但其余公司如BJNC、HWDS、JYJT、JTZC、JJFZ等二级企业执行力度还不够，其中JTZC既没有建立相应的规章制度，也没有采取任何的管控措施。

关联交易管理方面，各二级企业风险管理体系建设情况差别较大，且此流程不适用于XHGQ、JKGS、DSKY、YSJT、ZZCB、LDYS、BGWC、YSGS、JYSL、PSSF、JTZC这11家二级企业。从制度设计完整性的层面看，仅有JUDC、XHGQ、BRJT、YSJT、BJNC、BSZF这6家公司建立了完善的规章制度，其他公司这方面都存在一定的缺陷，其中GDZX、CJTM、YHMD、YTSZ这4家公司尚未建立与关联交易有关的规章制度，GLJD、WFSA、JFZB等这方面规章制度建设情况也不太理想。从制度执行有效性的层面看，JUDC、BHNC、BRJT、HTHG、BSYS、BJNC、BSZF、JYJT、WFSA、YNMD这10家企业执行比较到位，其余公司的执行力度需要进一步提高，其中GDZX、TNJT、JFZB等几家二级企业的执行力尤其堪忧。

行政综合方面，调研的二级企业整体表现较好，既拥有完善的规章制度，又能将制度贯彻执行，能够有效地防控该方面的风险。从制度设计完整性的层面看，仅有CJTM、YHMD两家公司制度设计的漏洞较多，但这两家公司在执行上远好于制度设计。从制度执行有效性的层面看，JYSL、YHMD这两家公司执行力度较差，其中JYSL公司的制度设计较完善但执行力度有待提高，YHMD虽然执行好于设计，但执行力度仍需进一步加强。

反舞弊机制方面，从制度设计完整性的层面看，近3/4的企业建立了完善的规章制度，还有约 1/4 的企业制度尚不完善，尤其是 XAHY、YHMD、JFZB 等公司，尚未开展这方面的制度建设工作。从制度执行有效性的层面看，3/4 左右的企业能够很好地执行相关的规章制度，其他企业尚需进一步加强执行力度，其中 BJNC、XAHY、JYSL、GHWY、JTZC、JFZB 等二级公司的在执行上最差，需要引起关注。

日常监督方面，从制度设计的完整性来看，近 3/4 的二级企业设计了较为完善的制度和规范，但 WFSA、PSSF、YHMD、JJFZ、JFZB 等几家公司在制度方面的漏洞较多，PSSF、YHMD 两家公司甚至还没有建立相关的规章制度；从制度执行有效性的层面看，JUDC、DSKY、BHNC、BRJT、ZZCB、JTZC、GHWY 等近 1/2 的二级企业执行力度较强，但 JTGS、BSYS、BJNC、GLJD、WFSA、JFZB 等几家公司的执行力度不够。

专项监督方面，从制度设计完整性的层面看，JUDC、XHGQ、JKGS、DSKY、LDYS、BGWC、GLJD、XAHY、WQRL、PSSF、JTZC、YTSZ 这 12 家公司制度设计比较完善，其他公司这方面都还不很理想，特别是 BHNC、BSZF、YSGS、JYSL、WFSA、CJTM、TNJT、YHMD、JJFZ 等公司；从制度执行有效性的层面看，仅有 XHGQ、LDYS、GLJD、NTCY、WQRL、TNJT、JTZC 等几家公司这方面制度得到了有效执行，其他公司则执行力度较差。而专项监督对于公司较为重要，需要引起公司的关注。

三、高新技术企业集团与二级企业间的对比分析

本书项目调研共涉及 35 家高新技术企业，其中 3 家企业集团情况较为特殊：JZJT 是上年度曾核查过的企业，本研究不再进行核查；JFZB 的母公司 BCTJ 下设的各个职能部门都只为 JFZB 服务，本身并没有任何业务，且因母公司 BCTJ 领导人变更频繁等原因，本书项目组进场时尚未建立起风险管理体系，无法进行检查；WFJT 由于没有进行自查，所以本书项目组只对其二级公司 WFSA 进行了调研。其余 32 家高新技术企业中，BZZF 集团层面风控建设启动较晚，尚未覆盖二级企业，所以只对除 BZZF 之外的 31 家高新技术企业及其下属的一家二级其企业进行调研。

图 6-3 是高新技术企业母公司与二级公司在风控手段类指标整体情况的对比分析图，可以看出，在风控手段类指标方面，在集团公司制度设计完整性层面与制度执行有效性层面都远远超过了二级企业。

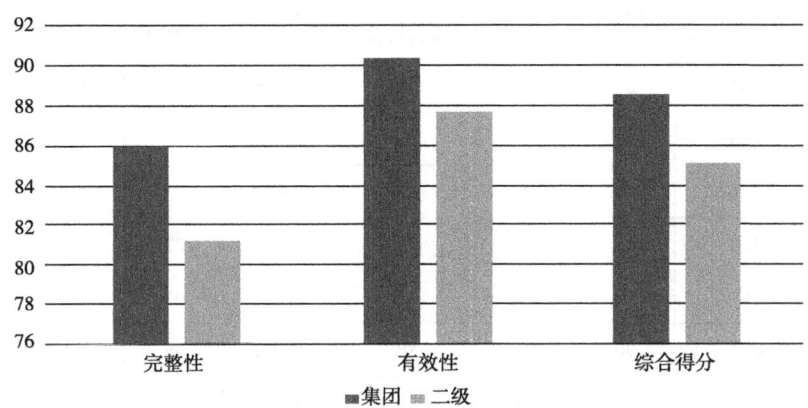

图 6-3　集团公司与二级企业风控手段类指标整体情况对比

表 6-3 和图 6-4 均给出了高新技术企业母公司和相对应二级子公司风险控制方面工作开展情况的对比。从中可以看出，BJKG、BJXL、BQJT、CJJT、DWJM、GLGL、GZGS、HGJT、HWJT、JCJD、JCSS、JTKG、JUJT、LDQG、SDCY、SFJT、SGJT、SKJT、SLJT、YQKG、ZZJT 这 21 家高新技术企业在风控手段类指标得分较高其余 10 家企业风控手段方面还较为薄弱。从总体对比情况看，高新技术企业母公司与其二级子公司在风控手段建设工作中几乎都存在着一定的差异，其中 SDCY 和其二级子公司 JJFZ 在风控手段建设方面差距最大。高新技术企业与二级企业息息相关，二者应该相互促进，共同进步，促进公司整体发展得更快、更好。

表 6-3　高新技术企业与二级企业对比分析

序号	高新技术企业	完整性	有效性	综合得分	二级企业	完整性	有效性	综合得分
1	BJKG	84	87	86	JYJT	79	82	80
2	BJXL	100	100	100	YSJT	100	100	100
3	BQJT	100	100	100	BHNC	85	89	87
4	BZJT	61	91	76	YTSZ	60	91	73
5	CJJT	93	94	93	CJTM	67	88	79
6	CSPS	64	87	80	PSSF	77	96	85

续表

序号	高新技术企业	完整性	有效性	综合得分	二级企业	完整性	有效性	综合得分
7	DTJT	81	77	79	YSGS	84	96	97
8	DWJM	94	98	96	BSYS	95	86	91
9	FZKG	72	94	83	TNJT	73	84	78
10	GDJT	81	77	79	GDZX	82	78	80
11	GLGL	90	81	85	GLJD	91	88	89
12	GZGS	90	86	88	NTYC	85	88	86
13	HGJT	100	99	99	HTHG	92	98	97
14	HWJT	85	94	92	HWDS	90	91	90
15	JCJD	92	100	96	BRJT	93	99	98
16	JCSS	86	89	88	JTZC	77	84	85
17	JSJL	79	90	85	GHWY	74	87	81
18	JTKG	88	89	89	DSKY	100	100	100
19	JUJT	97	96	96	JUDC	99	96	98
20	LDQG	78	98	93	LDYS	86	93	90
21	SDCY	89	86	87	JJFZ	59	73	66
22	SFJT	94	95	94	JKGS	95	94	94
23	SGJT	84	89	86	JTGS	87	76	82
24	SKJT	89	88	89	BSZF	88	86	86
25	SLJT	100	100	100	BGWC	96	97	96
26	SNJT	86	84	84	BJNC	89	73	83
27	SWTZ	61	76	68	JYSL	62	86	78
28	WQFW	77	90	83	WQRL	85	91	88
29	XAJT	84	77	80	XAHY	76	78	77
30	YQKG	95	98	96	XHGQ	97	93	95
31	ZZJT	88	93	96	ZZCB	81	97	91

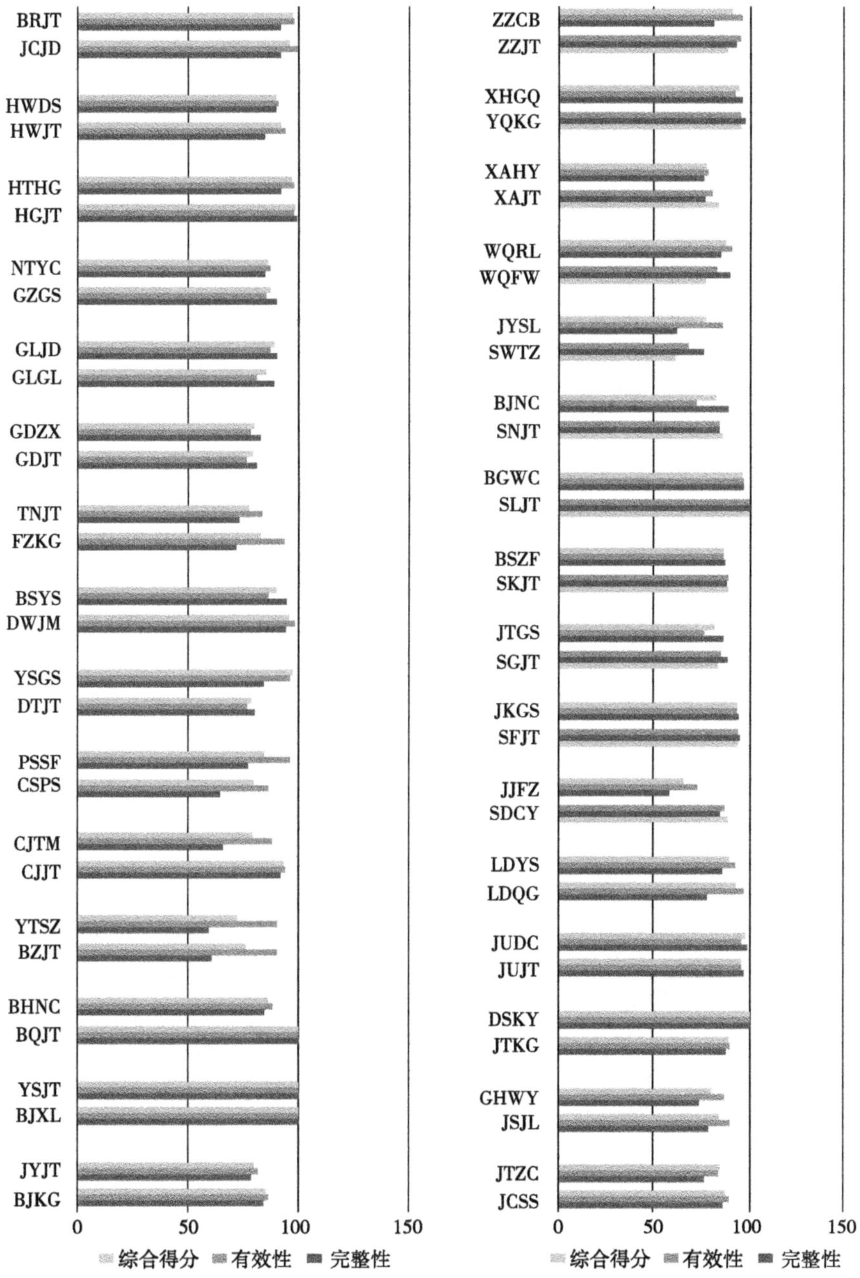

图 6-4 集团与子企业对比

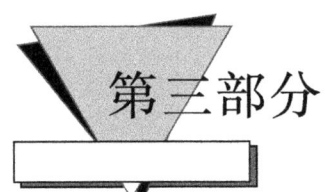

第三部分

高新技术企业行业板块风险分析

第七章 现状调研分析

一、行业分布

本书第二部分对北京市中关村产业园区 112 家高新技术企业（含集团和下属企业）进行了风险现状调研分析。为了更广泛地了解一般企业在经营管理过程中的风险现状和治理效果，有必要在对比的基础上更有针对性地设计高新技术企业的信息化风险治理模式。

根据《上市公司行业分类指引（2012 年修订）》中的行业类别，结合考虑北京市国资委直管企业的行业布局和结构的代表性，本书项目组对调研评价的 112 家企业（分布在 66 家企业集团中）做了进一步细分。这 112 家企业主要分布在制造业、建筑业、房地产业、水利、环境保护和公共设施管理业、科学研究和技术服务业等 11 个大门类的 28 个行业。结合各企业在工商局注册的经营范围以及各家企业官网所披露的主营业务范围，我们最终将 66 家企业划分为房地产、公共事业、技术服务、建筑业、交通运输、贸易服务、农业和制造业 8 大行业板块进行分析。

这 66 家企业在各板块的分布情况如图 7-1 所示。其中，制造业板块包括 13 家企业，分别为 BHNC、HTHG、HGJT、JUJT、JCJD、JYJT、LDQC、LDYS、TNJT、XHGQ、BRJT、JTGS、BQJT；贸易服务板块涵盖 12 家企业，分别为 BGWC、JSJL、BSYS、SDCY、SLJT、WFSA、BJXL、XAHY、YQKG、YSJT、GHWY、NTYC；公共事业板块涉及 11 家企业，分别为 CSPS、PSSF、GLJD、HWJT、HUDS、JYSL、BJKG、BZZF、YTSZ、SWTZ、BZJT；交通运输板块包括 10 家企业，分别为 JTKG、GLGL、DTJT、GDJT、GDZX、JCSS、SFJT、DSKY、JKGS、YSGS；建筑业板块涵盖 8 家企业，分别是 CJJT、CJTM、YHMD、JTZC、XAJT、ZZJT、ZZCB、SGJT；房地产板块涉及 6 家企业，分别为 BSZF、DWJM、FZKG、JUDC、JJFZ、SKJT；技术服务板块包括 4 家企业，分别为 GZGS、JFZB、WQFW、WQRL；农业板块只涉及 BJNC 和 SNJT 这两家企业。

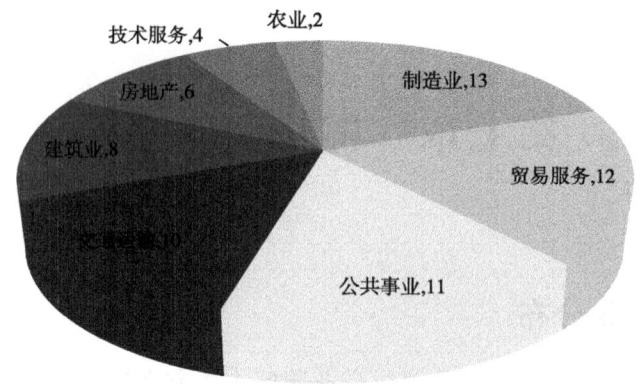

图7-1 66家调研企业板块分布情况

二、分析的指标

本书项目主要依据财政部《企业内部控制引用指引》和《企业内部控制评价指引》，将评价系统中26大类一级指标划分为内控环境、内控活动和内控手段三大类要素进行分析。其中，内控环境类要素中包括组织架构、发展战略、人力资源、安全生产、社会责任和企业文化6个一级指标；内控活动类要素涵盖货币资金管理、筹资业务、投资业务、采购业务、资产管理、销售业务、研究与开发、工程项目、担保业务、业务外包和财务报告11个指标；内控手段类要素则包括剩余9个指标，依次为预算管理、合同管理、内部信息传递、信息系统、关联交易、行政综合、反舞弊机制、日常监督和专项监督。针对每个一级指标，又主要从设计的完整性、执行的有效性和综合得分情况三个维度进行衡量。

制造业、贸易服务、公共事业等8大行业板块的划分，主要是根据企业的经营范围和经营模式的差异。所以，不同的行业板块会有不同的风险敞口，而同一行业板块的企业在内控体系建设中则会存在相似的风险点。

各行业板块的评价结果用各板块内所涵盖的所有被核查企业评价得分的平均分表示。图7-2和表7-1给出了8大板块的整体内控评价结果。它们显示，相对于其他板块，制造业板块的内控体系建设较为完善，而公共事业板块的内控工作开展相对较差。制造业板块评分最高而公共事业最低，一方面表明可能本次评价指标的设计更符合制造业的特点，所以在一定程度上导致制造业的评价情况普遍优于其他行业板块；另一方面，可能因为公共事业板块的企业需要更多地兼顾社会利益，该板块的企业内控体系建设比其他板块差一些。调研结果与企业实际情况存在差异的原因主要是因为评价指标"大而全"但行业针对性较弱，所以，在实际评价中，对具体指标得分的核定更多依赖评价人员的判断，从而导致各小组评价口径和结果的差异。

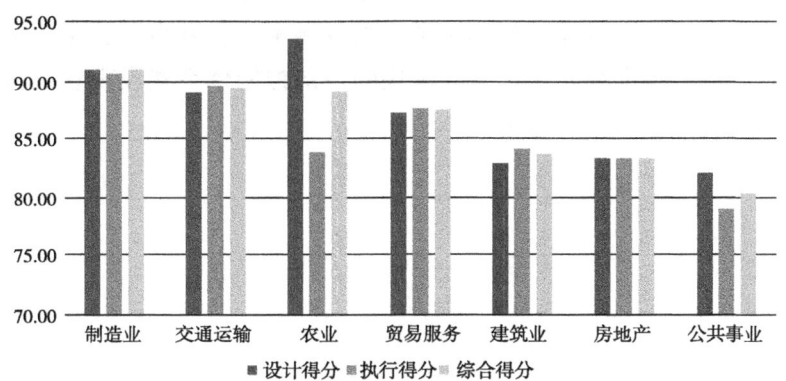

图 7-2　各板块总体评价结果

表 7-1　各板块总体评价得分结果

板块分类	设计得分	执行得分	综合得分
房地产	83.33	83.33	83.33
公共事业	83.98	79.00	80.36
技术服务	79.75	76.00	78.00
建筑业	82.88	84.13	83.75
交通运输	89.00	89.50	89.30
贸易服务	87.25	87.58	87.50
农业	93.50	84.00	89.00
制造业	90.92	90.46	90.77
平均分	86.10	84.25	85.25

三、各板块得分

从内控制度设计完整性的层面看，农业板块的制度设计最为完善，相比

之下，技术服务板块在内控制度设计中存在的缺陷最多。而从制度执行有效性的层面看，制造业板块和交通运输板块对内控制度的执行更有力度，其他行业板块的执行力还有待提高。综合考虑制度设计的完整性和制度执行的有效性，制造业、交通运输、农业和贸易服务板块总体情况均在平均水平之上，但房地产、公共事业、技术服务和建筑业板块则低于平均水平。

本章对 8 大板块综合得分进行了粗略的对比分析。接下来亦即从第八章至第十二章，将依次具体分析制造业、贸易服务、公共事业、交通运输、建筑业、房地产、技术服务和农业各板块的内部控制体系建设现状及存在的问题，并提出针对性的改进建议。

第八章 制造业板块内控评价

制造业是一个庞大的行业板块,《上市公司行业分类指引(2012年修订)》中,制造业门类下包括43个大类行业。鉴于本书项目调研所涉及的企业数量有限,故所有制造业企业不再做进一步细分。

我国传统制造业的弊端,总体来看,主要是装备制造业普通产品总量过剩,但体现竞争力的重大技术装备却又不能满足需求;机械产品进出口逆差逐年加大,且长期以来缺乏具有工程设计、系统成套和工程总承包能力的工程公司,致使大量附加值较高的成套装备市场不得不让给外商;技术创新薄弱,已成为制约我国制造业企业发展的关键因素。

目前我国原创性产品和技术极少,制造业企业的主要机械产品的大部分技术都依靠国外引进,而且引进后又不能很好地消化、吸收,还仅仅停留在仿制阶段。来自全球的竞争已经开始撼动我国"世界工厂"的地位。低端制造正快速从中国向其他低成本国家转移,而高端"智造"也在向发达国家回流,这对中国制造企业来说无疑更是雪上加霜。所以,面对种种压力,转型升级已经成为企业发展的当务之急。基于互联网技术的产品创新、精益制造、柔性生产以及供应链集成等将成为中国制造业发展的主基调。

本书项目调研评价的制造业板块企业包括 BHNC、HTHG、HGJT、JUJT、JCJD、JYJT、LDQG、LDYS、TNJT、XHGQ、BRJT、JTGS 和 BQJT 等13家企业,企业数量占北京市国资委监管企业的23%,年产值占28%左右,就业人数占比为20%,具有较高的代表性。下面将围绕制度设计的完整性和制度执行的有效性这两个维度,分别从内控三大类要素和26个关键指标这两个层面展开对制造业板块内控工作的分析。

一、三大类要素分析

图8-1给出了制造业板块三大类要素的评价得分情况。如图所示,整体来看,制造业板块在内控活动建设方面,无论制度设计层面还是制度执行层

面，做得都较为到位，但内控环境和内控手段两方面的工作还略显不足。制造业板块在内控环境、内控活动和内控手段三类内控要素的建设中存在一个共同的特点，即制度设计虽然不够完善，但却能够保证制度有效落实。

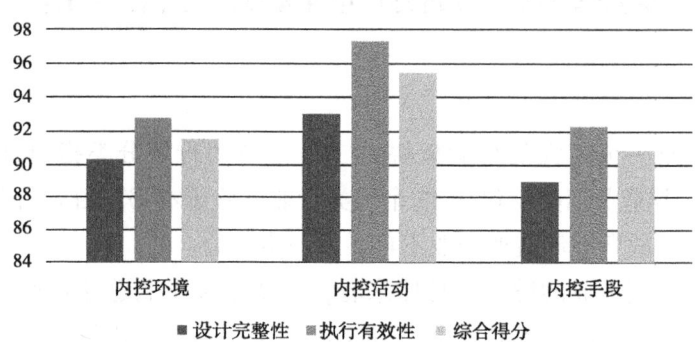

图 8-1　制造业板块内控要素评价情况

二、一级指标分析

上列图 8-1 主要是从内控环境、内控活动和内控手段三大类内控要素的评价入手，以下重点从评价体系中的 26 个大类指标着手，深入剖析制造业板块企业内部控制普遍存在的问题和不足。表 8-1 列出了制造业板块各大类指标在制度设计完整性、制度执行有效性两个层面的具体得分以及各大类指标的综合得分情况。图 8-2 是制造业板块内控环境类要素 26 大类指标的具体得分，图 8-3 是内控活动类要素各大类指标的具体得分，图 8-4 则是内控手段类要素各大类指标的具体得分情况。

表 8-1　制造业板块各项一级指标评分表

要素分类	一级指标	设计完整性	执行有效性	综合得分
内控环境	组织架构	95.38	97.00	96.15
	发展战略	96.92	98.69	97.85
	人力资源	96.46	97.92	97.08
	安全生产	95.62	100.00	97.85
	社会责任	79.92	89.54	84.77
	企业文化	77.62	73.85	75.69

续表

要素分类	一级指标	设计完整性	执行有效性	综合得分
内控活动	货币资金管理	98.62	98.85	98.77
	筹资业务	96.08	100.00	98.40
	投资业务	98.38	98.25	98.17
	采购业务	87.85	91.00	89.38
	资产管理	95.85	94.54	95.00
	销售业务	100.00	98.80	99.40
	研究与开发	100.00	98.67	99.33
	工程项目	75.27	98.60	90.60
	担保业务	93.92	96.00	96.57
	业务外包	81.13	97.57	87.86
	财务报告	96.15	98.77	97.46
内控手段	预算管理	97.00	95.92	96.46
	合同管理	90.00	96.77	93.38
	内部信息	98.46	99.77	99.08
	信息系统	86.15	83.92	85.00
	关联交易	71.58	90.78	82.00
	行政综合	97.54	96.54	96.92
	反舞弊机制	96.15	98.69	97.46
	日常监督	98.69	88.23	93.23
	专项监督	65.38	79.55	73.91

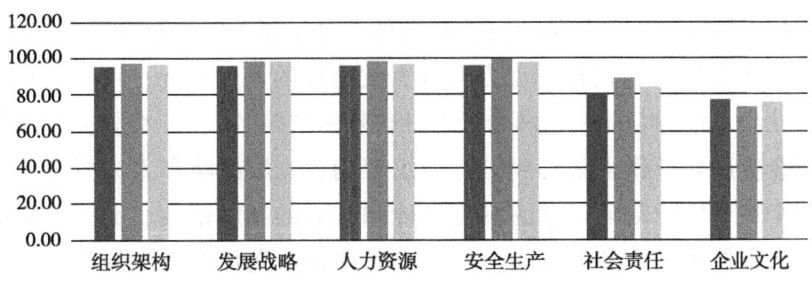

图 8-2 制造业板块内控环境类指标得分

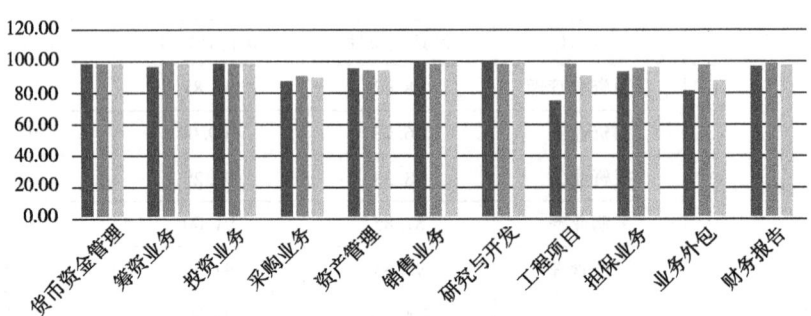

图 8-3　制造业板块内控活动类指标得分

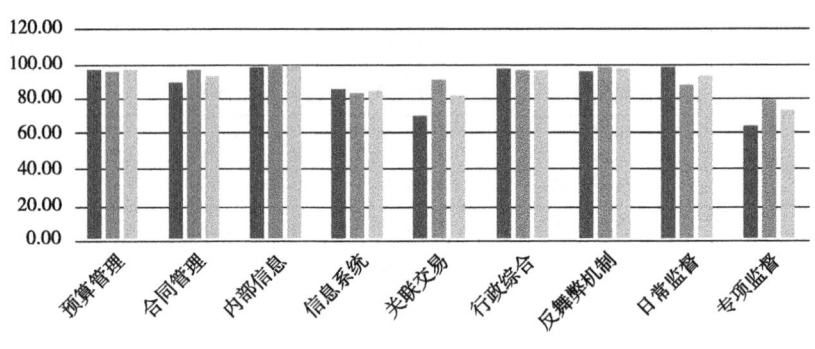

图 8-4　制造业板块内控手段类指标得分

图 8-1 显示，制造业板块内控活动方面的指标得分相对较高，而内控环境和内控手段两方面的指标得分相对较低，显示相关工作存在较多风险敞口。结合表 8-1 和图 8-2 内控环境方面各大类指标的评分情况，可以发现，制造业板块社会责任和企业文化两个环节存在较多缺陷。6 个一级指标中，制造业板块安全生产环节做得最为到位，组织架构、发展战略和人力资源次之，当然这四个环节均能保证完整的制度设计和有效的制度落实。所以，制造业板块企业在内控体系建设中应注重社会责任和企业文化两方面的建设工作，同时还需注意社会责任环节的制度设计应确保有效落实，企业文化方面则应关注进一步完善相关制度的设计。

内控活动类要素共包含11个大类指标。综合分析表8-1和图8-3,从综合得分情况看,制造业板块的业务外包、采购业务和工程项目3个指标得分较低,而销售业务、研究与开发的得分较高。从制度设计完整性的层面看,存在同样的情况:工程项目、业务外包和采购业务3个关键流程的制度设计存在较大的缺陷,而销售业务、研究与开发、投资业务、货币资金管理等的制度设计较为完善,其余流程的制度设计仍有待进一步完善。从制度执行有效性的层面看,情况略有不同:采购业务流程制度执行力度最差,而筹资业务的制度执行力度最强。

结合表8-1和图8-4可知,制造业板块在内控手段方面的指标得分情况整体较差,故应进一步分析9项具体指标。从具体指标得分情况看,首先,9个关键流程中,内部信息传递、反舞弊机制、预算管理和行政综合4个流程的控制工作较为到位,应该继续保持;其次,该板块对专项监督流程的控制存在较大漏洞,这一方面是因为专项监督环节的制度设计缺陷较多,另一方面则是因为该环节制度的执行力度也是9个环节中最差的;最后,该板块的关联交易和信息系统两个关键流程也存在较多问题:关联交易制度设计漏洞较多,但是制度的执行能够得到一定的保障,相比之下,信息系统方面的制度设计较为完善,但是执行力度还有待进一步地提升。

三、总结及建议

本书项目组调研的企业中,有13家企业可归类为制造业板块,如果仅从绝对数量看,我们所调研的制造业板块的企业较少,但鉴于制造业板块企业的数量占本次调研企业数量的1/5,可以说还是具有一定的代表性。本书项目组调研的13家制造业板块企业涉及的制造业细分类别不同,这样通过对13家制造业板块的企业的对比分析,一方面可以归纳出制造业板块的企业在内控体系建设中普遍存在的不足或需改进的方面,另一方面也可以发现不同制造业板块的企业在内控方面可能存在的特殊情况。

针对制造业板块内控体系建设方面普遍存在的问题,这里分别从内控环境、内控活动和内控手段三方面提出相应的改进建议。首先,从整体看,内控环境和内控手段两方面是制造业板块的企业内控建设的薄弱环节,所以该板块的企业应着重加强内控环境和内控手段方面的建设。其次,就内控环境来看,制造业板块对社会责任和企业文化两个环节的管控还存在较多的风险敞口，需要着力改善这两个环节的内控工作。再次，从内控活动方面看，虽然管控较为到位，但是个别环节的管控仍存在缺陷；其中业务外包和工程项目这2个环节的内控工作的开展相对较为薄弱，应在确保执行力度的前提下不断完善制度设计，采购业务、资产管理等环节则应分别从制度设计层面和制度执行层面不断改善，以求双管齐下，取得更好地管控效果。最后，从内控手段方面看，该板块的企业需要特别关注信息系统、关联交易和专项监督3个环节。信息化必将成为现代企业发展的必然趋势，企业只有拥有更好的信息系统并能较好地防范信息化风险，才能取得更好的经营业绩，而关联交易和专项监督两个环节的管控效果也会对企业的生产经营产生重要的影响。

第九章 贸易服务板块内控评价

贸易服务板块的划分不同于对制造业板块的划分。由于本书项目调研的企业经营范围涉及甚广,无法涵盖所有细分类别,所以将经营范围无法细分到其他板块的企业统一归类为贸易服务板块。该板块不像其他板块行业那样特性明显,但是仍可以归纳汇总出一些特性,比如该板块的企业会提供管理、咨询等服务业务,也会涉及购销活动及进出口业务等。

本书项目调研评价的贸易服务板块包括 BGWC、JSJL、BSYS、SDCY、SLJT、WFSA、BJXL、XAHY、YQKG、YSJT、GHWY 和 NTYC 这 12 家企业,占北京市国资委监管企业数量的 19%,年产值占 21% 左右,就业人数占比为 26%,具有较高的代表性。下面围绕制度设计的完整性和制度执行的有效性两个维度,分别从内控三大类要素和 26 个关键指标两个层面展开对此板块内控工作的分析。

一、三大类要素分析

从综合情况来看,内控手段是贸易服务板块的企业内控体系建设工作中最为薄弱的环节,如图 9-1 所示。从制度设计完整性的层面看,内控环境方面的制度设计存在较多的缺陷。而从制度执行有效性的层面看,内控手段方面的执行力度是三类要素中最差的。但是,该板块的企业在内控活动方面,无论是制度设计还是执行力度都比其他要素的建设做得更到位。所以,就贸易服务板块的内控建设而言,首先需要着重关注内控手段建设,其次是三大类要素都需要更进一步地在完善相关的制度体系,以便为内控管理工作提供指引。在完善制度建设的同时,还需要保证制度切实有效地落实,并不断提高执行力度。

二、一级指标分析

图 9-1 主要是从内控环境、内控活动和内控手段三大类要素入手,综合分析了贸易服务板块的企业在内控建设中普遍存在的问题。图 9-2 将从各大类要素所包含的一级评价指标着手展开进一步分析。表 9-1 分别给出了各类

一级指标制度设计的完整性与制度执行的有效性两方面的具体评分情况，图 9-2、图 9-3 和图 9-4 则分别是内控环境、内控活动、内控手段这三大类要素一级指标的具体得分情况。

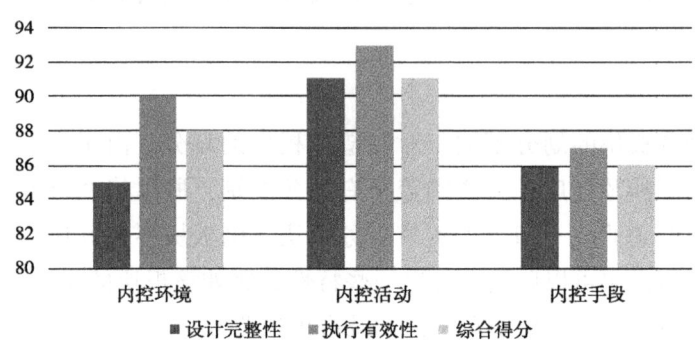

图 9-1 贸易服务板块内控要素评价情况

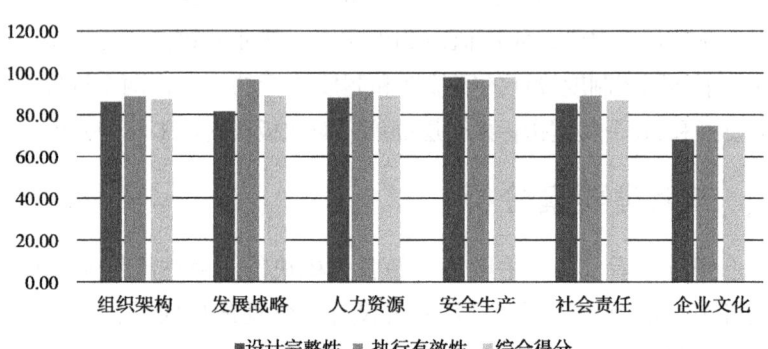

图 9-2 贸易服务板块内控环境类指标得分

表 9-1 贸易服务板块各项一级指标评分表

要素分类	一级指标	设计完整性	执行有效性	综合得分
内控环境	组织架构	86.25	89.00	87.75
	发展战略	81.17	97.42	89.42
	人力资源	88.67	91.58	90.00
	安全生产	98.83	97.92	98.42
	社会责任	86.17	89.33	87.67
	企业文化	68.75	75.42	72.08

续表

要素分类	一级指标	设计完整性	执行有效性	综合得分
内控活动	货币资金管理	97.75	93.75	95.67
	筹资业务	98.30	84.57	91.14
	投资业务	97.70	95.10	96.40
	采购业务	90.25	90.91	90.09
	资产管理	83.58	91.00	87.17
	销售业务	91.50	93.97	91.83
	研究与开发	100.00	100.00	100.00
	工程项目	89.00	95.63	93.13
	担保业务	94.29	81.25	88.25
	业务外包	68.88	96.33	78.50
	财务报告	86.67	100.00	93.33
内控手段	预算管理	93.83	92.55	92.91
	合同管理	96.67	94.50	95.58
	内部信息	94.58	100.00	97.33
	信息系统	86.92	88.17	87.67
	关联交易	65.40	86.00	71.25
	行政综合	99.33	98.75	99.00
	反舞弊机制	83.33	91.08	87.25
	日常监督	88.92	85.83	87.50
	专项监督	68.75	50.00	54.17

结合图 9-2 和表 9-1 可以发现，就综合评分角度来看，贸易服务板块在安全生产环节得分最高，而在企业文化环节得分最低，其余环节的得分较为均衡。仔细分析发现，贸易服务板块在内控环境类要素的 6 个指标中，安全生产环节的制度设计最为完善，同时该环节的制度落实得较好。而企业文化环节无论是制度设计的完整性还是制度执行的有效性都是该类要素指标中得分最低的，可见该板块的企业在内控环境方面应更加关注企业文化的建设。其余四个指标从综合得分角度看差异较小，但若从制度设计的完整性和制度执行的有效性的角度分析，就可以通过对比看出各指标应侧重改善的方面。

另外，除安全生产外，其余 5 个指标制度设计完整性层面的得分均低于综合得分，可见内控环境方面各关键方面的管控在保证落实的前提下更需要进一步完善相关制度的设计。

结合表 9-1 和图 9-3 可见，贸易服务板块的企业内控活动类 11 个指标中，业务外包环节得分最低，研究与开发得了最高分。显然，业务外包的管控工作漏洞最多，虽然制度的落实能够起到一定的保障作用，但是制度设计的缺陷较多，有待补充和完善。将制度设计完整性的得分、制度执行有效性的得分与综合得分相对比，可以看到该板块的企业资产管理、工程项目、业务外包和财务报告环节应注重完善制度设计。相对而言，货币资金管理及筹资、投资和担保业务环节的执行力度相对较弱，应在保证制度设计完整性的前提下尽量提升执行力度。

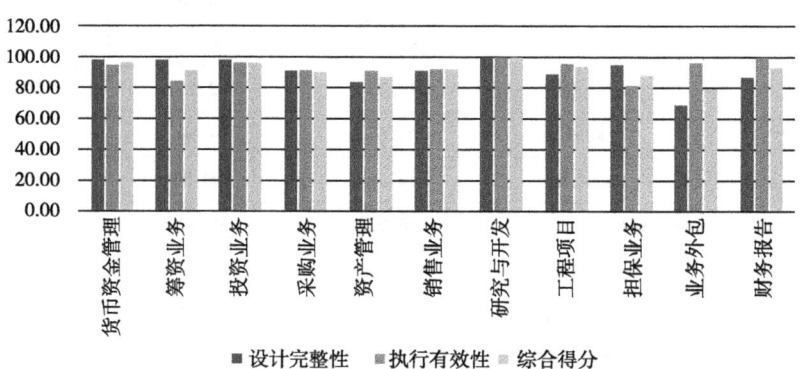

图 9-3　贸易服务板块内控活动类指标得分

根据上述对图 9-1 的分析，可以发现内控手段是贸易服务板块的企业内控建设的薄弱点，结合表 9-1 和图 9-4，可以从 9 个内控手段类一级指标入手剖析该板块的企业应关注的风险点。内控手段方面，在专项监督环节还有所欠缺，虽然制度设计中的漏洞不是最多，但是该环节的执行力度却最差，所以迫切需要提高专项监督环节制度执行的力度；关联交易环节虽然指标得分也不高，但与专项监督环节不同，关联交易环节需要进一步完善相关制度的设计。9 个内控手段类指标中，行政综合、内部信息、合同管理和预算管理 4 个环节在制度设计的完整性和制度执行的有效性两个层面得分都较高，相比之下，信息系统、反舞弊机制和日常监督环节还需要重视制度设计的完整性和制度执行的有效性两个方面,以不断完善管控措施、提升管控成效。

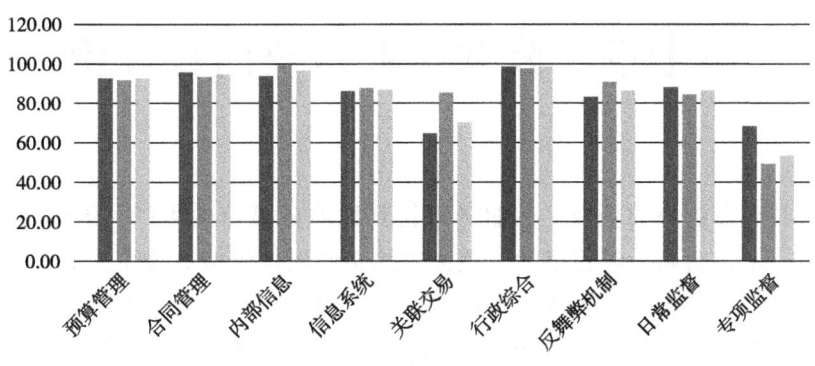

图 9-4　贸易服务板块内控手段类指标得分

三、总结及建议

本书项目调研企业中有 12 家企业划归到贸易服务板块。由于该类企业经营范围涉及较广、行业特性不突出,加之检验的企业数量有限,会对上述分析结果的适用性产生不利影响。但是,因为该板块的企业主要以提供管理和咨询服务为主,故可以在一定程度上反映相关领域尚需改进的问题。以下从内控环境、内控活动和内控手段三方面着手,分别提出相应的改进建议。

首先,从内控环境方面看,该板块存在的问题是对企业文化环节的关注度不够,这方面制度设计的完整性和制度执行的有效性都有待进一步提高。其次,从内控活动方面看,业务外包和担保业务这两个环节存在的问题较多,需要引起注意。最后,从内控手段方面看,专项监督和关联交易环节是短板之所在。从本章第一部分对上述三大类要素整体情况的分析可以发现,内控手段类指标涵盖的方面存在的问题最多。所以,贸易服务板块的企业内控建设要有较大提高,就必须加强内控手段方面的建设,而内控手段方面工作的改善又离不开对关联交易和专项监督环节建设工作的改善。

第十章 公共事业板块内控评价

公共事业板块的企业,其服务宗旨是以服务城市的生产、流通及居民生活为主,不以营利为经营目的。该板块的企业以提供劳务为主,服务面很广,几乎涉及所在城市所有团体、组织和居民,但是很少或几乎不生产有形产品。虽然公共事业板块的企业不以营利为其经营目的,但在一定程度上说,该板块的企业能给整个城市及用户带来经济效益、社会效益和环境效益。受资源、规模经济效益以及政府社会发展规划的制约,公用事业板块的企业在经营上不太可能形成充分的竞争,故该板块的企业具有一定的垄断性。正因为公共事业板块行业具有垄断性,该板块的企业在日常生产经营中往往容易忽略内部控制体系的建设。本章侧重分析本书项目调研的公共事业板块的企业内控建设中存在的不足与缺陷,以求能从现状入手,为公共事业板块的企业内控工作的改善提出参考性建议。

本书项目调研评价的公共事业板块企业包括 CSPS、PSSF、GSSF、GLJD、HWJT、HWDS、JYSL、BJKG、BZZF、YTSZ、SWTZ 和 BZJT 等 12 家企业,数量占北京市国资委监管企业的 15%,年产值占 12% 左右,就业人数占比为 22%,具有较高的代表性。下面围绕制度设计的完整性和制度执行的有效性两个维度,分别从内控三大类要素和 26 个关键指标两个层面对公共事业板块内控建设情况进行分析。

一、三大类要素分析

图 10-1 列示了公共事业板块的企业内控环境、内控活动和内控手段三方面的整体得分情况。综合来看,三方面的综合得分仅有 80 分左右,其中制度设计完整性层面相比制度执行有效性层面的得分低,可见该板块的企业在内控建设中应在保证执行力度的前提下,更加关注完善制度设计。从制度设计完整性层面看,这三方面得分均不高,其中内控活动方面制度设计存在的漏洞最多,相比之下,内控环境方面制度设计较为完善。从制度执行有效性层

面看，公共事业板块的企业在内控环境、内控活动和内控手段要素三方面均能确保制度的有效落实。

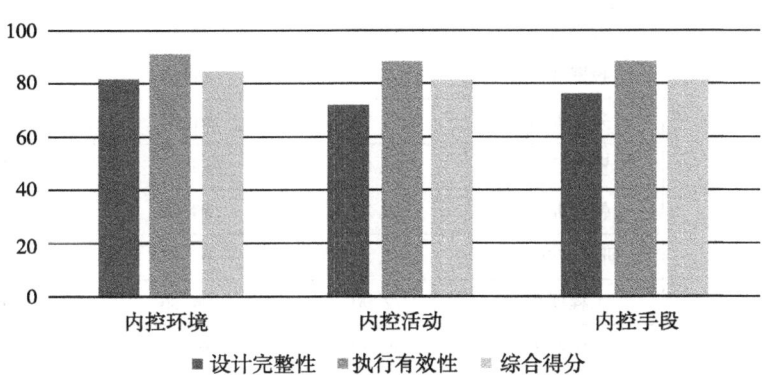

图 10-1　公共事业板块内控要素评价情况

二、一级指标分析

从图 10-1，可以对公共事业板块的企业的内控环境、内控活动和内控手段三方面的整体得分情况有大致的了解。下面着重将三方面所涵盖的一级指标进行对比分析。表 10-1 给出了该板块企业内控三大类要素指标涵盖的内容及具体得分，图 10-2、图 10-3 和图 10-4 分别形象地给出该板块企业内控环境、内控活动和内控手段在制度设计层面和制度执行层面以及综合得分的情况。

表 10-1　公共事业板块各项一级指标评分表

要素分类	一级指标	设计完整性	执行有效性	综合得分
内控环境	组织架构	77.40	88.82	82.64
	发展战略	72.50	86.36	77.00
	人力资源	89.80	95.00	92.09
	安全生产	95.80	100.00	97.45
	社会责任	88.00	92.82	88.00
	企业文化	63.40	77.55	69.18

续表

要素分类	一级指标	设计完整性	执行有效性	综合得分
内控活动	货币资金管理	82.67	91.60	87.90
	筹资业务	64.50	94.14	81.57
	投资业务	67.75	82.56	76.78
	采购业务	75.70	91.00	84.45
	资产管理	78.00	85.09	82.09
	销售业务	60.75	89.00	80.38
	研究与开发	81.57	85.71	83.43
	工程项目	72.90	84.36	79.91
	担保业务	69.20	89.00	79.00
	业务外包	53.56	77.78	65.67
	财务报告	84.89	97.30	91.80
内控手段	预算管理	80.60	96.55	89.36
	合同管理	87.00	93.91	89.73
	内部信息	97.50	98.18	97.09
	信息系统	78.90	85.55	82.36
	关联交易	31.89	73.102	52.00
	行政综合	100.00	97.00	98.36
	反舞弊机制	77.50	92.09	82.45
	日常监督	63.20	79.00	72.82
	专项监督	65.00	75.00	62.60

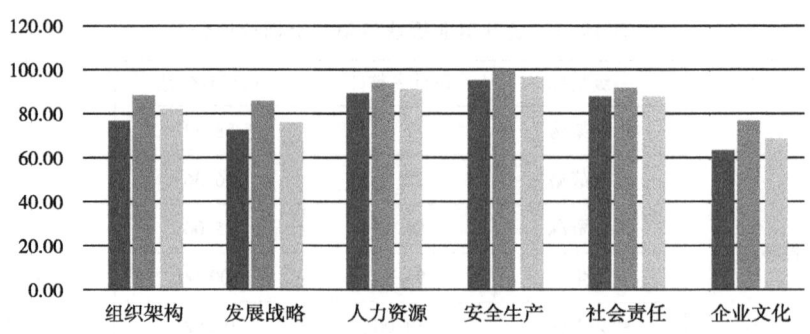

图10-2 公共事业板块内控环境类指标得分

第十章　公共事业板块内控评价

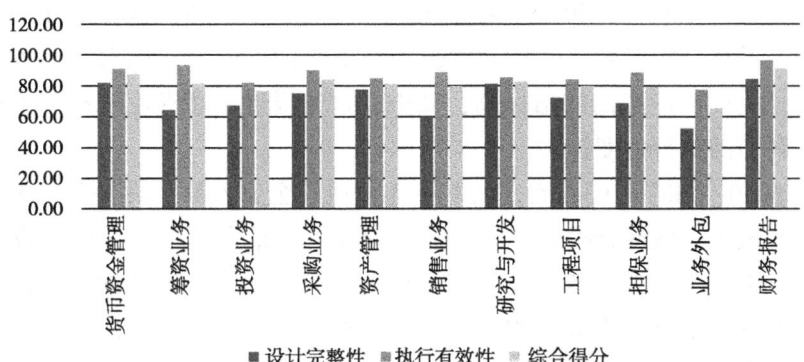

图 10-3　公共事业板块内控活动类指标得分

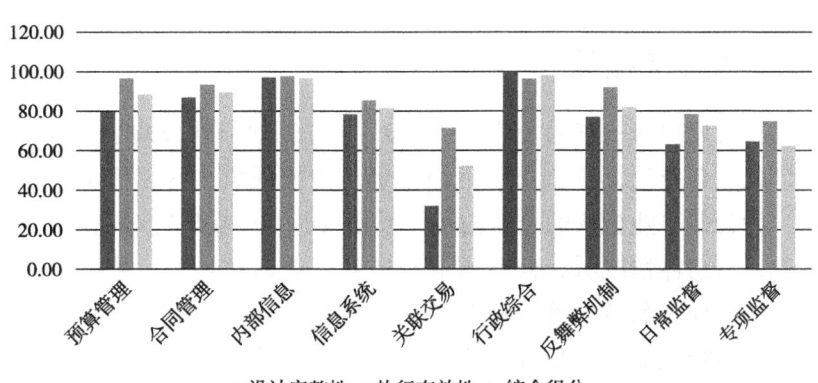

图 10-4　公共事业板块内控手段类指标得分

结合表 10-1 和图 10-2，从综合得分来看，在内控环境方面，安全生产环节内控建设较为到位，既能做到制度设计完整又能确保制度有效落实；企业文化环节略显逊色，无论是制度设计层面还是制度执行层面，其得分都刚过及格线，企业文化方面的建设工作仍然任重道远；另外，发展战略和组织架构两个环节亦存在较多风险敞口，制度设计不完善、制度执行力度也较差；相比之下，社会责任和人力资源两个环节的得分情况相对较好。

从表 10-1 看，公共事业板块的企业内控环境、内控活动和内控手段三大类指标的得分都不高。结合表 10-1 和图 10-3 进一步分析发现，从综合得分看，该板块所涵盖的 11 个一级指标的得分较为均衡。从制度设计完整性的层面看，各指标间差异明显；其中，业务外包、销售业务和筹资业务制度设计层面的指标得分较低，相反，财务报告、货币资金管理、研究与开发和资产管理环节的得分相对较高；从制度执行有效性的层面看，三大类一级指标得分普遍比制度设计层面的指标高，其中，财务报告、筹资业务和货币资金管理3个环节的执行力度较大。

从表10-1和图10-4看，公共事业板块的企业内控手段9个一级指标的得分差异较大。就综合得分看，行政综合和内部信息两个环节的建设工作较为到位，而关联交易环节存在的问题最多。从制度设计完整性的层面看，行政综合和内部信息两个环节得分最高，关联交易得分最低。此外，日常监督和专项监督两个指标的制度设计也存在较多漏洞。从制度执行有效性的层面看，关联交易、专项监督、日常监督和信息系统环节的执行力度较弱，还有待进一步提升。

三、总结及建议

本书项目调研所核查的企业中，有11家可以划归到公共事业板块。依据上述对该板块企业的详细剖析，下面分别从内控环境、内控活动和内控手段三方面，为公共事业板块的企业内控体系建设的开展提出针对性改进意见。

首先，从总体情况看，公共事业板块的企业内控环境、内控活动和内控手段三方面的建设较为均衡，今后仍需继续保持均衡发展。其次，从内控环境要素看，该板块的企业应加强企业文化环节的建设工作，因为公共事业板块侧重为城市和居民服务，所以企业的宗旨和文化对企业乃至整个行业的发展都至关重要。再次，从内控活动要素看，业务外包和投资业务流程是该板块需重点关注的环节，工程项目和担保业务流程的管控也需引起注意；其中，鉴于制度设计完整性层面存在较多漏洞，所以在保障执行效率的前提下，更应该注重完善制度设计。最后，从内控手段要素看，关联交易、专项监督和日常监督这3个环节存在的问题较多，日后在工作中需要重点关注。

第十一章 交通运输业板块内控评价

交通运输业是指国民经济中专门从事运送货物和旅客的社会生产部门，包括铁路、公路、水运、航空等运输部门。它是国民经济的重要组成部分，是保障人们在政治、经济、文化、军事等方面联系和交往的手段，也是衔接生产和消费的一个重要环节。

在现代社会中，运输发展的水平已经成为一个国家发达水平和人类文明的重要标志。交通运输是社会经济重要的基础之一，是国民经济的命脉，是经济发展的基本需要和先决条件；同时，交通运输推动着现代工业的发展，担负着社会产品的流通任务，在国防建设与防务方面也有着不可低估的作用。它的发展影响着社会生产、流通、分配和消费的各个环节，对人民生活、国防建设和国际经济发展与合作都有着重要作用。

发展综合交通运输系统是一个必然趋势。因此，应该配合国家总体发展战略，统筹考虑经济布局、人口和资源分布、国土开发、对外开放，以及国防建设、经济安全和社会稳定对交通运输的要求。要充分体现各种运输方式的技术经济特征和比较优势，合理配置、集约利用运输线路资源，衔接优化各种运输设施空间布局。建设综合运输大通道，并扩大交通网覆盖面，提高网络承载能力，同时增强运输机动性，使各种运输方式之间及与城市交通系统协调发展。要以人为本，强化枢纽衔接和一体化运输设施配置，促进现代综合交通体系的建立，满足便捷、舒畅、高效和安全的运输服务需求。要注重节约和集约利用土地，节能减排，整合既有资源，保护生态环境，加强交通安全。要以发展为主题，全面提升运输供给能力和服务水平；以体制改革为保障，促进运输市场体系的完善；以构建现代综合运输体系为主线，加强综合运输大通道和枢纽建设；以协调发展为基本立足点，进一步改善区域交通和农村交通条件；以科技应用创新为动力，推进交通运输信息化和智能化建设。

本书项目调研评价的交通运输板块的企业包括 DTJT、GDJT、GDZX、

JCSS、SFJT 和 DSKY 等企业，数量占北京市国资委监管企业的 12%，年产值占 23% 左右，就业人数占比为 21%，具有较高的代表性。下面围绕制度设计的完整性和制度执行的有效性两个维度，分别叙述该版块的企业内控三大类要素和 26 个关键指标两个方面的情况。

一、三大类要素分析

如图 11-1 所示，综合来看，交通运输业板块的企业在内控环境和内控活动方面的建设工作相对较为到位，但在内控手段方面，制度设计的完整性和制度执行的有效性指标得分都较低，说明存在较多风险敞口，且在三大类要素中，其内控手段方面的建设无论是制度设计、制度执行还是综合得分都显示出显得最为薄弱。所以，交通运输企业的内控建设应该更加侧重对内控手段的管控，至于内控环境和内控活动方面，则应着重完善制度设计、消除潜在的风险敞口，并做到持续保持制度的有效执行。

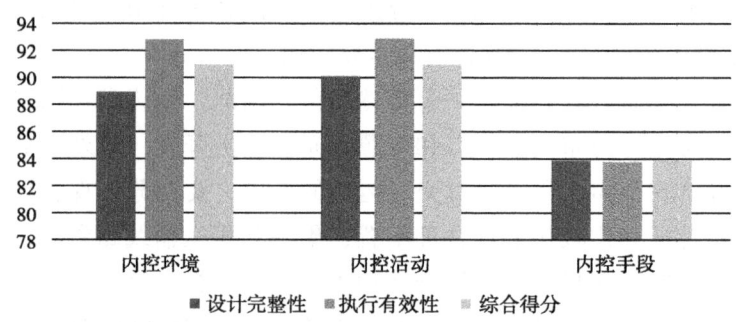

图 11-1　交通运输业板块内控要素评价情况

二、一级指标分析

上述图 11-1 综合展示了交通运输板块在内控环境、内控活动和内控手段三方面的建设情况。下面着重从 26 个大类指标入手，剖析交通运输业板块的企业内控建设中的问题。表 11-1 列示了交通运输板块的企业各大类指标制度设计完整性、制度执行有效性及综合得分的情况。图 11-2、图 11-3 和图 11-4 则分别给出了交通运输业板块内控环境、内控活动和内控手段三方面的得分情况。

表 11-1 交通运输板块各项一级指标评分表

要素分类	一级指标	设计完整性	执行有效性	综合得分
内控环境	组织架构	86.60	87.50	86.90
	发展战略	84.44	96.00	90.22
	人力资源	91.90	97.20	94.50
	安全生产	95.80	100.00	97.67
	社会责任	84.10	86.70	85.20
	企业文化	90.80	92.90	92.00
内控活动	货币资金管理	95.50	94.30	94.20
	筹资业务	77.00	79.29	77.86
	投资业务	89.75	96.63	93.00
	采购业务	83.20	93.20	88.20
	资产管理	88.50	88.70	88.80
	销售业务	100.00	98.80	99.40
	研究与开发	90.75	97.00	93.88
	工程项目	95.44	95.56	95.44
	担保业务	94.29	86.60	89.20
	业务外包	82.50	92.00	87.25
	财务报告	91.50	99.20	95.40
内控手段	预算管理	97.60	94.50	96.00
	合同管理	98.00	95.20	96.60
	内部信息	96.00	96.00	96.00
	信息系统	91.00	87.10	89.00
	关联交易	30.33	46.50	38.33
	行政综合	99.20	97.20	98.20
	反舞弊机制	97.50	99.30	98.40
	日常监督	78.30	82.33	80.11
	专项监督	70.00	54.75	64.75

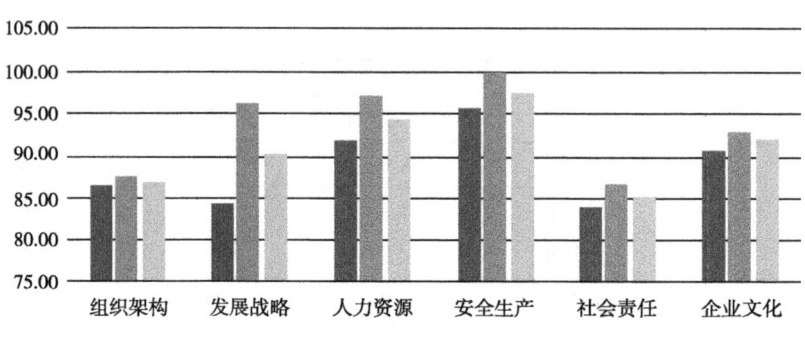

图 11-2 交通运输板块内控环境类指标得分

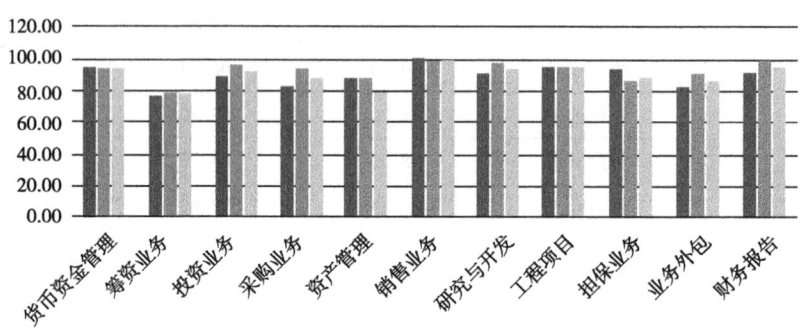

图 11-3 交通运输板块内控活动类指标得分

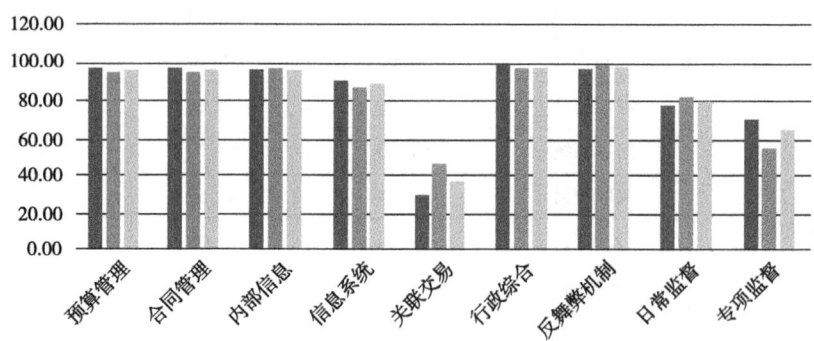

图 11-4 交通运输板块内控手段类指标得分

从表 11-1 和图 11-2 可见，交通运输业板块的企业内控环境类指标整体得分处于良好以上，其中组织架构和社会责任两个流程相对薄弱一些，各企业需确立更加明确的岗位职责，明确企业组织架构类型，确保有效实现不相容的职责相互分离，同时还应该侧重关注企业在社会责任方面的制度设计问题，并在设计完整的制度基础上强化内控制度执行速效果。从整体看，制度设计的完整性指标弱于制度执行的有效性指标，因而相较于执行力，交通运输业板块的企业更应强调加强内控制度的建设，尤其是在发展战略上，其制度建设的力度远小于其执行的效力。

结合分析表 11-1 和图 11-3，可知交通运输业板块的企业内控活动指标整体得分较为均衡，其中筹资业务是所有内控活动类指标中唯一低于 80 分且得分最低的流程，销售业务流程得分最高。

筹资业务对于一个企业的运行和可持续发展具有极其重要的意义，如若企业筹资决策不当，轻则影响个别项目的进行，重则可能导致企业资金链断裂。因而，企业必须重视对筹资流程的管控，尽快完善筹资业务的内控制度建设，查漏补缺，并有效监督内控制度的落地，降低筹资风险，进而降低企业的经营风险；企业的管理层必须树立筹资风险的防范意识，并将这种意识积极传递到相关职责岗位，有效实现相互监督，将内控风险控制在低水平。

另一方面，从整体来看，11 个流程中，货币资金管理、资产管理、销售业务与工程项目 4 个关键流程的内控制度均得到了有效执行，但其他流程的制度设计和制度执行均存在一定差距。企业在改善薄弱方面的同时，需着力使得制度设计与制度执行同步实施，进而使企业的内部控制整体上更加完善和有效。

从图 11-1 可以看出，交通运输业板块的企业内控在手段方面最为薄弱。结合表 11-1 和图 11-4 可知，在交通运输业板块内控手段类要素的所有大类指标中，关联交易流程的管控存在严重缺陷，其制度设计完整性得分仅为 30.33 分，而其制度执行有效性虽比制度设计完整性得分表现好一些，但也仅为 46.50 分，需要着重完善，并且需要先加强关联交易流程的制度设计并加以贯彻落实，以最大限度地缩小风险敞口，更好地将内控风险控制在可以承受的范围之内。此外，本类指标中，日常监督也与专项监督是相对较为薄弱的环节，各企业需加强这两个流程的制度设计，尤其应着重强化专项监督内控制度的执行效力，以有效控制舞弊等风险的发生。

三、总结及建议

本书项目调研工作核查的企业数量有限，归划为交通运输行业的企业也不多，仅有10家。虽然样本数量较少会降低样本解释总体特征的可信度，但是由于所选取的企业都较有代表性，所以在一定程度上反映出了此行业的企业在内控体系建设中可能普遍存在的问题。下面分别从内控环境、内控活动和内控手段三方面针对交通运输业板块的企业提出针对性的内控建设改进意见。

首先，从内控环境方面看，交通运输板块的企业需加强组织架构和企业文化流程的建设工作。其次，从内控活动方面看，交通运输板块的企业需加强对筹资业务的管控。再次，从相对最薄弱的内控手段指数看，交通运输业板块的企业应该突出重视关联交易的管控工作，防止由自身利益或外在压力等带来的风险。虽然专项监督的作用只会在企业的发展战略、组织结构、经营活动、关键岗位人员等发生重大调整或变化的情况下体现，但专项监督环节毕竟是防控企业内控建设风险的重要环节之一，企业需重视日常监督与专项监督，防止由于徇私舞弊等导致的企业内部控制方面的重大风险。最后，需要强调的是，无论是得分高还是得分低的环节，交通运输板块的企业都应在不断完善各流程制度设计的基础上，重视制度实施的力度，要在"有章可循"的基础上，切实保证做到"有章必循"，避免制度流于形式。

第十二章 建筑业板块内控评价

建筑业是国民经济的重要物质生产部门,关乎整个国家的经济发展以及人民生活水平的改善。改革开放以来,我国建筑业发展速度迅猛,产值不断增加,成为国家拉动经济发展的重要力量。建筑业具有土地垄断性和不可移动性等特点,建设工程产品的生产具有单件性、流动性、地域性、周期长和生产方式多样性、不均衡性以及受外部约束多等特点。随着建设工程项目的类型和特征的日趋复杂化,建筑产品的精益化,以及工程服务方式的多样化、市场化的进程,行业对项目管理的精益程度要求越来越高。但是,我国建筑业大部分企业在管理方式上较为粗放,建筑投资者为了能尽快收回投资成本,盲目赶进度,而忽视了安全和质量问题。因此,我国的建筑行业需要加强内部控制,提高管理的精细化程度,防控风险。

本书项目调研评价的建筑业板块包括CJJT、CJTM、YHMD、JTZC和XAJT等企业,数量占北京市国资委监管企业的11%,年产值占17%左右,就业人数占比为20%,具有较高的代表性。下面围绕制度设计完整性和制度执行有效性两个维度,分别从内控三大类要素和26个关键指标两个层面展开对建筑业板块内控建设情况的分析。

一、三大类要素分析

如图12-1所示,综合来看,建筑业板块的企业在内控活动方面建设工作最为到位,但内控活动的制度设计仍不够完善,存在较多风险敞口;该板块的企业内控环境和内控手段方面都较为薄弱,尤其是内控手段的制度设计层面。总体来看,三大类要素执行层面均优于设计层面,因此,建筑业企业在内部控制体系的建设过程中需要不断完善制度设计,消除潜在的风险敞口,不能仅仅关注执行层面。

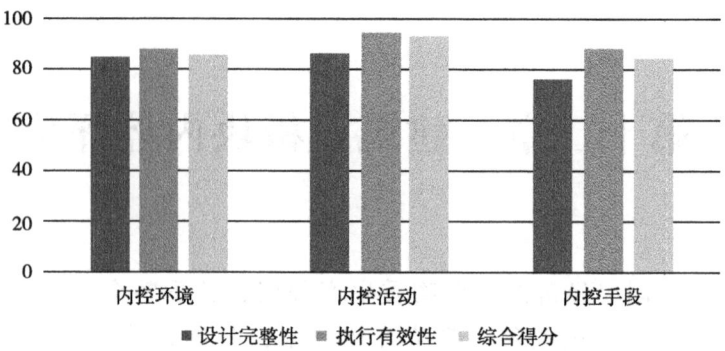

图 12-1　建筑业板块内控要素评价情况

二、一级指标分析

上述图 12-1 中综合分析了建筑业板块的企业在内控环境、内控活动和内控手段三方面的建设情况。下面着重从 26 个大类指标入手，剖析建筑业板块的企业内控建设存在的问题。表 12-1 列示了建筑业板块各大类指标制度设计完整性、制度执行有效性及综合得分情况。图 12-2、图 12-3 和图 12-4 则分别给出了该板块的企业内控环境、内控活动和内控手段三方面的得分情况。

表 12-1　建筑业板块各项一级指标评分表

要素分类	一级指标	设计完整性	执行有效性	综合得分
内控环境	组织架构	86.13	88.75	87.75
	发展战略	86.63	96.88	91.75
	人力资源	88.00	91.13	89.50
	安全生产	98.25	100.00	99.13
	社会责任	75.63	84.63	80.13
	企业文化	71.88	67.50	69.63
内控活动	货币资金管理	91.75	94.38	93.25
	筹资业务	73.20	100.00	96.00
	投资业务	73.00	95.50	93.25
	采购业务	82.57	90.71	86.43

续表

要素分类	一级指标	设计完整性	执行有效性	综合得分
内控活动	资产管理	83.25	84.63	84.00
	销售业务	91.60	93.00	93.100
	研究与开发	100.00	100.00	100.00
	工程项目	93.00	88.80	90.80
	担保业务	74.00	95.50	93.75
	业务外包	100.00	100.00	100.00
	财务报告	83.25	96.50	89.88
内控手段	预算管理	88.75	92.88	88.38
	合同管理	96.25	95.38	95.75
	内部信息	78.13	95.88	86.88
	信息系统	84.43	76.43	80.57
	关联交易	42.86	96.00	76.00
	行政综合	86.88	95.50	91.13
	反舞弊机制	75.00	90.50	83.00
	日常监督	70.75	80.25	75.63
	专项监督	62.50	70.00	80.20

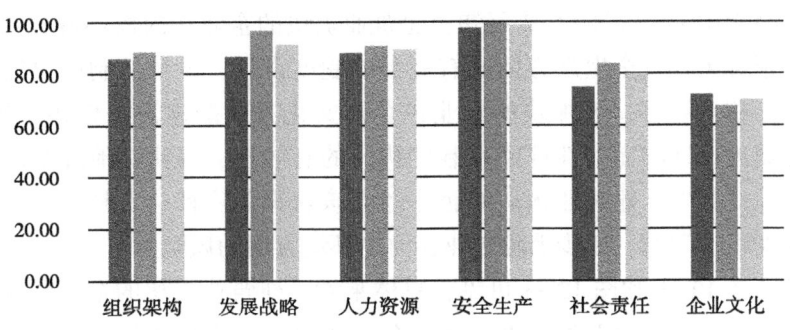

图 12-2 建筑业板块内控环境类指标得分

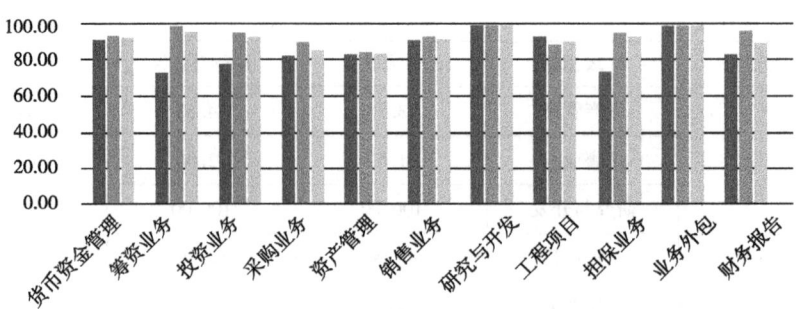

图 12-3 建筑业板块内控活动类指标得分

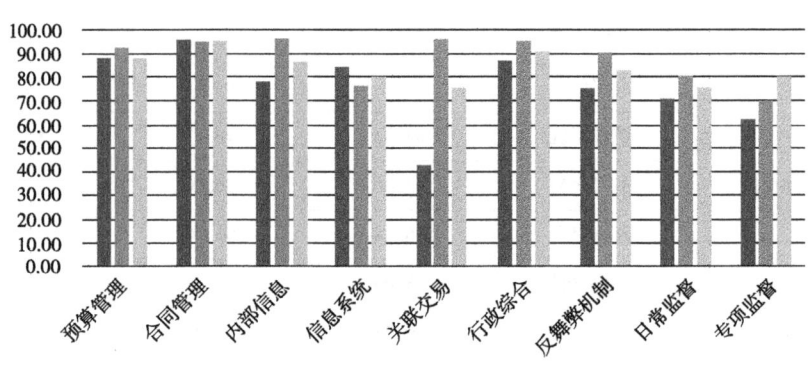

图 12-4 建筑业板块内控手段类指标得分

结合表 12-1 和图 12-2 可知,建筑业板块的企业在内控环境类要素的所有大类指标中,安全生产方面既有完善的制度设计,设计的制度也能被有效地执行。相对而言,该板块的企业在企业文化方面的建设工作还不够到位,无论是制度设计的完整性抑或是制度执行的有效性,都比其他环节的指标得分差。除此之外,建筑业板块的企业还应该着重关注社会责任、发展战略方面的制度设计问题,逐步消除企业在内控环境方面的风险敞口。

结合表 12-1 和图 12-3 可见,总体来看,建筑业板块的企业所有内控活动类指标中,研究与开发以及业务外包均为满分,内控建设到位;而采购业务和资产管理这两个流程则相对薄弱。从制度设计完整性层面看,筹资业务、投资业务、担保业务三个流程漏洞较多,制度较匮乏;采购业务、资产管理以及财务报告流程也存在着一定的制度缺陷；其余几个流程制度设计比较完善。从制度执行有效性层面看，大部分流程执行力度较大，只有资产管理以及工程项目流程有待进一步强化执行力度。

结合表12-1和图12-4可见，建筑业板块的企业内控手段方面整体上较为薄弱。从该方面9个具体流程看，信息系统、关联交易、反舞弊机制、日常监督以及专项监督这5个流程都存在较大的风险，在制度设计层面均比较薄弱，尤其是关联交易流程，其制度设计层面需要引起关注，其他3个流程在制度执行层面也不太理想；其余4个流程中，内部信息及行政综合流程需要完善制度设计。总体来看，在内控手段方面，建筑业企业既需要完善制度设计，还需要进一步强化执行效果，积极防控风险。

三、总结及建议

由于本书项目调研所核查的企业数量有限，可归划为建筑业行业的企业仅有8家。虽然样本数量较少会降低样本解释总体特征的可信度，但是由于所选取的企业都比较具有代表性，所以在一定程度上也可以反映出建筑行业的企业在内控体系建设中可能普遍存在的问题。下面分别从内控环境、内控活动和内控手段三方面提出针对性的内控建设改进意见。

首先，从内控环境方面看，建筑业板块的企业应加强企业文化建设。其次，从内控活动方面看，建筑业板块的企业需加强对采购业务和资产管理环节的管控。再次，从内控手段方面看，该板块的企业应重视内控手段要素整体的建设，尤其是信息系统、关联交易、反舞弊机制、日常监督以及专项监督环节，这些环节均有利于防范企业整体风险。最后，需要强调的是，各企业无论现阶段的内控体系建设如何，都应不断完善内部控制制度设计，并在此基础上，进一步加强内控的执行、落地，以减少企业的风险敞口。

第十三章 房地产业板块内控评价

房地产行业具有明显的地域性特征。房地产开发属于资金密集型行业，对资金的需求量巨大。而且，我国的房地产行业对中央政府的宏观经济政策敏感性极强，是政策导向型产业。房地产开发具有阶段性和周期性特点，并且在开发过程牵涉面广，运作程序复杂，需要与规划、勘察、市政、施工、供电、电讯、房管、园林、环卫、金融以及证券机构、建委、物价局、财政局、税务局等几十个单位和部门沟通协调。因此，无论是投资机会的选择与决策阶段，或是开发前期工作阶段，抑或是施工建设阶段等，房地产行业板块的企业都要面对各种风险。

本书项目组调研评价的房地产业板块的企业包括 BSZF、DWJM、FZKG、JUDC、JJFZ 和 SKJT 等，数量占北京市国资委监管企业的 17%，年产值占 20%左右，就业人数占比为 19%，具有较高的代表性。

一、三大类要素分析

如图 13-1 所示，综合来看，房地产业板块的企业在内控活动和内控手段方面的建设工作较为到位，但内控手段方面虽然执行较为有效，但是制度设计仍不够完善，存在较多风险敞口，其内控活动方面同样存在制度设计不完善的问题。三大类要素中，内控环境是房地产行业板块的企业最薄弱的环节，房地产企业在内控建设中应该更加注重对内控环境的管控；而在内控活动和内控手段方面，不仅应完善制度设计，消除潜在的风险敞口，而且需要继续保持内控制度的有效执行。

二、一级指标分析

图 13-1 综合展示了房地产业板块的企业在内控环境、内控活动和内控手段三方面的建设情况。下面着重从 26 个大类指标入手，剖析房地产板块企业内控建设中存在的问题。表 13-1 列示了房地产板块各大类指标制度设计完整

性、制度执行有效性及综合得分的情况,图 13-2、图 13-3 和图 13-4 则分别给出了房地产板块内控环境、内控活动和内控手段三方面的得分情况。

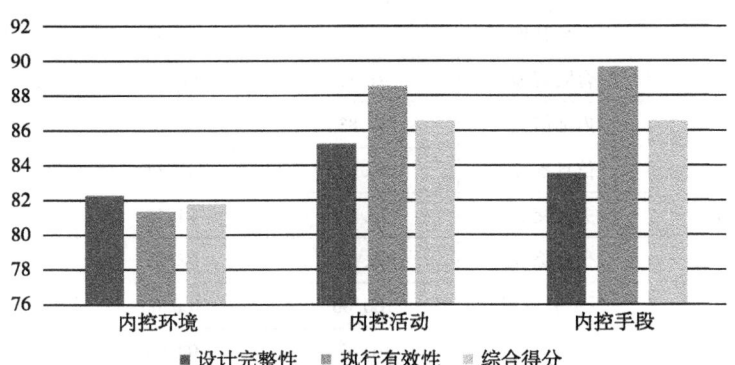

图 13-1 房地产板块内控要素评价情况

表 13-1 房地产板块各项一级指标评分表

要素分类	一级指标	设计完整性	执行有效性	综合得分
内控环境	组织架构	94.83	91.67	93.17
	发展战略	76.67	70.00	73.17
	人力资源	94.83	94.83	95.00
	安全生产	94.50	83.33	89.00
	社会责任	75.83	89.67	82.67
	企业文化	57.00	58.33	57.83
内控活动	货币资金管理	89.50	93.33	91.33
	筹资业务	69.33	77.83	73.67
	投资业务	72.80	73.50	69.75
	采购业务	90.00	88.50	89.17
	资产管理	92.00	90.17	91.17
	销售业务	97.33	92.00	95.00
	研究与开发	95.33	100.00	97.67
	工程项目	100.00	100.00	100.00
	担保业务	57.50	71.25	64.50
	业务外包	91.67	87.33	89.33
	财务报告	81.67	100.00	90.83

续表

要素分类	一级指标	设计完整性	执行有效性	综合得分
内控手段	预算管理	94.50	90.83	92.67
	合同管理	91.17	96.17	93.67
	内部信息	80.83	96.67	88.67
	信息系统	88.67	87.83	88.33
	关联交易	76.00	94.50	85.33
	行政综合	96.17	98.00	97.17
	反舞弊机制	100.00	100.00	100.00
	日常监督	91.67	97.00	93.40
	专项监督	33.33	45.83	39.67

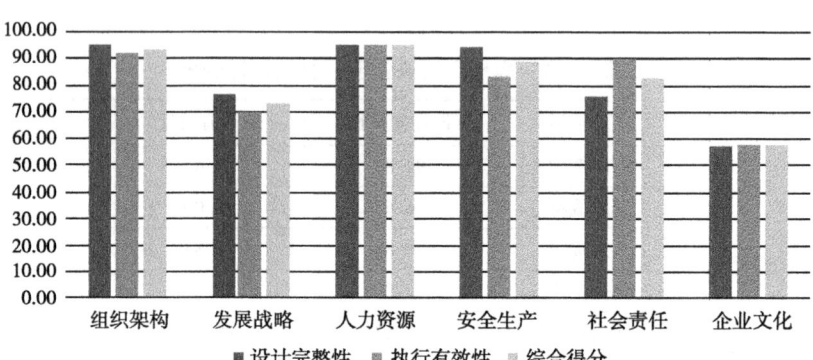

图 13-2　房地产板块内控环境类指标得分

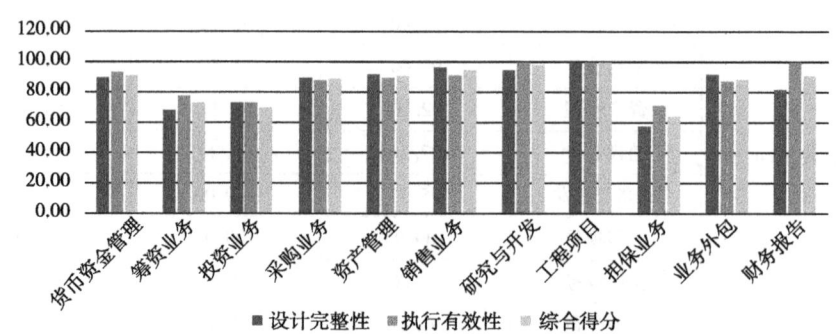

图 13-3　房地产板块内控活动类指标得分

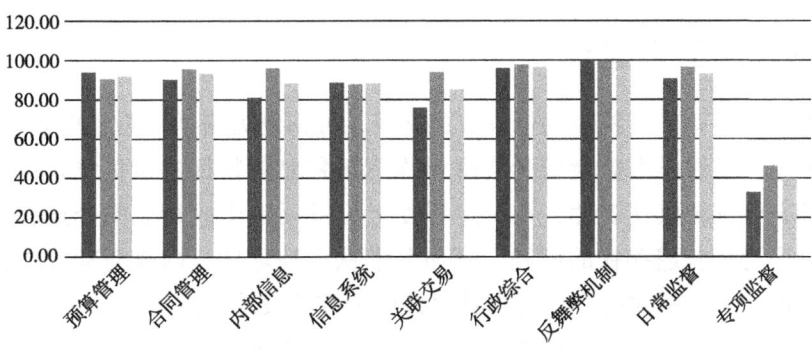

图 13-4 房地产板块内控手段类指标得分

从图 13-1 可以看出，房地产板块的企业内控环境方面的建设工作最为薄弱。结合表 13-1 和图 13-2 可见，房地产板块的企业在内控环境类要素的所有大类指标中，人力资源和组织架构两方面既有完善的制度设计，制度也能被有效地执行。相对而言，企业文化方面的建设工作不够到位，无论从制度设计的完整性抑或制度执行的有效性看，都比其他环节差。此外，房地产板块的企业还应看重关注社会责任方面的制度设计问题，以及发展战略和安全生产环节制度落实问题。

结合表 13-1 和图 13-3 可见，房地产板块企业的担保业务流程在其所有内控活动类指标中得分最低，而工程项目流程得分最高。整体来看，11 个流程中只有担保业务、筹资业务和投资业务 3 个流程的内控建设不到位，而工程项目、研究与开发、销售业务等流程的内控建设相对较为完善。从制度设计完整性的层面看，担保业务流程漏洞最多，其次是筹资业务和投资业务，而工程项目流程制度设计最为完善。从制度执行有效性的层面看，工程项目和研究与开发两个流程执行情况较好，而担保业务、筹资业务和投资业务在制度执行力度上还有待着力提升。

结合表 13-1 和图 13-4 可见，房地产板块的企业在内控手段方面的建设整体较好，但从 9 个具体流程看，该板块企业专项监督流程存在较大风险。专项监督流程是内控手段类指标中制度设计缺陷最多且制度执行力度最差的流程，而其他 8 个流程的建设工作相对比较到位。除了专项监督流程外，关联交易、内部信息和信息系统等流程的制度设计也有待进一步完善，信息系统流程在制度执行有效性亟待加强。

三、总结及建议

本书项目调研所核查的企业数量有限,可归划为房地产行业的企业较少,仅有6家。虽然样本数量较少会降低样本解释总体特征的可信度,但由于所选取的企业都较具代表性,在一定程度上可以反映出此行业的企业在内控体系建设中可能普遍存在的问题。下面分别从内控环境、内控活动和内控手段三个方面,为该板块的企业提出针对性的内控建设改进意见。

首先,从内控环境方面看,房地产板块的企业应加强在企业文化和发展战略环节的内控建设。其次,从内控活动方面看,需加强对担保业务、筹资业务和投资业务3个环节的管控。再次,从内控手段方面看,企业应该重视对专项监督的管控。虽然专项监督的作用只会在企业发展战略、组织结构、经营活动、关键岗位人员等发生重大调整或变化的情况下体现,但是专项监督是企业风险防控的重要环节之一。最后,需要强调的是,无论是得分高还是得分低的环节,房地产板块的企业都应不断完善各流程的制度设计,并在此基础上加大制度执行的力度,在"有章可循"的前提下切实做到"有章必循",切勿使制度流于形式。

第十四章 技术服务业板块内控评价

技术服务业是指运用现代科技知识、现代技术和分析研究方法以及经验、信息等要素向社会提供智力服务的新兴产业,主要包括科学研究、专业技术服务、技术推广、科技信息交流、科技培训、技术咨询、技术孵化、技术市场、知识产权服务、科技评估和科技鉴证等活动。技术服务业是现代服务业的重要组成部分,具有人才和智力密集、科技含量高、产业附加值大、辐射带动作用强等特点,是推动产业结构升级优化的关键产业。

我国技术服务业发展势头良好,服务内容不断丰富,服务模式不断创新,新型技术服务组织和服务业态不断涌现,服务质量和能力稳步提升。但我国技术服务业总体上仍处于发展初期,存在着市场主体发育不健全、服务机构专业化程度不高、高端服务业态较少、缺乏知名品牌、发展环境不完善、复合型人才缺乏等问题。国家需积极采取健全市场机制、强化基础支撑、加大财税支持、拓宽资金渠道、加强人才培养、深化改革开放等措施,开展科技服务业区域和行业试点示范,打造一批特色鲜明、功能完善、布局合理的科技服务业集聚区,形成一批具有国际竞争力的科技服务业集群。应深入推动重点行业的科技服务应用,围绕战略性新兴产业和现代制造业的创新需求,建设公共科技服务平台。要鼓励开展面向农业技术推广、农业产业化、人口健康、生态环境、社会治理、公共安全、防灾减灾等的惠民科技服务。

本书项目调研评价的技术服务业板块的企业包括 GZGS、WQFW、WQRL、JZJT、JFZB 共 5 家,数量占北京市国资委监管企业的 20%,年产值占 36% 左右,就业人数占比为 11%,具有较高的代表性。下面围绕制度设计的完整性和制度执行的有效性两个维度,分别从内控三大类要素和 26 个关键指标两个层面展开对该板块内控工作的分析。

一、三大类要素分析

如图 14-1 所示,综合来看,技术服务板块的企业内控环境方面的建设工作较为到位,内控活动方面稍微欠佳,但整体良好,主要需加强内控制度的建设并有效予以实施。内控手段方面是该板块的企业最薄弱的环节,虽然制度执行较为有效,但制度设计仍不够完善,存在较多风险敞口,需着重加强。因此,尤其应侧重内控手段的管控;而在内控环境和内控活动方面,应不断完善制度设计,消除潜在的风险敞口,同时继续确保制度的有效执行。

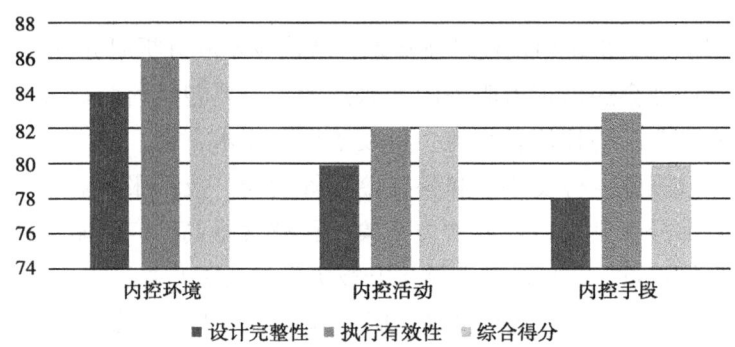

图 14-1 技术服务板块内控要素评价情况

二、一级指标分析

上列图 14-1 综合分析了技术服务业板块的企业在内控环境、内控活动和内控手段三方面的建设情况。下面着重从 26 个大类指标入手,剖析技术服务板块企业内控建设中存在的问题。表 14-1 列示了技术服务板块各大类指标制度设计完整性、制度执行有效性及综合得分情况,图 14-2、图 14-3 和图 14-4 则分别给出了技术服务板块的企业内控环境、内控活动和内控手段三方面的得分情况。

表 14-1 技术服务板块各项一级指标评分表

要素分类	一级指标	设计完整性	执行有效性	综合得分
内控环境	组织架构	90.75	95.50	93.25
	发展战略	90.00	84.25	87.25
	人力资源	86.25	91.25	88.75
	安全生产	81.00	91.75	86.50
	社会责任	79.50	91.25	84.00
	企业文化	75.00	75.00	75.00

续表

要素分类	一级指标	设计完整性	执行有效性	综合得分
内控活动	货币资金管理	79.25	79.50	79.25
	筹资业务	87.50	66.75	77.00
	投资业务	92.75	76.75	84.50
	采购业务	74.25	84.75	79.50
	资产管理	64.25	78.75	71.50
	销售业务	59.67	61.00	60.33
	研究与开发	100.00	100.00	100.00
	工程项目	91.67	89.67	90.67
	担保业务	82.50	100.00	100.00
	业务外包	79.00	82.67	81.00
	财务报告	72.50	87.50	79.75
内控手段	预算管理	86.00	77.75	82.00
	合同管理	87.00	88.00	88.25
	内部信息	93.75	100.00	96.25
	信息系统	69.00	89.25	79.00
	关联交易	34.25	35.00	34.50
	行政综合	96.00	95.50	95.50
	反舞弊机制	75.00	87.50	81.25
	日常监督	79.00	73.50	76.00
	专项监督	83.33	100.00	91.67

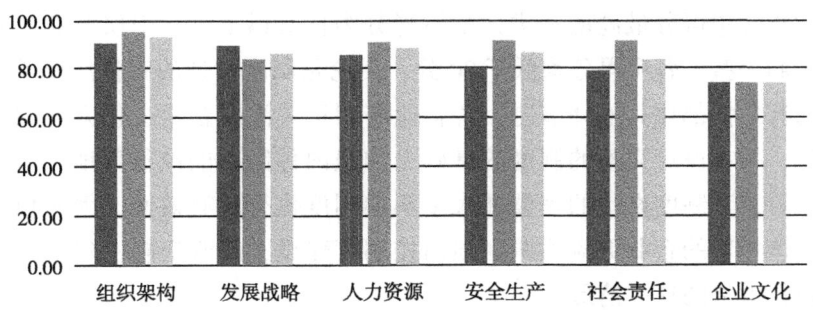

图14-2 技术服务板块内控环境类指标得分

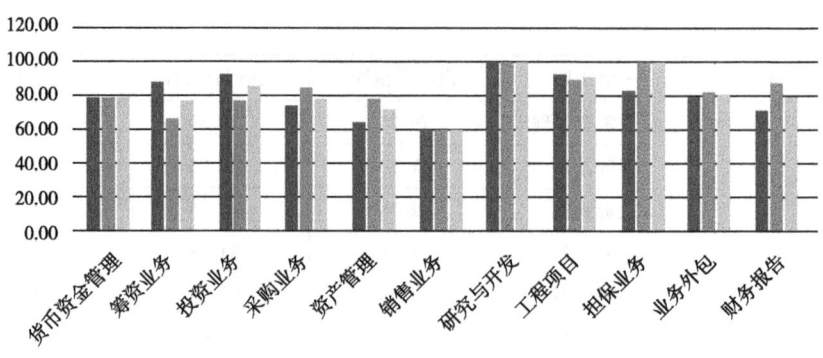

图14-3　技术服务板块内控活动类指标得分

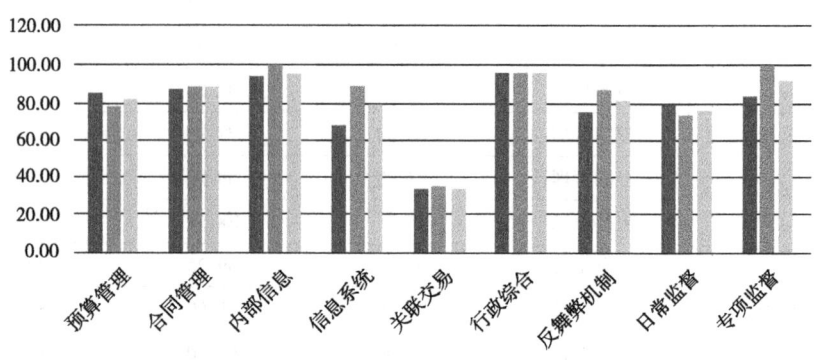

图14-4　技术服务板块内控手段类指标得分

结合表14-1和图14-2可见，技术服务业板块企业的内控环境类指标属于三类指标中得分最高的一类，整体得分为良好以上，其中仅企业文化流程相对薄弱一些，各项得分均低于80分，无论是制度设计的完整性抑或是制度执行的有效性都比其他环节差，各企业需侧重关注在企业文化方面的制度设计问题，并在设计完整的制度的基础上加强内控制度的执行落地。从各流程整体来看，其制度设计的完整性大多不如制度执行的有效性，因而相较于执行力，该板块的企业更应强调加强内控制度建设，以改变制度建设力度小于制度执行效果的这一情形。

结合分析表14-1和图14-3可见，技术服务业板块的企业的销售业务流程在其所有内控活动类指标中得分最低，仅为60分，而研究与开发流程得分最高，高达 100 分，最高值与最低值相差 40 分，且各项具体活动的指标得分差异较大。整体来看，11 个流程中除销售业务外，筹资业务、投资业务、采购业务、资产管理以及财务报告几个流程得分偏低，且两方面指标得分差异较显著。企业需高度重视销售业务的内部控制，尽快建立、完善与销售业务相关的内控制度建设，完善现销、赊销、收款、信用管理等内控制度的紧密衔接，同时保证内控制度的有效执行。筹资业务与投资业务流程内控制度建设相对良好，但执行效率欠佳，需着重加强执行力度；采购业务、资产管理、财务报告三个流程内控制度执行情况优于制度设计，企业需重点完善制度建设，同时继续保持高质量、高效率的制度执行。其他流程的指标的单项得分和综合得分均处于良好以上，单项得分亦相差不大，需继续完善制度同时保持执行效果良好。技术服务企业需高度重视内控活动流程的建设与防控，做好事中控制。

从图 14-1 可以看出，技术服务业板块的企业在内控手段方面最为薄弱。结合表 14-1 和图 14-4 可见，技术服务业板块的企业内控手段类要素所有大类指标中，关联交易流程都存在严重缺陷，其制度设计完整性仅为 34.25 分，执行有效性也仅有 35.00 分，需要着重完善，首先要加强关联交易流程的制度设计，同时再注意贯彻落实，因为只有制度设计完整了，才能更多地减少风险敞口，再加上有效的执行，才能更好地将内控风险控制在可容忍范围内，有效地防止串通舞弊、内幕交易，维持企业合法经营与稳定发展。此外，在当今大数据、信息化的时代背景下，企业尤其需要加强自身信息系统的制度建设，保障信息系统安全，以防范商业机密外泄等风险。

三、总结及建议

本书项目调研所核查的企业数量有限，可划入技术服务行业的企业数量非常少，仅有 5 家。虽然样本数量较少会降低样本解释总体特征的可信度，但鉴于所选企业都较有代表性，所以在一定程度上可以大致反映出此行业的企业在内控体系建设中可能普遍存在的问题。下面分别从内控环境、内控活动和内控手段三方面针对技术该板块的企业提出内控建设改进意见。

首先，从内控环境方面看，需加强企业文化流程的内控建设。其次，从内控活动方面看，需加强销售业务、筹资业务、投资业务、采购业务、资管理以及财务报告等流程的管控。再次，从相对最薄弱的内控手段方面看，技术服务业板块的企业应高度重视关联交易流程管控，防范由于自身利益、内幕交易或由外在压力等带来的风险。最后，需要强调的是，无论得分高还是得分低的环节，技术服务业板块的企业都应在不断完善各流程制度设计的基础上，加大制度执行的力度。在"有章可循"的基础上，切实保证做到"有章必循"，切勿使制度流于形式，确保使企业的内部控制发挥事前预防、事中控制、事后反馈提升的作用。

第十五章 农业板块内控评价

农业是安天下、稳民心的战略产业,也是增加农民收入的重要途径和国家经济稳定增长的动力,关乎国家的长治久安和人民的基本生活。我国的农业资源丰富,从业人员较多,农业基础设施较为完善,且生产方式不断改善。目前我国应大力推进农业产业化和农业现代化,积极调整农业结构,延伸产业链条。现代农业在不断寻找廉价生产要素的过程中,以市场为导向,资本高投入为基础,以工业化生产手段和先进科学技术为支撑,社会化服务体系为配套,形成了用科学经营理念来管理的农业形态,并逐步走向了商业化和市场化。现代农业具备商品化、合作化经营、高技术支撑以及新型现代化特征。

本书项目调研评价的农业板块的企业只包括 BJNC 和 SNJT 这两家,数量占北京市国资委监管企业的 7%,年产值占 11.5% 左右,就业人数占比为 19%,具有一定的代表性。下面将围绕制度设计的完整性和制度执行的有效性两个维度,分别从内控三大类要素和 26 个关键指标两个层面展开对农业板块的企业内控工作的分析。

一、三大类要素分析

如图 15-1 所示,综合来看,农业板块内控活动方面的建设工作最为到位,内控环境方面次之,内控手段方面则有待加强。三大要素均表现出制度设计完整性优于制度执行有效性。内控手段方面最为明显,其执行层面的工作最不到位。农业企业应更加重视内控手段方面的内控建设,完善制度设计,不能仅仅将制度流于形式,而应切实加强内控制度的执行。在内控环境以及内控活动层面,企业应在已有基础上进一步完善制度设计,并严格执行,进一步努力降低风险。

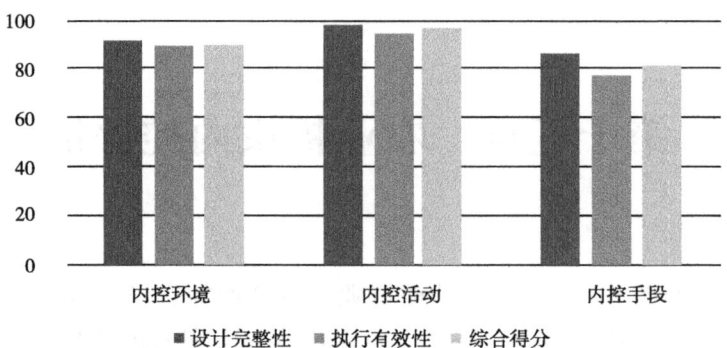

图 15-1　农业板块内控要素评价情况

二、一级指标分析

上列图 15-1 综合分析了农业板块在内控环境、内控活动和内控手段三方面的建设情况。下面着重从 26 个大类指标入手，剖析农业板块的企业内控建设中存在的问题。表 15-1 列示了农业板块各大类指标制度设计完整性、制度执行有效性及综合得分的情况，图 15-2、图 15-3 和图 15-4 则分别给出了农业板块的企业内控环境、内控活动和内控手段三方面具体指标的得分情况。

表 15-1　各板块总体评价得分结果

要素分类	一级指标	设计完整性	执行有效性	综合得分
内控环境	组织架构	90.50	97.00	93.50
	发展战略	100.00	100.00	100.00
	人力资源	98.00	98.50	98.00
	安全生产	100.00	100.00	100.00
	社会责任	100.00	91.00	95.50
	企业文化	62.50	55.00	58.50
内控活动	货币资金管理	100.00	100.00	100.00
	筹资业务	100.00	95.50	98.00
	投资业务	89.50	97.00	93.50

续表

要素分类	一级指标	设计完整性	执行有效性	综合得分
内控活动	采购业务	100.00	70.00	85.00
	资产管理	100.00	96.00	98.00
	销售业务	100.00		
	研究与开发	100.00	100.00	100.00
	工程项目	100.00	100.00	100.00
	担保业务	100.00	100.00	100.00
	业务外包	94.00	91.50	93.00
	财务报告	100.00	100.00	100.00
内控手段	预算管理	100.00	100.00	100.00
	合同管理	100.00	96.50	98.00
	内部信息	100.00	100.00	100.00
	信息系统	55.00	46.50	50.50
	关联交易	100.00	100.00	95.00
	行政综合	92.00	93.50	92.50
	反舞弊机制	87.50	66.50	77.00
	日常监督	100.00	26.00	63.00
	专项监督	50.00	75.00	62.00

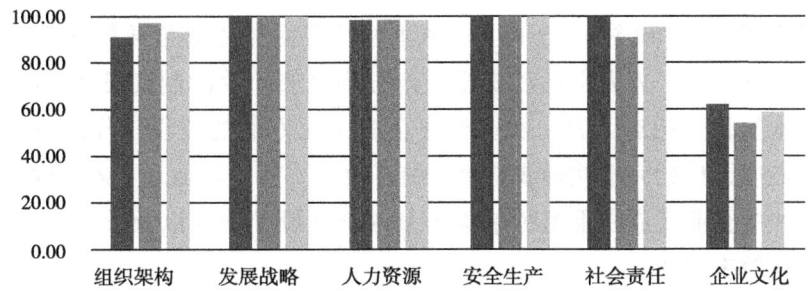

图 15-2 农业板块内控环境类指标得分

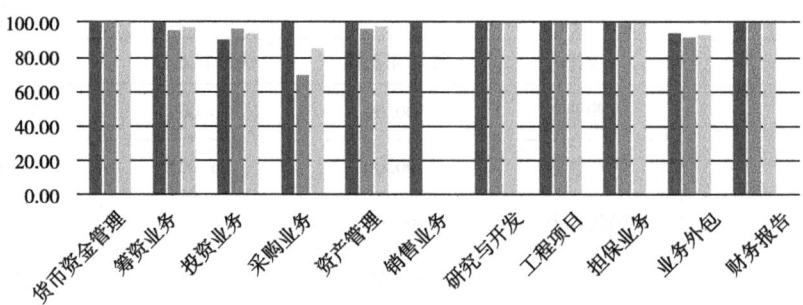

图 15-3 农业板块内控活动类指标得分

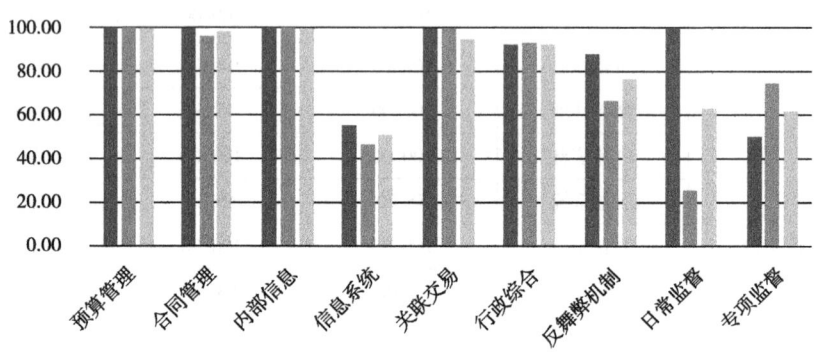

图 15-4 农业板块内控手段类指标得分

结合表 15-1 和图 15-2 可见，农业板块在内控环境类要素的所有大类指标中，发展战略、人力资源和安全生产方面既有完善的制度设计，制度也能被有效地执行。相对而言，农业板块企业文化方面的建设工作还不够到位，无论是制度设计的完整性抑或是执行的有效性，都比其他环节差。除此之外，农业板块的企业还应注重组织架构环节的制度设计问题以及社会责任环节的制度执行效率问题。

结合表 15-1 和图 15-3 可见，农业板块在内控活动方面整体情况较好。整体来看，11 个流程中只有采购业务流程的内控建设工作不到位，而货币资金、研究与开发、工程项目等流程的内控建设相对较为完善。从制度设计完整性的层面看,投资业务和业务外包两个流程较为薄弱;从制度执行有效性的层面看,销售业务流程或未开展或不适用,采购业务流程漏洞较多,需大力提升采购业务流程的制度执行力度。

从图15-1可以看出,农业板块的企业在内控手段方面最为薄弱。结合表15-1和图15-4可见,从9项具体流程看,该板块的企业预算管理、内部信息、关联交易流程的工作较为到位,合同管理、关联交易次之,其他四个流程则相对较为薄弱。除日常监督的制度设计较为完整以外,其他相关流程无论是制度设计还是制度执行都存在很大缺陷。因此,农业板块的企业应对内控手段这一要素高度重视,着力完善相关规章制度,并增强执行力度。

三、总结及建议

本书项目调研所核查的企业数量有限,可归划为农业行业的企业较少,仅有两家。由于样本数量较少,仅能在一定程度上反映该行业的企业在内控体系建设的情况。下面分别从内控环境、内控活动和内控手段三方面,为农业板块的企业提出针对性的内控建设改进意见。

从内控环境方面看,应重视企业文化流程。企业文化对于企业发展来说至关重要,对企业整体以及企业成员的思想和行为具有导向作用;企业文化对于树立企业对外的形象也至关重要。因此,企业应该注重文化建设,使企业文化深入每个员工心中,促进企业健康有序发展。从内控活动方面看,整体情况较好,但需加强对采购业务流程的管控,尤其是应该加强落实该流程制度有效执行,确保物资采购的质量,预防采购人员徇私舞弊。从内控手段方面看,农业板块的企业在该要素层面相对较为薄弱,应高度重视相关内控体系的建设,加强信息系统、反舞弊机制、日常监督与专项监督流程的管控,这往往涉及企业整体的业务或管理,对于内部控制体系的建设至关重要。总体来看,企业应该不断完善各个流程的相关制度,同时加强制度执行力度,防患于未然,减少企业的风险敞口。

第四部分

信息化风险的识别、评价及治理系统构建

第十六章 风险的识别方法与度量模型的选择

一、风险的识别方法与路径选择

风险识别是风险评价与度量的基础和前置条件，只有科学识别导致风险或不确定性发生的因素并精准施策，才能合理评估风险并使风险可控。常用的风险识别方法有如下几种。

(一) 头脑风暴法

头脑风暴原是精神病理学的专业术语，现常用来描述不受约束地想象和商讨的过程。头脑风暴以催生创新思维、促使新结论的形成为主要目标。

在集体决策过程中，在人们心理作用的干扰下，参与人员很可能会不自觉地随从权威人士，或附和众人建议产生"随大流"现象。这会大大制约成员发挥自身的创新思维能力。为使参与人员的思维、观念不受干扰，管理上出现了许多方法，头脑风暴法也应运而生。头脑风暴法是通过成立专家小组，依靠专家的创造性思维来获取对未来事件的直观预测，它借助会议这个平台，使专家之间实现信息沟通与相互启发，最终挖掘出专家的创造性思维。值得关注的是，此时的风险识别无须考虑定量分析，面对潜在风险，该方法可以识别出容易被人忽视的风险。经过对决策问题进行全面、持续的考虑，该方法可以帮助决策者剔除中立意见，最终成功得到最佳方案。当然，实施头脑风暴法，无论是时间成本还是经济成本都较高；另外，它还要求参与讨论的人员都具有较高的专业素质，否则会影响头脑风暴法的决策效果。

(二) 德尔菲法

德尔菲法 1940 年由赫尔姆 (O. Helm) 与达尔克 (N. Dalke) 第一次提出。该方法在戈登 (T. J. Gordon) 及兰德公司的不断完善下，最终在国际范围内得到了认可。德尔菲法是在选定的专家间建立直接联系，首先与相关领域专家联系通过（电话、邮件等），对其建议加以整理，再根据整理结果实行不记名式反馈，并进一步征求专家意见，如此进行多轮循环，直到得到统一意见，将此意见作为预测和辨识的结果（参考图16-1）。

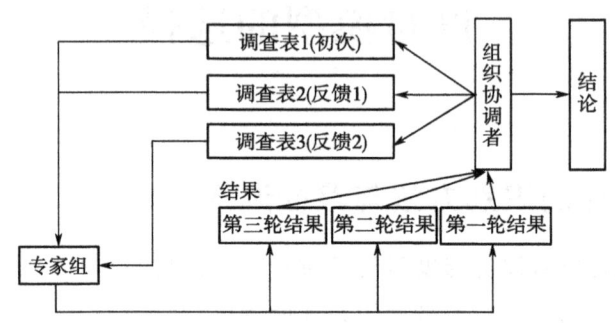

图16-1 德尔菲法过程图示

德尔菲法不但常常被用于预测方面，在评价指标的构建方面也备受青睐。一方面，德尔菲法保持了头脑风暴法的优点，即群策群力、创新性强、参与人员的意见能够全面表达，能够扬长避短、去粗取精；另一方面，该方法又能规避头脑风暴法的不足（头脑风暴法受"从众"心理因素干扰，个别专家不好意思直接对别人予以反驳）。德尔菲法的主要缺点是：专家主体的选择没有明确标准，预测结果的分析缺乏科学依据，最终采纳的意见仍不能规避随大流的风险。

本书项目研究中参与德尔菲评价打分的专家包括信息化风险研究领域的专家学者、信息技术工程师和企业信息化项目的操作者。这些参与者组成十人小组，但互不见面，也无法联系；对讨论的主题施以不记名式询函。本书主要在评价指标体系构建方面采用德尔菲法，指标构建期间主要商议的问题包括信息化项目进行过程中常见的风险因素及风险对企业的影响程度。之后，每位专家收到一份包含十位专家分析的答案，并进行再次反馈分析。

（三）历史资料分析法

历史资料分析法是指通过对现有资料的深入研究，寻找一般规律，据此分析和解释过去、揭示当前、预测未来。它主要通过查阅类似事项的历史数据资料，不断从中汲取类似事项的经验教训。该方法的优点是：节约时间、金钱，成本较低；缺点是：只能被动分析现有历史资料，对于主动提出的创新问题不能及时予以有效解决。通过对知网以及相关文献的搜索以及书籍的查阅，我们发现目前关于高新技术企业实施信息化风险这一问题的研究较少。本书在指标设计和前期理论研究阶段采用了历史资料分析法，用来分析和识别高新技术企业实施信息化的风险因素。

（四）鱼骨图法

鱼骨图又名特性因素图，由日本学者石川馨首次提出。项目调研中每个情况的出现往往都是由许多因素引起的，鱼骨图法能够找出问题的"本质"。我们借助头脑风暴方法发现这些因素，并依照隶属关系将之整理成秩序井然的几个部分，然后将问题标注在"鱼头"处，将可能导致问题出现的原因标注在鱼骨上。这里我们使用鱼骨图法来识别高新技术企业信息化建设与实施过程中可能存在的风险：首先，我们通过调研和查阅资料找到要解决的问题：即高新技术企业信息化建设与实施过程中可能存在的问题，并把问题写在鱼骨的头部；其次，召集参与者一起商议可能导致高新技术企业信息化风险的因素，根据各因素的关联关系将之分组，并按类别在鱼骨上注明，如图16-2所示。

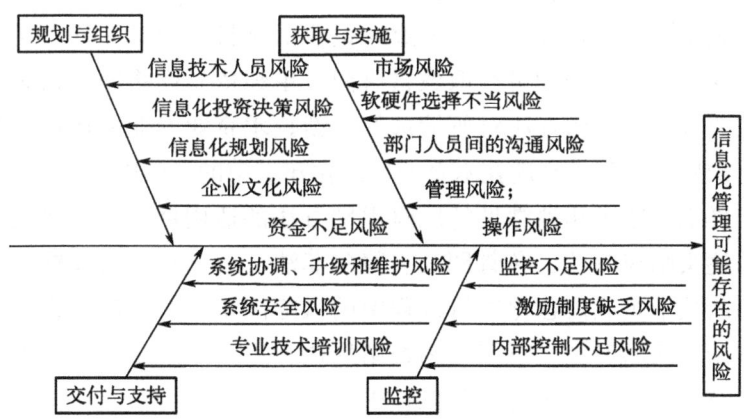

图16-2 高新技术企业信息化管理可能存在的风险鱼骨图

（五）核对表法

核对表是指基于以前类似事件和其他相关资料编写的风险识别表格。若把人们遇到过的风险情况及其来源逐项陈列，体现在一张表格上，便得到核对表，它使决策者思路变得更加清晰。该方法有如下优点：降低风险识别工作难度且方便操作。而该方法的不足之处主要有：它未对每项风险的原因进行充分阐述，也未体现各风险因子间的联系，没有突出关键风险因子的地位，表中信息缺乏具体性。本书中我们尽可能利用网络和现实渠道获取素材并编辑核对表，将以前信息化项目成功或失败的案例按照一定条目进行对比分析，为高新技术企业信息化建设过程中的风险识别提供参照。

（六）问卷调查法

问卷调查是社会调查法里的一种，主要以书面发问的形式进行信息采集。该方法假设调查者事前已想出需要发问的问题，并将之整理成册交由被调查者，以邮寄、现场作答或者追踪访问方式请被调查者填写，然后收回资料进行详细分析，掌握被调查者对该现象或问题的看法和意见，最后得出结论。

每种研究方法都有利弊，该方法也不例外。其主要优点是：不受时间、空间约束，可以同时对多个被调查者加以调查；有助于数据统计和定量分析；采取不记名方式来消除被调查者的顾虑。其不足之处是：该法只能获取问卷表面上的文字信息、不能深入体会社会现实，不利于定性研究。

由于现实原因，我国信息化失败的企业信息材料缺乏，且高新技术企业信息化成功或失败案例的可获取数目有限，单纯依靠网络搜索很难得到，所以本书主要采用问卷调查法对所筛选的高新技术企业专业人员进行调查，进而了解、识别影响我国高新技术企业信息化建设中的风险因素。

以上详细介绍了几种常见的风险识别方法的适用情况及主要优缺点。本书即以上述头脑风暴法、鱼骨图法、德尔菲法、历史资料法和核对表法为基础，对高新技术企业信息化项目过程中的风险因素进行基础分析，并在此基础上指导调查问卷设计，对问卷调查结果进行进一步总结，最终识别出影响我国高新技术企业信息化项目中的主要风险。

通过风险识别过程及对高新技术企业所处背景和经济环境的分析，同时为了使风险识别结果更加准确，我们先采用头脑风暴法进行集体决策、形成初步意见，然后采用历史资料法作为理论支撑，在上述识别过程的基础上形成总风险清单表，并采用德尔菲法请专家学者进行意见反馈，再通过鱼骨图法按各风险因素间的隶属关系及 COBIT 模型四个子域分类将所有相关风险整理成四个部分（规划与组织、获取与实施、交付与支持、监控），之后以上述方法为参照指导问卷设计，用问卷调查法对风险项目进行进一步的识别与甄选，汇总多次意见反馈结果，最终与 COBIT 模型相契合。根据高新技术企业管理、经营、研发过程中明显的特点以及其业务特性，我们将信息化风险分为 4 类（规划与组织、获取与实施、发布与服务、监控），同时识别出 21 项风险项目，构成一套风险项目体系（见图 16-3）。

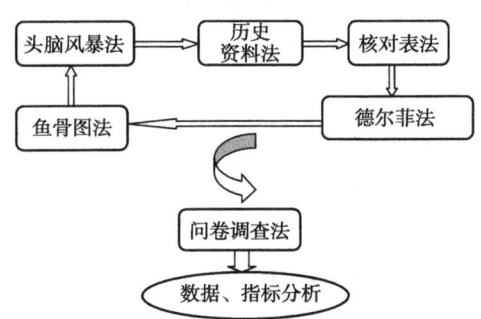

图 16-3　高新技术企业信息化风险识别过程

二、指标体系的构建

指标体系的构建应遵循以下原则：

（1）整体性原则。所选指标应详细地反映企业施行信息化项目时常遇到的各风险因素。

（2）真实性原则。即指标的选定应该严格遵循真实的指标需求，信息化风险指标应该来源于信息化项目进行过程中可能产生的风险因素。

（3）可比性原则。选定的指标不能只适用于某一企业，还要能在同一行业甚至不同行业间进行比较和研究。

（4）有效性原则。即选定的指标应该让研究者全面知晓信息化项目进行时的主要风险。

（5）可行性原则。主要指在指标的选择上要考虑所需资料的可获得性。

COBIT 模型主要对企业信息系统的管理和应用两个方面进行控制。COBIT 模型提出的控制目标涵盖了信息项目的各个方面，我们据此进行风险指标分类，见表 16-1。

表 16-1　指标分类（依据人机关系设计）

一级指标	二级指标
规划与组织	X_1 信息化规划风险
	X_2 组织结构风险
	X_3 信息部门人员风险
	X_4 信息化投资决策风险
	X_5 业务流程进行重组的风险
	X_6 企业文化风险
	X_7 资金不足风险
获取与实施	X_8 采购风险
	X_9 软硬件风险
	X_{10} 软件开发商选择风险
	X_{11} 设计和实现风险
	X_{12} 部门及人员间的沟通风险
	X_{13} 管理风险
	X_{14} 市场风险
	X_{15} 操作风险
交付与支持	X_{16} 系统协调、升级和维护方面的风险
	X_{17} 系统安全风险
	X_{18} 专业技术培训风险
	X_{19} 咨询风险
监控	X_{20} 监控不足风险
	X_{21} 内部控制不足风险

（一）规划与组织

规划与组织方面的风险包括：

（1）信息化规划风险。如果信息化建设与企业战略脱节，高新技术企业信息化建设缺乏全面规划，就会使企业信息化项目出现盲目性和离散性，这样就使信息化项目失去意义。

（2）组织结构风险。高新技术企业具有扁平化、网络化、高弹性的组织形态。为了更好地满足日益苛刻的市场需求和行业竞争，企业由不同团队组成。伴随信息化项目的运行,高新技术企业组织结构是否应做出相应调整,对信息化项目成败有显著影响。

(3) 信息技术人员风险。高新技术企业引进信息化项目,知识是资本,人才是关键。既懂业务、经营,又懂信息技术的高级人才在高新技术企业范围内早已供不应求。如果经济形势整体疲软,很多企业效益就会日益下降;而如果人才激励政策形同虚设,就会导致信息化项目核心技术人员的大量流失。信息化专员的能力与岗位职责需求不适应或核心技术人才流失等,都会给企业信息化的成功实施带来风险。

(4) 信息化投资决策风险。高新技术企业的高投入性表现在研发阶段投入、研发产品的试验和推广、专用设备的配置等方面。要想实现企业信息化项目的目标,仍要不断投入大规模财力、物力,如果企业事前不对其运行情况予以专业评估,就可能增加投资损失风险,产生经营动荡,甚至陷入"IT黑洞"的危险局面。

(5) 业务流程重组风险。企业信息化项目并非单纯的软硬件设备购置过程,而是对自身业务的重新审视和组织过程。

(6) 企业文化风险。企业信息文化是指企业自身意识到信息在企业未来发展中扮演的角色而自觉产生的一种文化。企业应积极宣传信息化方面的知识,使高新技术企业实施信息化的意义深入人心。如果企业不通过培训、广播、展板、活动表演、报刊杂志等形式宣传信息化项目对企业持续竞争的重大意义,就不能使企业员工对信息化项目的实施引起足够的重视,更不用说能够以创新思维应对实施信息化带来的风险。

(7) 资金不足风险。高新技术的研发过程要想取得科技进步成果,就要投入巨额科研费用。在开发阶段,中间试验费用在高新技术企业中所占的比例很大;商品产业化阶段,还要投入巨大的广告费用和其他促销费用。高新技术企业在实施信息化过程中,仍需要不断投入大量的人力、物力和财力,其成本压力之大毋庸置疑。如果企业没有缜密的成本预算及严密的控制计划,必将导致不应有的风险产生。

(二) 获取与实施

获取与实施方面的风险包括:

(1) 采购风险。对采购软硬件的流程控制不到位,采购人员专业素质不能达标,采购产品与业务需求不配套等,都会产生采购风险。

（2）软硬件风险。这是企业购置软硬件项目不及时，软件应用范围受限，软硬件选择不适应企业业务需求等因素，给企业带来的软硬件风险。

（3）设计和实现风险。新技术、新产品的研发是一个产生、完善、实施、灭亡的动态循环过程，当今时代技术进步速度加快，高新技术产品存续期间逐渐减短，一个产品研发出来，很快就会被新的创新型产品所取代。升级换代快、存续期间短作为高新技术产品的基本特点，也使得高新技术企业的经营风险居高不下。企业信息化若不能依照计划进度建设，企业事前投入的巨额资金便得不到回报，甚至系统刚刚建成就被淘汰了，这样就会给高新技术信息化的成功实施带来风险。

（4）软件开发商选择风险。就信息技术知识的了解程度而言，大多数高新技术企业与系统供应商间的信息是不对称的，因此企业很难找到符合自身要求的开发商。如果对开发商的选择出现失误，就会给企业信息化项目的顺利进行带来风险。

（5）管理风险。在高新技术企业中，"三分靠技术，七分靠管理"。信息化项目本质上是强化基层管理、增进系统管理、落实风险管理的过程。转变传统的管理机制是信息化管理的重要依据，是高新技术企业持续发展的必要条件。增强企业内部管理体制创新力度是企业信息化项目顺利进行的重要保障。在信息化建设期间，若管理者不能抓住这个关键点，自然会给企业信息化的顺利进行带来很大的阻碍。

（6）市场风险。研发结果的难以预测性和市场需求的不断变化，导致高新技术企业具有高风险性。我们知道，高新技术企业产品研发的结果本身就难以预料，创新技术与最终商品或服务成果的转换也具有较高的不确定性。因此，由于技术失败而造成的风险也不容小觑。新技术、新产品的研发是一个产生、完善、实施、灭亡的动态循环过程，当今时代技术进步速度加快，高新技术产品存续期间逐渐缩短，这些因素都会导致企业对信息化项目的需求结构随之改变，进而给企业带来信息化风险。此外，由于高新技术企业间的竞争性很强，来自竞争对手的压力也会对企业信息化的目标与方向产生潜在影响。

（7）操作风险。指操作过程偏离软件使用原则，导致信息质量不合格；操作过程僵化，一味固守软件使用说明，缺乏灵活性。这也会造成时间、精力的浪费。

第十六章 风险的识别方法与度量模型的选择

（三）交付与支持

交付与支持方面的风险包括：

（1）系统的协调、升级和维护方面的风险。新技术、新产品的研发是一个产生、完善、实施、灭亡的动态循环过程，当今时代技术进步速度加快，高新技术产品存续期间逐渐减短，一个产品研发出来，很快就被新的创新型产品所取代。要适应企业信息化的新需求，信息技术、信息系统更新速度必将随之加快，如果员工未及时对信息系统进行维护或升级，企业的运转就可能受到阻碍。

（2）系统安全风险。一方面，计算机病毒常常导致系统故障甚至系统瘫痪；另一方面，开放性是计算机网络最显著的特征，过于开放的网络环境会给高新技术企业增加信息化风险，高新技术企业由于其自身的特点，常常会涉及许多机密性文件和研发信息，若不能对权限外人员接触甚至篡改企业电子信息的行为加以有效控制，病毒的恶意传播就有了条件，企业信息系统的瘫痪也就有了可能。

（3）专业技术培训风险。信息系统只是企业信息化项目实施过程中使用的工具，再先进的工具如果没有人能操作，也不能发挥出相应的作用，反而会造成浪费。对于后期新加入的开发人员，如果不对其进行培训，新成员便不能适应岗位需求，最终将导致工作效率降低、增加由于不熟悉软件系统和应用环境造成的损失，这也会给企业信息化带来较高的风险。

（4）咨询风险。企业实施信息化过程中是否有咨询公司介入，对企业信息化进程能否顺利进行至关重要。

（四）监控

监控方面的风险包括：

（1）监控不足风险。外部监控是指委托除系统开发商和企业内部人员以外的独立第三方获取信息化项目应用范围、协议约定等方面的信息，对信息化项目建立与实施过程中的问题、事件和文件加以审核和监督，在信息化项目的信息采集、处理与保存方面为受托企业客户提供安全保障。内部监控是信息化项目顺利进行的内在保障，它主要对信息系统的研发及其建设进度、运行质量和资金投入状况进行全面监控，及时对偏差情况加以解决。对处理流程、IT投资成本收益监控不到位、业务流程处理不合规范，都将对信息化成败产生重要影响。

（2）内部控制不足风险。与信息化项目建设和实施相关的内部控制设计不完整或执行无效率，都将对企业信息化的成败产生重大影响。

三、风险度量模型的选择

对信息化风险进行度量是一项复杂的工作，而度量时所采用的模型对度量结果至关重要，以下介绍几种常见的风险度量模型。

(一) 风险价值模型

风险价值模型（Value at Risk，VaR）在 1994 年被首次提出。它的官方定义是：在正常市场条件下和已知置信水平 a 上，在给定的时间范围内，预测可能发生的损失 X 的大小。从数学角度分析：假设证券组合损失用随机变量 X 来表示，$F(x)$ 作为其概率分布的函数，将置信水平设定为 α，则有：

$$\text{VaR}(\alpha) \min \{x \mid F(x) \alpha\} \quad (16.1)$$

上述模型中，当随机变量 X 符合正态分布且不改变组合中的证券数目的前提下，证券组合的风险就可以得到有效控制。因此，巴塞尔委员会指定 VaR 模型作为银行业的御用风险度量模型。但是，该模型也有不足之处：一方面，它关注的是超过 VaR 值的频率，而对超过 VaR 值的损失分布情况有所忽略；另一方面，当随机变量 X 不符合正态分布或投资组合数目发生改变时，该模型的表现会不稳定。

(二) 层次分析法

层次分析法（Analytic Hierarchy Process，AHP）是将与决策项目相关的因素分解成目标层、准则层和方案层，通过把握复杂问题的实质，借助少量的数据来简化决策过程。其使用方法是：按照人的思想过程，先将复杂项目分解，再依照分解因素间的权属关系将其布局成阶状集合，经过逐一对比，确定每个层次中各因素的重要程度，最后凭借决策者的判断，确定各个方案总的排序，从而做出最终选择。这需要建立一个多层次的递阶结构，将风险指标分为几个等级层次。层次分析法的应用步骤如图 16-4 所示。

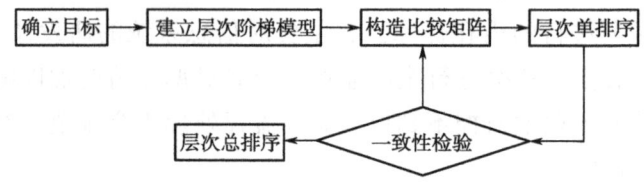

图 16-4 层次分析法步骤

第十六章 风险的识别方法与度量模型的选择

AHP方法具有如下特点：能够全面覆盖企业的风险，且具备清晰的层次性，能简洁、直观地显示出企业对信息化风险的认识程度和层次差异。当然，这一方法也存在自身固有的缺陷，例如无法提供新方案，尤其是在判断风险概率和风险后果时，评分的过程定性成分过多，无法避免评价人的主管偏好，说服力不强，结论的证据支持不足；另外，各指标的权重、赋分特征值等计算也存在诸多困难。

（三）模糊综合评价法

模糊综合评价法是指以评价因子、评价准则和权重为核心，遵循模糊集合变换规律，用隶属度对各因子间的边界进行区分，从而搭建模糊评价矩阵，然后通过一系列复杂计算，划分研究对象等级，最后对项目做出总体评价。这一方法的优点主要有：依靠精确的定量数据来研究被评价对象，这样就能够对不明晰的数据进行准确、合理的定量研究；评价结果是一个矢量，蕴含丰富的信息，有助于对研究对象进行准确描述和进一步加工。虽然这一方法有以上优点，但它计算难度大，主观性强；当指标集 U 较大时，若权矢量和为1，则会导致相对隶属度权系数偏低、权矢量不能与模糊矩阵 R 相对应，最终会出现超模糊现象，使得隶属度高低辨识困难，甚至导致评价不成功。本书因为项目研究选用指标较多，所以不采用模糊评价模型。

（四）Logistic 模型

根据乔卓、薛锋（2002）对 Logistic 模型的介绍，Logistic 模型是依照财务比率来对公司违约或破产的风险做出预测，然后以投资方的风险偏好为依据划分风险预警边界，最后对研究对象进行风险度量和决策的模型。Logistic 回归与多重线性回归同属于广义线性模型（Generalized Linear Model），但二者间的本质区别体现在因变量上：后者要求满足正态分布，且因变量为连续型随机变量；逻辑回归模型采用 Logistic 函数，不要求满足正态分布，变量的取值只有两个。由于 Logistic 回归中没有在概率分布方面做限制，在不符合正态分布的条件下，其结果要比多变量分析法更加精确。

（1）Logistic 函数。它是美国科学家 Robert. B. Pearl 和 Lowell. J. Reed 最早提出来的，它的一般表达式是：

$$\rho = \frac{1}{1+\exp(-z)}, \quad -\infty < z < +\infty \qquad (16.2)$$

因为 $1-\rho = \dfrac{1}{1+\exp(-z)}$，所以可导出：

$$\frac{\rho}{1-\rho} = \frac{1+\exp(-z)}{1+\exp(-z)} = \exp(z) \tag{16.3}$$

将式（16.3）两边同时取对数，可以得到：

$$\ln\left[\frac{\rho}{1-\rho}\right] = z \tag{16.4}$$

（2）Logistic 回归模型。令 Y 服从二项分布，取 0 或 1。假设 $Y=1$ 的概率为 $\rho(Y=1)$，n 个自变量分别为 X_1，X_2，…X_n，则 Logistic 回归模型写为：

$$\rho(Y=1) = \frac{\exp(\beta_0 + \beta_1 X_1 + \beta_2 X_2 + \ldots + \beta_n X_n)}{1+\exp(\beta_0 + \beta_1 X_1 + \beta_2 X_2 + \ldots + \beta_n X_n)} \tag{16.5}$$

或者：

$$\text{Logistic}[\rho(Y=1)] = \ln\left[\frac{\rho(Y=1)}{1-\rho(Y=1)}\right] = \beta_0 + \beta_1 X_1 + \beta_2 X_2 + \ldots \beta_n X_n \tag{16.6}$$

上式中，β_0 为截距，β_i 为 X_i 的偏回归系数。

令

$$z = \beta_0 + \beta_1 X_1 + \beta_2 X_2 + +\ldots + \beta_n X_n,$$

即

$$z = \ln\left[\frac{\rho}{1-\rho}\right] \tag{16.7}$$

公式中的 $\rho/(1-\rho)$ 叫作机会比率，是指有利于出现某一情况的机会的高低。

优点：ρ 的取值介于 0 到 1 之间，而 Z 的取值范围不受限制；ρ 与 X_i 之间无线性关系，但是 Z 与 X_i 之间呈线性关系。上述模型中 β_i 的意义是：自变量 X 每变化 1 个单位，Z 所变化的程度。

（3）Logistic 回归模型主要用途：①寻找风险因素；②预测（建立逻辑回归模型，根据该模型预测当自变量变换取值时某情况发生的概率如何变化，并采取针对性措施加以控制）；③判别（与预测用途类似，同样依照逻辑回归模型，判别某一事件发生的概率的大小）。

综合前面对现有的几种传统风险度量模型进行的简单介绍，现将具体情况列为表 16-2。

表 16-2 风险度量模型比较

优点	缺点	应用条件
在证券组合损失自变量 X 符合正态分布、且投资组合项目不变时，可以有效地控制组合风险	一方面，它关注的是超过 VaR 值的频率，而对超过 VaR 值的损失分布情况有所忽略，另一方面，当随机变量 X 不符合正态分布或投资组合数目发生改变时，该模型表现不稳定	银行业的御用风险度量模型
全面、层次性强、简洁直观、方便、工作量小	无法提供新方案、定性成分过多，说服力差，结论支撑证据不足、权重、特征值和特征向量计算困难	该模型主要适用于多目标决策，当有多个影响指标时，且无法直接对各个指标最终评价的影响程度进行量化计算时，常用该方法评价决策方案的优劣
依靠精确的定量数据来研究被评价对象，这样就能对不明晰的数据进行准确、合理的定量研究；评价结果是一矢量，蕴含丰富的信息，有助于对研究对象进行准确描述和进一步加工	计算难度大，主观性强；当指标集 U 较大时，若权矢量和为 1，则会导致相对隶属度权系数偏低、权矢量不能与模糊矩阵 R 相对应，最终将出现超模糊现象，隶属度高低辨识困难，甚至导致评价不成功	当指标集 U 较大时，若权矢量和为 1，不再适用
不要求满足正态分布	p 的取值是从 0 到 1，p 的取值介于 0、1 之间，而 z 的取值范围不受限制；p 与 X_i 之间无线性关系，但是 z 与 X_i 之间呈线性关系	Logistic 回归模型中因变量既可以是二分类（0-1）的，也可以是多分类的，但常用二分类模型。常用于随访研究、对照研究、横断面研究

表 16-2 详细介绍了几种常见风险度量模型的应用条件并对比说明了各自的优缺点，充分肯定了 Logistic 风险度量模型的优越性。

综上所述，VaR 模型是银行业常用的风险度量工具。当一个决策受到多个存在明显的层次关系的因素影响，无法直接对各个指标影响程度进行准确量化计算时，才可采用层次分析法。层次分析法无法提供新方案、定性成分过多，说服力差，结论支撑证据不足，权重、特征值和特征向量计算困难。基于创新性研究的写作初衷，本书在进行风险度量时不采用该法。模糊综合评判法一般用来解决那些只能用模糊的、定性的、无法精确定义的实际问题；由于该方法计算复杂，工作量太大，本书出于成本效益原则考虑，也不选择该方法。Logistic 模型要求因变量 Y 为分类变量，需要以数字形式表示分类变量的取值（如 0/1）；X 既可以是数值型连续变量，也可以是顺序型分类变量——如果 X 是名义变量，则需要先将之转化成哑变量。本书主要运用通过问卷调查法反馈回来得到的有关高新技术企业信息化实施情况的相关信息，指标选取考量的是影响高新技术企业信息化项目的重要因素。经过反复权衡各种因素，本书最终选择 Logistic 模型进行高新技术企业信息化风险的度量。由于数据获取方式的限制，模型中指标所对应的变量为分类变量。

第十七章 信息化风险的度量

一、总体设计

根据前述对以北京市高新技术企业为代表的各类企业的调研分析，着眼于与普通企业风险现状之不同，结合高新技术企业的各种特点和表现，本书形成了信息化风险具体的度量思路。实事求是地说，在我国，公开披露信息化失败的高新技术企业的资料不足，且高新技术企业信息化成功和失败案例的可获取数目有限，单纯依靠网络搜索很难得到。本书数据资料主要通过访问高新技术企业官方网站、发放问卷（以电子邮件或现场发放方式）以及函询信息化领域的专家等方式获取。为使调查研究结果更加具有代表性，在问卷调查过程中，我们对作为发放对象的高新技术企业进行了严格筛选；所选样本中，大型企业（1 000 人以上）5 家，中型企业（300~1 000 人）22 家，小型企业（300 人以下）33 家。将以上企业作为研究对象，最终获得 60 家比较典型的实施信息化的高新技术企业的数据资料（详见表 17-1）。

表 17-1 高新技术企业样本的行业分布

行业分布	调查数量	所占比例（%）
（1）电子信息技术	12	20.0
（2）生物与新医药技术	7	11.7
（3）航空航天技术	3	5.0
（4）新材料技术	8	13.3
（5）高技术服务业	9	15.0
（6）新能源及节能技术	7	11.7
（7）资源与环境技术	8	13.3
（8）高新技术改造传统产业	6	10.0

这里补充说明一下问卷设计过程。

问卷设计要服从于研究目标，因此，首先应当对问卷发放对象进行准确的界定。一方面，鉴于本书研究的是高新技术企业信息化项目进行过程中的风险问题，因此被调查者首先应当定位为对企业管理或信息化实施过程有一定了解的人员；另一方面，问卷内容上涉及的"实施信息化过程中的风险控制水平"，需要被调查者有较高的专业判断能力。综合这两个方面的考虑，本书项目调研问卷发放对象以了解信息化实施过程的专业人士为主，包括了解企业内部管理的员工、准备实施或者已经在实施信息化过程中的业务操作人员、信息部门专业技术人员，以及企业外部软、硬件系统的供应商，系统设计与系统维护人员，从事信息化研究的科学研究工作者，等等，每家企业发放20份。

问卷设计为两部分：

第一部分是基本信息，涉及被调研者的年龄、岗位、联系方式、对实施信息化风险问题态度，以及被调查企业的名称、所在地、行业类别、公司规模和性质等问题。

第二部分是风险项目量表。量表由不同的陈述构成。本书问卷设计的灵感来自李克特量表法。表格中每道题目的答案选项由五种不同的认同程度构成，分别用分值5，4，3，2，1对各个问卷项目进行标记。其中，在本书所设计的风险量表中，在风险量表的第二部分，左边对应21项风险指标项目；右边对应"风险程度小""风险程度较小""风险程度中等""风险程度较大""风险程度大"五个等级，其对应的分值为1、2、3、4、5分（调查问卷详见本书附录）。将21个风险指标下各个题项的分值加总，即得到每位被调查者的问卷总体分值；对每家企业所有被调查人员的评分加总，就得到该公司的总体分值情况；对每家企业的所有被调查人员的评分求平均数，就得到该公司的平均得分。平均分值的大小可表征被调查企业信息化风险的高低。

通过对问卷调查结果进行全面分析，我们根据专业技术判定，将信息化成功的高新技术企业定义为：$Y=1$；反之，将信息化失败的高新技术企业定义为：$Y=0$。根据上述指标体系，将21项风险指标作为自变量，高新技术企业信息化结果（成功/失败）作为因变量。

如果将上述结果转化成用变量0/1表示，并将每个企业平均得分大于2.5

的风险指标分值定为0,将每个企业平均得分小于2.5的风险指标分值定为1,则信息化风险指标变量详见表17-2。

表17-2 风险指标体系及其变量

风险类别		衡量标准
规划与组织	X_1 信息化规划风险	企业问卷调查平均得分>2.5,分值定为0;平均得分<2.5,分值定为1
	X_2 组织结构风险	企业问卷调查平均得分>2.5,分值定为0;平均得分<2.5,分值定为1
	X_3 信息部门人员风险	企业问卷调查平均得分>2.5,分值定为0;平均得分<2.5,分值定为1
	X_4 信息化投资决策风险	企业问卷调查平均得分>2.5,分值定为0;平均得分<2.5,分值定为1
	X_5 业务流程进行重组风险	企业问卷调查平均得分>2.5,分值定为0;平均得分<2.5,分值定为1
	X_6 企业文化风险	企业问卷调查平均得分>2.5,分值定为0;平均得分<2.5,分值定为1
	X_7 资金不足风险	企业问卷调查平均得分>2.5,分值定为0;平均得分<2.5,分值定为1
获取与实施	X_8 采购风险	企业问卷调查平均得分>2.5,分值定为0;平均得分<2.5,分值定为1
	X_9 软硬件风险	企业问卷调查平均得分>2.5,分值定为0;平均得分<2.5,分值定为1
	X_{10} 软件开发商选择风险	企业问卷调查平均得分>2.5,分值定为0;平均得分<2.5,分值定为1
	X_{11} 设计和实现风险	企业问卷调查平均得分>2.5,分值定为0;平均得分<2.5,分值定为1
	X_{12} 部门及人员间沟通风险	企业问卷调查平均得分>2.5,分值定为0;平均得分<2.5,分值定为1
	X_{13} 管理风险	企业问卷调查平均得分>2.5,分值定为0;平均得分<2.5,分值定为1
	X_{14} 管理风险	企业问卷调查平均得分>2.5,分值定为0;平均得分<2.5,分值定为1
交付与支持	X_{15} 系统协调、维护风险	企业问卷调查平均得分>2.5 分值定为0;平均得分<2.5,分值定为1
	X_{16} 系统安全风险	企业问卷调查平均得分>2.5,分值定为0;平均得分<2.5,分值定为1
	X_{17} 专业技术培训风险	企业问卷调查平均得分>2.5,分值定为0;平均得分<2.5,分值定为1
	X_{18} 咨询风险	企业问卷调查平均得分>2.5,分值定为0;平均得分<2.5,分值定为1
监控	X_{19} 激励制度缺乏风险	企业问卷调查平均得分>2.5,分值定为0;平均得分<2.5,分值定为1
	X_{20} 监控不足风险	企业问卷调查平均得分>2.5,分值定为0;平均得分<2.5,分值定为1
	X_{21} 内部控制不足风险	企业问卷调查平均得分>2.5,分值定为0;平均得分<2.5,分值定为1

最后，我们运用逻辑回归模型，根据具体迭代结果找出影响高新技术企业信息化建设与实施目标和效果的主要风险因素，并与问卷调查结果相结合，进行综合验证与评估。

二、数据获取及初步分析

(一) 问卷发放与收回

由于高新技术企业信息化实施过程的时间较短，并且以信息化专业人员为调查范围的做法有一定的范围局限性，这些都给问卷发放带来了一定的难度，但通过老师及朋友们的帮助，经过与企业和专家学者多次沟通，最终我们选取了 60 家比较典型的高新技术企业发放问卷。问卷从 2015 年 8 月开始发放，每家企业大约发 20 份，经过多次努力，共成功发放问卷 1 190 份，收回问卷 528 份，回收率 44%。问卷的发放方式采用电子邮件、现场填制两种方式。具体发放、收回情况详见表 17-3。

表 17-3 问卷发放与收回情况

调查人员	发放份数	收回份数
企业内部管理人员	125	51
企业内信息部门人员	110	72
企业内部业务操作人员	600	281
企业外部软、硬件系统供应商	128	25
系统设计与系统维护人员	140	47
科学研究工作者	87	52

(二) 问卷的信度分析

信度和效度是社会科学研究中对问卷调查有效性和可信性进行评价、判断的常用指标，用来确定问卷结论的可靠程度。其中，效度是指有效性，它是指测量工具或手段能够准确测出所需测量的事物的程度，由于本书在进行问卷设计过程中已用头脑风暴法、鱼骨图法、历史资料法、德尔菲法、核对表法等对问卷的有效性加以控制，所以这里不再对问卷做效度检验。

信度分析是对综合评价体系的稳定性和可靠性进行衡量的分析方法，在本书中主要用于评价问卷结果的内在信度。信度，顾名思义，又叫可信程度。遵循谨慎性原则，在对问卷数据进行全面分析前，应先进行信度分析，测定问卷结果的可信性。本书依据克朗巴哈（Cronbach）信度系数来分析信息的可靠程度。其计算公式是：$\alpha = K/(K-1) \times (1-\Sigma S_i^2/S^2)$，其中 K 表示量表题项数目；ΣS_i^2 表示对量表题项的方差求和；S^2 是量表题项加总后的方差，公式显示克朗巴哈 α 系数随着 K 值的增大而增大。克朗巴哈信度系数越接近1，调查信息的可信度越高。经验上，若克朗巴哈 α 系数若大于0.9，则认为量表的内在信度很高；若是在0.8~0.9之间，则认为量表的内在信度可接受；若是在0.7~0.8之间，则表示量表设计存在一定问题，但仍可供参考；若该系数小于0.7，则量表信息不可信，需重新制表。

本次问卷含有21个风险项目类别。通过数据统计整理后导入 SPSS 软件中进行检验，发现总体信度为0.817，大于0.7，因此问卷具有较高信度，结果较为可信，详见表17-4。

表17-4 问卷量表的信度分析

Cronbach's Alpha	项数
0.817	21

（三）问卷结果的初步统计分析

本书将高新技术企业实施信息化的风险划分为四个层次，涉及21项主要风险指标，请被调查人员根据自身专业能力和对公司信息化水平的了解情况，对各个题项进行5级评分。通过对问卷结果的统计，将各个风险指标所包含的题项得分予以求和，并根据问卷收回数量和题项数目对各类风险指标得分进行平均化，最终得到21项风险指标的平均值，进而度量不同信息化指标风险的大小，见表17-5。

表17-5 风险类别排序

	风险类别	题项	总分	收回量	平均分	总排序	分组排序
规划与组织	X_1 信息化规划风险	3	5 892.48	528	3.72	6	4
	X_2 组织结构风险	5	8 976	528	3.4	9	5
	X_3 信息技术人员风险	5	11 404.8	528	4.32	1	1
	X_4 信息化投资决策风险	2	3 347.52	528	3.17	10	6
	X_5 业务流程重组风险	2	2 418.24	528	2.29	17	7

续表

	风险类别	题项	总分	收回量	平均分	总排序	分组排序
规划与组织	X_6 企业文化风险	3	6 304.32	528	3.98	4	3
	X_7 资金不足风险	3	6 351.84	528	4.01	3	2
	平均值	3	6 385.03	528	3.56	7	—
获取与实施	X_8 采购风险	4	5 089.92	528	2.41	15	4
	X_9 软、硬件风险	3	3 421.44	528	2.16	18	6
	X_{10} 软件开发商选择风险	5	6 283.2	528	2.38	16	5
	X_{11} 设计和实现风险	2	3 812.16	528	3.61	7	1
	X_{12} 部门及人员间的沟通风险	3	3 215.52	528	2.03	20	7
	X_{13} 管理风险	6	10 834.56	528	3.42	8	2
	X_{14} 市场风险	3	4 165.92	528	2.63	13	3
	X_{15} 操作风险	2	2 090.88	528	1.98	21	8
	平均值	4	4 864.20	528	2.58	15	—
交付与支持	X_{16} 系统协调、升级和维护风险	5	8 131.2	528	3.08	11	2
	X_{17} 系统安全风险	7	14 599.2	528	3.95	5	1
	X_{18} 专业技术培训风险	2	2 861.76	528	2.71	12	3
	X_{19} 咨询风险	1	1 135.2	528	2.15	19	4
	平均值	4	6 681.84	528	2.97	12	—
监控	X_{20} 监控不足风险	2	4 340.16	528	4.11	2	1
	X_{21} 内部控制不足风险	1	1 314.72	528	2.49	14	2
	平均值	1.5	2 827.44	528	3.30	8	—
总体均值	—	3	5 189.61	528	3.1	10.5	

从表 17-5 可以看出，四大类风险的平均分值间差异较小，各类风险水平适中。本表将结果分为四个层次：

第一层次为规划与组织。风险较高的项目包括 X_1 信息化规划风险，X_3 信息技术人员风险，X_6 企业文化风险，X_7 资金不足风险。共有 7 个指标，每个指标平均设置 3 个题项，通过计算，该部分平均得分为 3.56，总体风险排序为 7，说明该层次信息化风险较其他三个层次更高，高新技术企业管理者应对其予以更多关注，注意加强防范与治理。

第十七章　信息化风险的度量

第二层次为获取与实施。X_{11} 设计和实现风险、X_{13} 管理风险、X_{14} 市场风险三个项目风险较高。共有 8 个指标，每个指标平均设置 4 个题项，通过计算，该部分平均得分 2.58，总体风险排序为 15，说明该层次信息化风险不严重，大多数高新技术企业在这方面进行了有效的控制。

第三层次为交付与支持。风险较高的指标有 X_{16} 系统协调、升级和维护风险、X_{17} 系统安全风险。共有 4 个指标，每个指标平均设置 4 个题项，通过计算该部分平均得分 2.97，总体风险排序为 12，表明该层次企业信息化风险适当，大多数高新技术企业在信息化交付与支持方面予以了适当的关注，但应积极采取措施，落实到实际行动上。

第四个层次为监控。X_{20} 监控不足风险最高。监控层次共有 2 个指标，每个指标平均设置 1.5 个题项，通过计算该部分平均得分 3.30，总体风险排序为 8，表明该层次信息化风险水平较高，企业应加强内外部信息化项目的监控。

整体来看，本表共有 21 个指标，每个指标平均设置 3 个题项，通过计算，所有被调查企业的整体平均得分为 3.1，第二层次即获取与实施和第三层次即交付与支持的平均值均小于 3.1，而第一层次即规划与组织及第四个层次即监控的平均值均大于 3.1，这说明，目前我国大多数高新技术企业比较重视信息化项目实施与维护方面的风险，而忽略了事前规划和事中积极监控对风险的影响。总体看，影响我国高新技术企业信息化的风险主要有：信息技术人员风险，监控不足风险，资金不足风险，企业文化风险，系统安全风险，信息化规划风险，设计和实现风险，管理风险，信息化投资决策风险，培训风险。

三、回归分析

本书指标选取的均是分类变量，并且预期用迭代方法剔除不显著的风险指标，故使用 SPSS16.0 软件对数据进行 Logistic 回归分析，并用 Forward：LR 选择分类变量。待估计的 Logistic 模型的形式为：

$$\ln\left[\frac{p(Y=1)}{1-p(Y=1)}\right]=\beta_0+\beta_1 X_1+\beta_2 X_2+\beta_3 X_3+\beta_4 X_4+\ldots+\beta_{21}X_{21}$$

其中，令因变量 Y 服从二项分布，取值 0（企业实施信息化失败）或 1（企业实施信息化成功），P 为变量出现的概率，取值在 0~1 之间。

上面已说到，本书使用 spss16 软件对调查数据进行 Binary Logistic 回归分析，并用 Forward：LR（向前似然比法）选择分类变量。使用此方法，起初方程中没有任何变量，随后自变量逐个进入回归方程，用已经在模型中的变量进行调整后的变量与因变量间的相关程度决定引入的顺序（相关性最强的变量最先引入）。其中，进入检验是基于得分统计量的显著性，剔除检验是基于在最大局部似然估计的似然比统计的概率。若显著性水平设定不当，则会影响模型的预测精确度。根据现实数据情况，本书将进入回归方程的自变量的显著性水平设定为 0.05，进入剔除方程的显著性水平为 0.1，最终运行结果见表 17-6。

在进入回归方程的显著性水平为 0.05，进入剔除方程的显著性水平为 0.1 的设定下，经过第一次迭代，X_3 的 P 值为 0.003，小于规定进入方程的 P 值 0.05，所以它被最先引入，说明 X_3 与因变量 Y 间的相关性最强。以此类推，经过第二次、第三次、第四次迭代，自变量 X_{20}，X_7，X_1 逐渐进入方程。到了第 5 次迭代，共有 5 个变量进入方程，它们分别是 X_1，X_3，X_7，X_{13}，X_{20}，剩余变量均被剔除。此时，就可以得出影响结果的关键变量，结合上表 17-5，它们分别是：X_1 信息化规划风险，X_3 信息技术人员风险，X_7 资金不足风险，X_{13} 管理风险，X_{20} 监控不足风险。综合这些分析，上述逻辑回归结果正好验证了 17-2 中的问卷调查结果，这也从另一个方面增强了问卷分析的可信度，增强了说服力。

表 17-6 回归结果

Variables in the Equation

		B	S. E.	Wald	df	Sig.	Exp（B）
Step 1a	X_3（1）	-3.148	1.077	8.545	1	0.003	0.043
	Constant	0.057	0.338	0.029	1	0.866	1.059
Step 2b	X_3（1）	-3.662	1.172	9.754	1	0.002	0.026
	X_{20}（1）	-2.104	0.778	7.315	1	0.007	0.122
	Constant	1.373	0.647	4.511	1	0.034	3.949
Step 3c	X_3（1）	2.032	0.909	4.999	1	0.025	7.632
	X_7（1）	-4.379	1.358	10.389	1	0.001	0.013
	X_{20}（1）	-2.744	0.954	8.264	1	0.004	0.064
	Constant	0.880	0.686	1.646	1	0.200	2.410
Step 4d	X_1（1）	2.657	1.087	5.978	1	0.014	14.258

续表

		B	S.E.	Wald	df	Sig.	Exp (B)
	X_3 (1)	-5.146	1.668	9.516	1	0.002	0.006
	X_7 (1)	-2.939	1.096	7.189	1	0.007	0.053
	X_{20} (1)	-1.921	0.946	4.122	1	0.042	0.146
	Constant	1.801	0.930	3.747	1	0.053	6.056
Step 5e	X_1 (1)	3.533	1.436	6.050	1	0.014	34.211
	X_3 (1)	-7.001	2.508	7.796	1	0.005	0.001
	X_7 (1)	-4.748	1.720	7.621	1	0.006	0.009
	X_{13} (1)	2.664	1.378	3.735	1	0.053	14.355
	X_{20} (1)	-3.087	1.361	5.146	1	0.023	0.046
	Constant	1.655	0.978	2.863	1	0.091	5.235

a. Variable (s) entered on step 1: x_3.
b. Variable (s) entered on step 2: x_{20}.
c. Variable (s) entered on step 3: x_7.
d. Variable (s) entered on step 4: x_1.
e. Variable (s) entered on step 5: x_{13}.

注：常数值（B），标准误（S.E.），卡方值（Wald），自由度（df），P 值（Sig.），OR 值 Exp (B)，常数（Constant）。

在上述结果的基础上，再对模型进行拟合效果检验，迭代到第 5 步时，Nagelkerke R Square 为 0.8（>0.5），说明模型和数据拟合效果较好。

四、风险度量分析小结

本书借助问卷调查和逻辑回归方法对高新技术企业的信息化风险进行度量，找出了影响我国高新技术企业信息化风险的主要因素；按风险程度由大到小排序，这些风险因素分别是：信息技术人员风险，监控不足风险，资金不足风险，信息化规划风险，管理风险。

（1）X_3 信息技术人员风险。目前，掌握信息技术的人才缺乏，是大多数高新技术企业面对的普遍问题。大多数高新技术企业的信息化管理者没有经过系统培训，信息化管理经验的缺乏，必将导致在信息化项目进行过程中，出现管理和指导方面的失误。

(2) X_{20}监控不足风险。对高新技术企业信息化过程予以全方位监控，是信息化项目顺利进行的保证，由于在信息技术和信息设备方面，高新技术企业和信息化项目承建商存在严重的信息不对称，所以若无监控部门做保障，很可能导致高新技术企业信息化建设失败。

(3) X_7资金不足风险。高新技术产品在研发、试验和推广以及专用设备的购置等方面需要耗费大量财力，在高新技术企业实施信息化过程中仍需要大笔开支，企业其成本压力之巨大可想而知。但我国大多数高新技术企业在建立信息化系统之前，并没有做好充分、合理、严密的资金预算工作，这样就很可能会由于资金不足而带来信息化中断风险。

(4) X_1信息化规划风险。目前许多高新技术企业实施信息化的目的不明确，随大流现象普遍，未将企业自身的业务特点、技术水平、创新能力、人员素质、外部环境等与企业对信息化项目的实际需求结合起来，也并未根据企业目标进行合理而有效的信息化规划。

(5) X_{13}管理风险。管理体制的创新是我国高新技术企业竞争的关键，但高创新性带来的高风险性则很可能使高新技术企业陷入经营困境。我国大多数高新技术企业的管理体制度僵化，且无法及时采取有效措施进行化解。另外，随着企业信息化项目的进行，企业管理机制、组织形式、运行轨道等都会发生较深层次的变革，管理体制的创新是企业信息化项目成功的必要条件。

五、治理对策

通过上述对影响高新技术企业信息化风险的因素的识别及原因的分析，契合COBIT的四个域，这里针对性地提出如下建议。

（一）组织与规划方面

1. 采用需求倒逼供给方案，明确信息化的战略规划

高新技术企业应将自身的业务特点、技术水平、创新能力、人员素质、外部环境等与其对信息化项目的实际需求结合起来。运用的软硬件系统也要满足高新技术企业的实际需求。

首先，要适应企业的资金状况。高新技术企业本身在产品研发、商品调试和销售、专用设备的购置等方面投入很大，再加上信息化系统的投入压力，高新技术企业常常面临资金不足的风险。

其次，购置的信息系统。要符合高新技术企业的业务类型和行业特征。

鉴于某一类信息系统并非对所有企业均适用，要想使信息化项目给企业带来实际效益，必须选择与本企业业务特点和环境特征相匹配的信息系统。

最后，要重视高新技术企业员工的个体素质和员工的信息化操作能力。应先全面考虑本企业员工的综合素质和能力，再选择恰当的软硬件系统；尽量通过定期培训方式使普通的业务操作人员也能够熟练操作信息系统，使信息化部门的专业技术人员能够顺利开发和维护软件系统。

不同的高新技术企业在行业类别、发展阶段和企业规模等方面的差异使得其在信息化需求方面存有差异。整体来看，高新技术企业信息化由研发推广信息化、经营管理信息化、决策审批信息化、合作共赢信息化四个层次构成，其中，研发推广、经营管理、决策审批来源于企业内部，而合作共赢则以企业外部活动为主。信息化建设不是简单的系统购置、网站的维护以及无纸化办公，很多高新技术企业信息化项目实施前没有全面系统地进行规划，导致高新技术企业信息化的针对性和连贯性不强，造成企业信息化项目非但不会给企业带来任何效益，反而导致企业人力、物力、财力的浪费。为此，高新技术企业在信息化项目实施之前，应以其实际业务需求为基础，拟定配套的信息化长远规划，从而确保高新技术企业信息化项目的系统性和适应性。高新技术企业在对其信息化项目进行总体规划时，应遵循"从上到下，由里及外"的原则，这样才能保证信息化资料和数据的真实性和可靠性。

2. 加强创新型人才培养，逐渐实现信息化人力资源的竞争优势

高新技术企业里，技术的研发、更新、维护和产品推广都离不开人的参与，人才在高新技术企业中的地位不言而喻。真正的人才不仅仅对现有知识掌握全面广泛，其创新思维发达，创新能力高超。目前大多数高新技术企业都缺少熟练掌握信息化项目技术的工程师；在信息化业务管理方面，很多高新技术企业的领导者并未进行技术培训，经验不足加上方式不当，这就给企业信息化项目的顺利进行带来不小的阻碍。

企业引进信息化项目，知识是资本，人才是关键。既懂业务、经营，又懂信息技术的高级人才在高新技术企业业内早已供不应求。再加上经济整体走势影响，很多企业效益日益下降，人才激励政策形同虚设，导致信息化项目核心技术人员大量流失。以上情况严重阻碍信息化项目的顺利实施。现在很多企业将信息化项目的投资主要放在新硬件设施的采购和软件系统的开发上面，却对信息化专业技术人才队伍的建设掉以轻心，这就使得昂贵的信息

化设备得不到正确应用和维护，甚至逐渐荒废。所以，制定创新型信息化人才培养方案，打造信息化技术人才竞争优势，是高新技术企业亟待解决的问题。企业应从以下几个方面加以努力：

第一，对 IT 技术人力资源进行全面规划，重视信息化人才队伍引进工作，制定完善的薪酬体系吸引优秀信息化人才。

第二，注重人才的培养，既包括对企业已有员工的培养，也包括对新入职人才的培训。通过委培、公派进修、聘请专家讲座等方式，有目的、有计划地对企业人员加以培养。

第三，利用人才和留住人才。企业要信任人才，最大限度激发人才的潜力，实现他们的价值，使他们感受到自己被重用。同时以签订合同和竞争限定协议等方式，对信息化核心技术骨干人员的流失加以控制。

第四，基于高新技术企业组织文化——鼓励创新、合作、共享和宽容失败——的特点，找出影响我国高新技术企业信息化建设的风险因素，建立信息化风险管理库，积累信息化建设中的风险管理经验，这对后期系统维护和信息化更新都有一定的借鉴作用，就会避免受组织人员变动的影响，实现将信息化作为企业的日常工作来管理，形成长期、统一的信息化风险管理系统。

第五，企业应当对技术工程师、部门领导人员及业务操作人员实行定期或者不定期的轮岗制度。要以"效率优先，兼顾公平"为原则制定全面绩效评价体系，定期对企业全体员工进行绩效考核，完善薪酬激励制度。这样不但有助于提高企业信息化人才的技术水平，对员工的整体文化素质和道德修养提升也有较大帮助。

总之，加强创新型人才培养，逐渐形成信息化人力资源的竞争优势极为重要。

3. 调整、优化高新技术企业的组织结构

灵活性是高新技术企业的显著特点，企业的组织结构必须与该特点相适应。要想顺利实施和完成技术的更新换代，为企业的知识积累、流动和共享创造条件，扁平化的和有弹性的组织结构是适当的。高新技术企业为将研究开发、产品营销和技术集成为核心业务，科技人员常常以项目为单位，在该结构下，围绕企业的几个大中型项目，把工程技术部门和研发部门分为若干相应的项目组，并实行项目经理责任制。

柔性化、边界模糊也是高新技术企业组织形式的特点之一，高新技术企业的业务常常依靠跨部门小组或某一专业项目组来完成。若干团队的组成，可以更好地适应快速变化的市场需求和行业技术竞争。所以，扁平化、网络化、高弹性的组织结构形式是高新技术企业的不二之选。

信息化项目的建设并非只需要IT部门，还需要企业所有部门协助。高新技术企业在信息化建设之前，应结合自身的业务特点和软件系统的功能，对原有企业的组织架构进行优化，以方便其他部门全力配合IT部门实施信息化项目。随着组织结构的调整，企业各部门人员职责权限的界定更加明晰，这有助于企业效益最大化、风险最小化目标的实现。高新技术企业应积极设立IT管理部门，其中，该部门中的工作人员不仅包括IT技术人员，还应设置信息主管（CIO），以保证企业信息化项目的顺利进行。在信息化环境下，高新技术企业应以内部牵制原则为准绳进行部门和岗位设置，加强对关键岗位（如系统管理员）的管理与监督，减少信息化风险的发生。随着企业信息化项目的进行，企业的管理形式、机构设置、运作方向都会发生变化，这就需要信息化管理者加以总体协调。

4. 建立全面信息化项目评估体系，提高投资收益和效果

企业信息化项目要顺利开展，必须依靠巨大的人力、物力、财力做支撑。为事先掌握投资项目的预期运行结果，应提前对其运行情况予以专业评估，这是降低投资损失的重要举措。企业应从定性和定量两个方面对即将投资的信息化项目是否能带来持续收益以及所带来收益的大小进行科学评估，这样不但能提高投资项目的效益，取得实际效果，还有可以及时规避信息化项目实施过程中的风险，减少经营动荡，防止"IT黑洞"危险局面的发生。

高新技术企业在进行投资项目评估时，不仅应把预计购置硬件设备的数量、投入资金的数额以及软件系统与企业业务的匹配程度等问题考虑在内，还应当估量信息化项目实施给企业带来的经济效益和非经济效益作，依靠科学评价方法和系统评价体系保证投资效益和效果。

（二）获取与实施方面

1. 建立信息化项目"三位一体（资金、进度与质量）"动态治理机制

使高新技术研发取得科技进步成果，就要投入巨额的科研费用；而且，技术难度越大、科研过程越复杂，要投入资金越多。另外，在开发过程中，中间试验环节必不可少，该环节的特点是投资费用弹性较大，有时可能投入巨额费用而一无所获，有时为了成功需要不断试验、连续追加投入。在开发

阶段，中间试验费用在高新技术企业中所占的比例很大。在商品产业化阶段，巨大的广告费用和其他促销费用的投入，是将产品成功推向市场并有效增加市场占有率的保证。因此，高新技术企业势必需要投入高额资金，否则不可能持续发展，甚至无法生存。既然高新技术企业在实施信息化过程中需要不断投入大量的人力、物力和财力，其成本压力之巨大毋庸置疑。资料数据显示，高新技术企业的投入强度一般为5%~15%，最高甚至达50%；而在研发成果的商品化阶段，所需投资还要比研发阶段的投入强度高5倍到10倍。日本人把"食金工业"作为高新技术企业的代称不无道理。

因此，高新技术企业要在信息化项目实施整个过程中做好合理、严密的财务预算工作，避免因资金不足带来信息化风险。高新技术企业信息化项目的顺利开展，需要企业各个部门全力配合，但因信息化建设时间持续长、空间范围广，项目进度和预期收益都不易控制，容易导致企业员工日渐消极，同时对企业经营产生负面作用。

新技术、新产品是一个产生、完善、成熟、灭亡的动态循环过程。当今时代技术进步速度加快，高新技术产品存续期间逐渐减短。一个新产品使用不久，很快便被更新的创新型产品所取代。升级换代快、存续期间短作为高新技术产品的基本特点，也使得高新技术企业的经营风险居高不下。若不能依照计划进度开展信息化建设，企业投入的巨额资金便得不到回报，甚至系统刚刚建成就会被淘汰。所以，信息化的资金、进度和质量问题也在一定程度上影响着企业信息化的成败。这就要求高新技术企业建立项目的"三位一体（资金、进度与质量）"机制，做好科学、严密的资金预算工作，对信息化项目的建设进度及实施质量进行监督，将信息化风险降到最低。

控制信息化项目建设进度的关键在于事前制定有效的信息化战略规划，并在项目运行的每一阶段施以全方位监控，对于偏离计划的情形应先查明原因，再根据具体情形，随时对计划加以修正或制定合理对策加以挽救，最终达到控制项目进度的目的。在信息化项目实施过程中，缺乏对"质量"的监督，会引起信息化项目实施质量风险。因此，在信息系统正式实施之前应先明确业务操作各阶段的预期，其中，应尽可能多地咨询信息化项目评价方面专家的意见；在每个阶段的任务完成后，都要对其实施效果作出整体评价，质量不合格的必须采取措施加以改进；不要急于运行信息化系统，而应先进行一段时间的试运行，使企业所涉及的各个业务流程都在信息系统中得到运行,直到达到企业目标和期望为止。无论对企业需求还是对软件产品,监控部门都应全面了解,并从客观、专业的角度帮助企业将其日常业务与软件系统进行匹配,帮助企业找到最优决策方案。监督部门主要在项目计划、进行、维护三个工作阶段中发挥其效用,其不但能对项目的投入、进度、质量进行有效控制,还可以在合同签订和信息支持方面发挥作用。监督部门的设立有助于高新技术企业对信息系统的质量和成本的控制,最大限度地降低信息化风险。

2. 建立"三全(全覆盖、全流程、全成员)"治理机制

为有效应对高新技术企业信息化风险,应积极建立"三全(全覆盖、全流程、全成员)"治理机制。

(1)全覆盖。高新技术企业的信息化实施范围具有一定局限性,信息化覆盖率普遍偏低,大多数高新技术企业的信息化实施主要集中在财务和办公自动化两个方面,只有较少企业涉足生产制造、技术引进、市场推广等领域。这说明高新技术企业的信息化实施跨度不够,需要向更宽的领域延伸。但是对于不同类型的高新技术企业,应选用不同的策略:对于初建期阶段的高新技术企业,可以先应用基础管理和财务系统,以实现企业的战略目标;处于成熟阶段的高新技术企业由于具备较强的适应能力和安全保障,可以采用全面系统的信息化项目,以打造企业强劲发展的趋势和竞争优势;而处于夕阳阶段的高新技术企业,万万不能采用跨度较广的信息化项目,最好采取相应的防御战略,以保留原有客户为主要目标。企业信息化项目工作并非一气呵成,而是一个逐渐发展的动态过程。如果在开展和进行信息化项目过程中急功近利,一味追求全面覆盖而忽视企业自身实际情况,那么必将给企业带来较高的信息化风险。企业应该根据自身实际,以企业关键业务为起点,循序渐进、按部就班。当高新技术企业经营业务或行业环境等方面发生改变时,企业必须及时调整企业信息化战略,对原有信息系统进行升级或再开发,否则信息化系统不但不能提高企业效率,反而会阻碍企业业务的顺利进行。所以说企业信息化是一个"建设—应用—评价—完善—再建设—再应用—再评价"的动态过程。

(2)全流程。高新技术企业应以企业核心业务为信息化建设的中心,进而对企业所有业务流程进行全面、一体化的信息化建设,这非常必要。但是,通过对部分高新技术企业的调查,我们发现:即使是核心业务流程,其信息

化项目实施水平仍不达标。所以，提高核心业务流程的信息化应用水平，是高新技术企业面临的最重要问题。要想实现企业全流程的信息化目标，首先要进行信息共享和业务重组。所谓信息共享，是指企业依靠设置局域网的方法，使企业数据信息在一定权限内完成全面、精确共享。通过调查，我们发现大多数高新技术企业核心业务流程的信息化水平大多停留在信息共享层面，但这只是核心业务流程信息化应用得很少的一个方面，核心业务流程的重组才是核心业务信息化应用的重点，它围绕核心业务流程这个中心，对原有业务流程重新规划，使业务成本、质量、效率等方面得到改善。当然，仅仅依靠高新技术企业自己，很难实现自身业务流程的重组，常常需要咨询公司或相关领域专家的协助；企业必须对其核心业务流程重组或优化工作进行认真咨询，以确保高新技术企业全面业务流程信息化项目的建设和实施效果。

（3）全成员。再先进的信息系统，如果人们不会对其进行操作应用，也毫无意义，所以，加强企业员工的信息化技术培训工作，对高新技术企业而言非常重要。信息化管理水平和操作能力低下，会阻碍企业信息化项目的顺利进行，以致不能使其起到正常作用，因此，高新技术企业必须将加强既精通信息化管理又具备操作技能的复合型人才队伍的建设提上日程。高新技术企业应该联手硬件设备供应商、软件开发工程师对企业员工进行专业的技术培训，使员工在对信息化设备的结构及设计机理有了基本了解的基础上，进一步掌握操作步骤和技能，从而对高新技术企业信息化风险进行有效防范。同时，组织员工进行信息化管理方面的培训，使员工了解信息化项目给企业带来的好处，明确企业实施信息化的原因，从而熟练掌握信息系统的操作方法，并能够升级维护。另外，培训要讲究多层次、全方位，从企业管理层到一般业务人员，从信息化理论基础的传授到业务流程的操作训练。人员岗位不同，培训内容也应该不相同。

3. 加强企业内部管理体制创新

管理体制的创新是高新技术企业不断前进的潜在动力。信息化项目实施本质上就是一个强化基层管理、增进系统管理、强化异常管理、落实风险管理的过程。转变传统管理机制是信息化管理的重要依据，是高新技术企业持续发展的必要条件。加强企业内部管理体制创新，是企业信息化项目顺利进行的重要保障。目前，我国大多数高新技术企业的管理形式与信息化标准管理形式有一定差距，该情况在中小型高新技术企业中更为普遍，所以，不论是管理信息化产品的购置，还是软硬件系统的设计研发，都应强力打造信息化项目优势，及时调整企业传统的管理形式，重视高新技术企业内部管理体制创新，只有这样，才能全面保证信息化项目的顺利实施，打造不断进步的高新技术企业信息化科学管理框架。

4. 引入"弹性"管理模式，全力打造创新型信息化文化环境

高新技术企业的创新能力主要依靠企业员工的创新思维、创新技巧和创新行为，高新技术企业主要凭借"创新能力"打造企业核心竞争优势。要想使创新理念在企业范围内被全面贯彻，就必须在企业中营造有助于形成创新行为开展的文化氛围。首先，企业应积极宣传信息化方面的知识，使高新技术企业信息化建设的意义深入人心。企业应选择培训、广播、展板、活动表演、报刊杂志等形式，宣传信息化项目对企业持续竞争的意义。其次，引进企业信息文化方面的先进思想。通过对信息文化的沟通、学习，引进先进的信息化思想，结合本企业所处环境，提升企业自身信息文化涵养。对创新性的追求是高新技术企业的本质所在，但创新性同样会给企业带来较大的风险，甚至使其陷入困境。因而企业必须使其管理制度逐渐趋于灵活化。弹性管理模式下既要求遵守企业制度，又离不开"具体问题具体分析"的适时调整，是原则性和灵活性的交织。弹性管理模式的精髓在于：以人为本，在高新技术企业信息化项目进行过程中注重人的作用；任人唯贤，职位与能力相匹配，适才适岗，引进并留住信息化项目专业技术人员。弹性管理的用意并非简单地保障企业正常运行，而是为企业完成战略目标提供更大空间。对高新技术企业而言，创新型活动是企业持续发展的动力而非企业日常的经营活动，其结果在一定阶段内处于未知状态。因而企业进行信息化管理需要适当的灵活性，以便在信息化项目进行过程中对出现的偏差及时做出适当的调整，并发挥企业管理者的潜力和创造力。

（三）交付与支持方面

加强对计算机病毒的防护、网络环境的控制及信息档案的管理。

1. 计算机病毒的防护

病毒常常导致计算机系统故障甚至瘫痪，安装并定期升级维护杀毒软件，是消灭病毒的主要方法。然而，"滞后性"是杀毒软件无法摆脱的障碍，所以我们应采取预防与治理措施相结合的方式对计算机病毒加以控制。从病毒产生原因分析，计算机病毒的感染主要以软盘、移动硬盘、U盘等可移动性存

储介质和网络环境（如 Email、问题网页等）等方式进行。高新技术企业应制定计算机病毒预防与查杀方案，如限制软盘、移动硬盘、U 盘等的使用（或先进行病毒查杀再使用），限制 Email 和网页的用户权限，将对外事物计算机与内部应用计算机进行分别管理。

2. 网络环境控制

开放性是计算机网络最显著的特征，过于开放的网络环境会给高新技术企业增加信息化风险。若不能对权限外人员接触甚至篡改企业电子信息行为加以有效控制，将会为病毒的恶意传播创造条件。高新技术企业不仅要在事前广泛使用软、硬件防火墙等安全控制措施，还应在 WiFi 环境下运用信号隔离等手段进行事中保护，并要采用安全日志和信息追查等方式保障事后追查和补救的效果。

3. 信息档案控制

高新技术企业信息化项目实施过程中，企业信息资料主要以信息档案方式保存。现代信息档案与传统档案间差异较大，它首先表现在信息档案的存储形式不同，现代信息档案主要以无纸化/电子化形式存在。信息化环境下，信息数据资料主要凭借磁/光介质进行电子保存，不仅要像传统信息档案那样进行防火、防盗和接触权限限制等方面的控制，还应加强防磁、防尘、防强光、定期复制以及访问权限设置等方面的保护工作。其次，信息档案的含义范围不同，现代信息档案内涵较传统信息档案而言外延更广。由于高新技术企业管理信息系统主要由软件系统组成，而软件系统存在着系统升级和版本差异等固有局限，因此，高新技术企业在信息化项目进行过程中，信息档案还需要纳入不同版本的系统升级安装包和配套的使用说明资料等。

（四）监控方面

信息化监控有内部监控和外部（第三方）监控之分。外部监控是指委托除系统开发商和企业内部人员以外的独立第三方，获取信息化项目应用范围、协议约定等方面的信息，对信息化项目建立与实施过程中的问题、事件和文件加以审核和监督，在信息化项目的信息采集、处理与保存方面为企业客户提供安全保障。内部监控是信息化项目顺利进行的内在保障，它主要对信息系统的研发与建设进度、运行质量和资金投入状况进行全面监控，及时对偏差情况加以解决。

第十七章 信息化风险的度量

对高新技术企业信息化项目进行监控的现实意义主要在于：

第一，专业的监控人员对现代先进的信息技术和信息化产品都很熟悉，并掌握足够的信息化项目实践经验，能够帮助企业对先进技术、研发产品和信息化项目投资决策方案进行正确、客观的度量与决策，同时还能从专业角度对开发商提供的各种证明材料的真实性进行快速、准确的识别，降低高新技术企业开发商选择不当风险；

第二，在信息化项目进行过程中，监控人员能凭借自己的专业胜任能力和丰富的工作经验，顺利辨别出开发商研发的产品是否符合企业客户的需求，判断项目质量是否合格，信息系统是否存在安全隐患；

第三，站在企业客户角度看，监控人员还可以帮助高新技术企业完善信息化管理体制、调整业务流程以及优化组织结构，我们知道，如果高新技术企业仍照用传统企业的管理体制和业务流程，没有随信息化项目的进行而对管理体制和业务流程进行相应的调整，再先进的信息系统也不能顺利进行，信息化项目最终只会走向失败。所以，监控方可以建议企业在与开发商签订合的同时，对信息化管理体制和业务流程重组进行详细规划，并随着信息化项目的进行，不断帮助企业对其原有管理体制和业务流程进行合理优化，以满足企业信息化项目的实际需要。

第十八章 高新技术企业的 IT 治理

本书探讨的主要问题之一是高新技术企业较大规模的信息化投资对公司到底有何好处,明确对其绩效是否有正向提升,重心是探讨高新技术企业的 IT 治理行为对企业绩效的影响效果。已有不少案例揭示了信息化悖论的存在,即投资越大,对企业的发展越可能形成制约和隐患,这就是人们常说的"信息技术投资黑洞"。但也有一些学者认为只要"IT 治理"做到位,所有企业的信息化投资都能提升公司绩效。本书认为,如果信息化投资不能最终转化为公司绩效的提升,高新技术企业的信息化就没有必要甚至多余,这才是最大的隐患和风险。因此,我们的结论是:高新技术企业要规避信息化风险,最好的办法是减少投资,虽然这与时代的要求格格不入,与高新技术企业的特点背道而驰。那么这个看似荒唐的结论是否成立呢?本章从实证的角度给出结论,以便为包括高新技术企业在内的所有企业提供公司治理和 IT 治理方面的建议,比如,COBIT 模型便是 IT 治理的固化和落实,目的是规避信息化带来的风险。

本书以 2012~2014 年中国上市公司 500 强企业为样本,采用实证研究方法探讨信息化投资、IT 治理与公司绩效之间的关系。回归结果如下:

(1) 信息化投资对公司绩效的影响并不显著。另外,信息化投资强度与公司绩效各指标的回归系数大多为负;而硬件投资强度与软件投资强度与公司绩效各指标的回归系数为正。这说明信息化投资不能促进公司绩效的提升,但硬件投资和软件投资则对公司绩效具有正向作用。

(2) IT 治理与公司绩效之间呈显著的正相关关系。这一结果符合本书的研究假设,也与以往的研究结论相一致。这主要是因为:在 IT 治理这一条件下,公司生产经营及管理各方面的效率能够得到提高,其运营成本也可以得以降低,进而能够提高公司治理的水平并使公司绩效增加。

(3) 在 IT 治理存在的情况下,信息化投资在一定程度上对公司绩效具有积极作用。这说明 IT 治理能产生明显的促进作用。研究结果表明,在信息技术发展如此迅速的时代，一个公司如果投入大量的信息化资产，必须在 IT 治理这一前提下才能得到相应的回报。

一、IT 治理及相关模型

（一）IT 治理

IT 治理诞生于 20 世纪 90 年代，它伴随着企业信息化的普遍应用和相关信息技术资产不合理配置等问题而出现、产生与发展。当前国内外相关研究文献中，明确提出 IT 治理的学者和机构有很多，但似乎还没有一个统一、精确的定义。这里摘取了一些具有代表性的定义，见表 18-1。

表 18-1　IT 治理定义的比较

序号	定义	作者
1	IT 治理是一系列用来指导和控制信息系统的结构和过程	Segars 和 Grover（1996）
2	IT 治理是指关于 IT 关键活动的权力模式	Sambamurthy（1999）
3	IT 治理旨在指导企业 IT 资源的运用，并确保其处于正确的方向	澳大利亚标准（2003）
4	IT 治理是在 IT 应用过程中，为鼓励期望行为而明确的决策权归属和责任担当框架	Weill 和 Ross（2004）
5	IT 治理是一种组织能力，它由董事会执行，对 IT 组织进行部署和 IT 战略实施管理，以确保 IT 与业务的融合	Van Grembergen（2005）
6	IT 治理是组织信息技术活动中决策权力、责任的配置以及相应机制的形成过程	李维安和王德禄（2005）
7	IT 治理是董事会和执行层的责任，通过领导，组织和过程来保证 IT 实现和推动企业战略目标的发展。价值、风险与控制是 IT 治理的核心	ITGI（2007）
8	IT 治理是指导和控制组织目前以及将来如何使用 IT 系统。适当的 IT 治理有助于保障组织合规和提高绩效	IT 治理国际标准（2008）

注：本书作者整理。

上述定义反映了学者和机构从多个角度对 IT 治理内涵的阐述，可以看出这些定义的共同之处：一是 IT 治理需要解决 IT 决策权的部署问题；二是 IT 治理贯穿于整个企业的业务流程中，进而为企业提供一定的服务；三是 IT 治理关注 IT 资源的有效管理和控制、IT 投资收益最大化以及对 IT 风险适当的控制；四是IT治理在战略目标和业务目标中担任着重要的角色。

尽管各方对IT治理的定义侧重点各有不同，但对IT治理目标的认识是一致的：IT治理的目标是通过对IT资源的管理，实现与业务的融合，同时控制相关风险，进而实现企业绩效的提高和价值的增加。

(二) COBIT模型

COBIT模型是关于信息系统控制和审计的一种公认的业界标准，其目的是推动人们对信息系统管理理论的理解和采纳。COBIT由美国信息系统审计与控制协会（ISACA）下属的IT治理委员会（ITGI）于1992年创建。ITGI认为，IT治理的目的是要确保IT信息系统支持业务目标的实现，优化投资业务，充分参与对与信息系统有关的风险的管理。在这一宗旨的指导下，IT管理研究所通过对COBIT的更新不断发布并增加管理规则，以增强对IT治理绩效这一目标的追求，从而帮助各组织的领导者明确IT治理的目标和责任。COBIT也通过不断吸收国际最新的技术成果以及各专业和行业最新标准而不断得到完善。今天，COBIT已经成为国际上主流的信息系统管理控制体系，并在全球100多个国家的重要组织与企业中得到运用，指导这些组织有效地利用信息资源，有效地提升管理绩效。

COBIT将IT资源（见表18-2）、IT流程与企业目标联系起来，形成一个三维的体系结构，为管理人员、审计人员和IT用户提供了一套通用的测量、显示和处理的方法以及最佳实践准则，帮助其在公司中恰当地使用信息技术，进行适当的IT治理与控制，使公司的利益最大化。其中，目标维度集中反映了企业的战略目标，主要从质量、成本、时间、资源利用率以及系统效率、完整性和可用性等方面保证信息的安全性、可靠性和有效性。COBIT以支持组织战略目标实现为出发点，定义了一组高层次的IT战略目标，并将其不断分解，形成一整套控制目标分级体系，借以实现对信息系统生命周期的整体管控。IT流程是COBIT框架的核心内容，它在目标指导下，对信息及相关资源进行规划和处理。COBIT通过流程控制的方式对企业战略目标进行分级，主要采用信息系统生命周期分层的方法，将整个生命周期分为三个层次：最底层为可执行的活动与任务；第二层为一系列最小活动和任务的组合，构成IT过程；最高层为将多个过程结合在一起，以适应相应组织目标的责任域。IT资源是企业IT治理过程的主要对象，主要包括应用系统、信息、基础设施以及人员四个方面的内容。

表 18-2　IT 资源的分类

内容	含义
应用系统	是处理信息的自动化系统和操作规程
信息	是信息系统处理输入和输出的各种格式的数据，用于业务的各个方面
基础设施	是保障应用系统处理信息所需的技术和设施，主要包括硬件、操作系统、数据库管理系统、网络、多媒体等，以及支持上述设施的环境
人员	是计划、组织、获取、实施、交付、支持、监控和评价信息系统及服务的人员，其中人员可以是内部人员、外包或合同所需人员

注：本表参考了张金城、李庭燎、沈静秋编著的《信息系统绩效评价与审计》一书。

COBIT 框架模型覆盖了整个信息系统的生命周期，涵盖了战略、战术与操作的所有层次，处于各个层次的信息系统都可以参照使用，它是企业战略目标和信息技术战略目标的桥梁，使得信息技术目标和企业战略目标之间实现互动。

（三）IT 治理与公司治理关系

公司治理最早出现在 20 世纪 80 年代的经济学文献中。在此之前，Williamson（1975）曾提出过"治理机构"的概念，与公司治理的概念相接近。到了 90 年代以后，公司治理迅速成为全球性的研究课题，其中，英国的 Cadbury 报告、Greenbury 报告和 Hampel 报告被认为是全球公司治理运动的奠基性文献，它们为建立制度化、自律基础上的现代公司治理机制立下了汗马功劳；而 OECD 的公布的《公司治理结构原则》修订版，则标志着公司治理从关注调整股东、董事会和经营层之间的授权、监控和制约，拓展到了关注企业发展的各方利益相关者间的平衡协调。

公司治理有狭义和广义之分。狭义的公司治理解决的是因所有权和控制权相分离而产生的代理问题，处理的是公司股东和高层管理者二者之间的关系。广义的含义则可理解为关于企业组织方式、控制机制、利益分配的一系列法律、机构、文化和制度安排；它所界定的，不仅包括企业与其所有者之间的关系，而且还涉及与利益相关方的关系。概括起来说，公司治理是一套程序、惯例、政策、法律及机构，对如何带领、管理及控制公司有重要影响；它的目的是提供战略方向，保证目标实现、风险的适当管理以及企业资源的合理使用。

在以高新技术企业为代表的现代公司组织中，IT 治理与公司治理相互依存、相互促进。公司治理驱动和制约着 IT 治理的原则,而 IT 治理又为公司治理提供"输入",是公司战略计划的重要组成部分,也是公司治理整体框架的一个组成部分。IT 治理不仅在协助企业开展业务和提高企业竞争力方面发挥重要作用,同时通过提高公司的信息质量、加强公司治理环节的信息披露和内部控制,为企业的利益相关者提供更多的信息,最终提高整个公司的治理水平。缺乏 IT 治理的公司治理是不完整和不科学的。公司治理和 IT 治理的关系如图 18-1 所示。

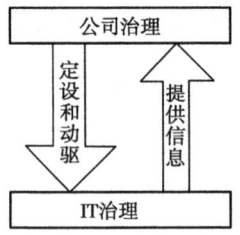

图 18-1　公司治理与 IT 治理的关系

公司治理和 IT 治理都是他律的机制,是如何"管好管理者"的机制,其目标是一致的:达到业务永续经营并增加组织的长期获利机会。公司治理侧重于企业整体规划,IT 治理则偏重于企业信息资源的有效利用和管理。

二、公司绩效的概念及理论

(一) 基本概念

本书研究的层次是公司层次。公司是各种以营利为目的经济组织,从事一定的生产经营活动,可能是一个单独的企业,也可能是一个企业集团。而 Bates 和 Holton 指出,"绩效是一个多维的建构,测量的因素不同,其结果也会不同"(Bates and Holton,1995)。因此,要想测量和管理绩效,必须先对其进行界定,清楚其确切内涵。

绩效是一个综合的概念,它从效率和效果两个方面反映问题。效率考虑投入与产出的关系,考虑组织是否比较经济地完成了工作任务,而效果则是回答"组织的活动是否很好地达到了组织的目标"这个问题。张兆国(2002)认为,企业绩效是一定经营期间企业经营效益和经营者绩效,前者通过盈利能力、运营水平和后续发展能力反映,后者则是体现为经营者在经营管理过程中对企业经营、成长、发展所取得的成果和做出的贡献。冯丽霞(2004)指出，企业绩效是企业在生产经营的一定期间内为实现企业目标所做的一系列工作及其所取得的各种成果的总称，也就是企业目标的实现过程和结果，包括活动过程的效率和活动的结果两重含义。

综上所述，本书认为公司绩效是指公司在一定经营期间的投入产出效率及取得的实际效果。

(二) 相关理论

在信息技术投资价值领域，绩效评价主要集中在财务绩效和综合绩效。财务绩效评价方法沿用传统的投资评价方法，易于接受。但是，采用这种方法评价IT对企业的贡献有很多局限性：第一，缺乏对无形资产和智力资产(包括企业的专利权、商标权、员工的专业技能、客户对企业的忠诚度和满意度)的确认；第二，偏重于企业内部的管理水平和生产效率，却忽视了企业外在因素，如产品的市场份额、竞争对手的财务状况、客户对产品和服务的要求、企业的创新能力等；第三，偏重于企业过去和现在的经营成果，却忽视企业创造未来价值的潜在能力；第四，偏重于短期绩效，却忽视企业构筑长期战略竞争优势的需要。因此，一些学者便开始从多角度进行IT的综合绩效研究。Brynjolfsson (1993) 认为，仅依靠财务指标衡量信息技术所产生的绩效是不全面的，还应包括产品质量、客户服务等。之后相关学者又开始从竞争优势、战略目标及企业文化等方面来评价IT对企业的价值，逐渐设立了一些定量与非定量的、财务与非财务的综合指标来衡量其价值。Beamon认为，测度公司绩效应该使用两类指标：定性的绩效指标和定量的绩效指标。定性的绩效指标是那些不能简单地直接量化的指标，包括客户满意度等；定量的绩效指标是那些可以用数字描述的指标，如成本指标。Ka-plan Norton (1992) 提出了平衡计分卡 (BSC) 的方法，从财务角度、创新和学习角度、内部业务角度和顾客角度对绩效进行全面测量。BSC方法打破了传统的单一使用财务指标衡量绩效的方法，在财务指标的基础上加入了其他驱动因素，即客户、内部经营管理过程、员工的学习与成长，主张从四个维度审视公司绩效：学习与成长，业务流程，顾客，财务。本书将以BSC方法为基础，同时借鉴我国其他学者的研究成果，对公司绩效指标进行选择。

三、模型构建

对于信息化投资价值问题的研究，主要的理论基础是经济学的生产理论。它把信息化资产作为一种投入要素,通过生产函数的估计等方法,研究信息技术对公司各种绩效指标的影响。常用的方法为相关分析、回归分析、方差分析、数据包络分析（DEA）、层次分析法等。统计方法的应用,取决于数据的性质和变量的类型。数据按照时间分为横贯数据（截面数据）和纵贯数据（时间序列数据）。横贯数据是指对同一时间不同案例的观察数据,纵贯数据是指对同样的案例在不同时间上多次观察所得到的数据。如果既有横贯数据,又有纵贯数据,则称为"合成数据"或"面板数据"。数据根据测量尺度的高低分为测量型数据和非测量型数据。测量型数据是指间距测量以上的数据,非测量型数据主要是指定类和定序的测量尺度。本书中的数据直接来自上市公司的财务报告,都是比率数据,属于测量型数据。对于测量型数据来说,比较适合的统计方法包括相关分析（各种相关分析）以及回归分析。

随着对信息化投资领域研究的不断深入,研究方法也渐渐丰富并有所创新,新的研究方法不断地应用到该领域的研究中。早期的研究主要采用简单相关分析、回归分析的方法,以后逐步发展到应用方差、典型相关、数据包络分析等方法的应用。一看数据,二看问题,根据需要选择合适的方法。在回归分析中,根据不同的变量类型和数据特点,派生出了各种回归分析方法。本书主要采用相关分析和回归分析方法,它们也是这一研究领域常用的方法。

（一）相关分析

相关分析是处理变量与变量之间关系的一种统计方法。近年来,这种方法已被广泛地应用于生物学、医学、心理学、教育学、社会学、经济学等诸多领域,并产生了一定的效果。变量之间的关系反映了变量之间存在的一一对应的确定性关系。在社会经济现象中,变量之间的联系更多的是统计关系,人们常把变量之间不确定的关系称为"统计关系"或"相关关系"。本书中的相关分析,就是指分析信息化投资、IT治理与公司绩效变量之间是否存在相关关系的方法。相关关系分为线性相关和非线性相关。线性相关又分为正相关和负相关。一般用相关关系数表示相关程度的高低,根据数据的不同测量层次,存在不同的相关系数表现形式。最常用的是简单线性相关系数,也叫"皮尔逊积矩相关系数"。计算两个变量之间的简单线性相关系数的公式如下：

$$r = \frac{\Sigma (x-\bar{x})(y-\bar{y})}{\sqrt{\Sigma (x-\bar{x})^2 \Sigma (y-\bar{y})^2}} \tag{18.1}$$

简单线性相关系数表示两个变量之间的线性相关程度,其取值介于-1和1之间,分别表示正的线性相关和负的线性相关。另外,线性相关关系只是变量之间关系的一种,除了线性相关关系,变量之间还可能存在非线性相关关系。简单线性相关系数表示了两个变量之间的关系,没有考虑其他因素的影响。

除了一般的相关分析,典型相关分析是近年来开始普及的一种新型多元统计分析方法。典型相关分析是分析两组变量之间相关的技术,因而是一种更为一般性的方法,具有较强的分析能力。简单线性相关是两个变量之间的相关分析,该相关是一个变量和一个变量相关,而典型相关是一组变量和另外一组变量相关。典型相关分析将各组变量都作为整体看待,因此它描述的是两个变量组之间的整体相关形式,而不是关于两个变量组中变量的相关。

(二) 回归分析

目前,回归分析已经广泛地应用于自然科学和社会科学研究的众多领域。在信息化投资生产率研究领域,回归分析法是一种应用最频繁的方法。回归分析是一种非对称的统计分析技术,它研究变量之间的因果关系,将变量分为自变量(信息化投资、IT 治理)和因变量(公司绩效),研究一个因变量和一个或多个自变量之间的关系。回归分析根据自变量的多少,分为一元回归和多元回归;根据系数介入方程的形式,分为线性回归和非线性回归。最常用的是线性回归,它假设总体上存在因变量和自变量之间的线性关系,在样本观察值之间也存在一定的线性方程,利用最小二乘法等,可以对方程的系数进行估计,估计出来的系数是总体参数的一个估计量。在随机误差满足经典的高斯条件时,最小二乘法估计的系数是总体参数的最佳线性无偏估计,具有很好的统计性质。本书中利用面板数据,采用广义最小二乘法(GLS)进行回归,以克服普通最小二乘法(OLS)的不足。

相关研究方法的选择取决于所研究问题的类型和特征。面板数据模型具有单纯时间序列数据和横截面数据所不具有的优势,可以大大扩展样本容量,克服小样本参数估计时可能带来的非有效性,可以较好地提高模型预测的精确度和科学性,同时可以减少多重共线性带来的影响。根据样本

公司的规模、产值等存在不同的特点，本书选择面板数据模型中常用的变截距模型：

$$ROE = \beta_0 + \beta_1 ITS + \beta_2 Size + \beta_3 Lev + Location + Industry + Year + \varepsilon \quad (18.2)$$

$$ROE = \beta_0 + \beta_1 Hard + \beta_2 Soft + \beta_3 Size + \beta_4 Lev \quad (18.3)$$

$$ROE = \beta_0 + \beta_1 EDU + \beta_2 CIO + \beta_3 Size + \beta_4 Lev + Location + Industry + Year + \varepsilon \quad (18.4)$$

在研究信息化投资（强度）和 IT 治理的交互效应对公司绩效的影响时，遵循 Tam（1998）的研究方法，采用如下回归模型研究它们之间的关系：

$$ROE = \beta_0 + \beta_1 ITS + \beta_2 EDU + \beta_3 CIO + \beta_4 ITS \times EDU + \beta_5 ITS \times CIO + \beta_6 Size + \beta_7 Lev + Location + Industry + Year + \varepsilon \quad (18.5)$$

$$ROE = \beta_0 + \beta_1 Hard + \beta_2 Soft + \beta_3 EDU + \beta_4 CIO + \beta_5 Hard \times EDU + \beta_6 Hard \times CIO + \beta_7 Soft \times EDU + \beta_8 Soft \times CIO + \beta_9 Sizen + \beta_{10} Lev + Location + Industry + Year + \varepsilon \quad (18.6)$$

四、研究假设

（一）信息化投资与公司绩效

自从 20 世纪 70 年代生产率悖论提出之后，关于 IT 投资是否真的能促进企业绩效的提升，一直存在着"是"和"否"两种观点，虽然后来美国信息化管理专家哈默（Michael Hammer，1990）从管理流程再造（BPR）的角度进行了解释，使得对该问题的争论有所缓和，但分歧远远没有平息。

20 世纪 90 年代以来，IT 投资能够促进企业绩效的观点略占多数，且许多公司层面和行业层面的研究也得出了信息技术投资的正向影响的证据。Hitt 和 Brynjolfsson 研究了 IT 资本与资产报酬率等组织绩效的关系，发现 1988 年、1989 年、1990 年，IT 资本与 ROA 呈正相关关系，但 IT 资本与 ROE 无关。Brynjolfsson（1996）采用回归分析的方法对美国大型公司的研究发现，信息系统的建设支出能够明显提高公司的绩效。Mithas 等（2012）证明了 IT 投资通过间接降低成本提升企业的盈利能力。倪明等（2005）运用生产函数模型对 5 家企业的数据进行回归检验，得到信息化可以促进经济增长的结论。林丹明等结合行业因素分析了我国制造业的信息技术投资效果，研究结果显示，信息技术投资显著提高了企业绩效，同时，行业特征对信息技术投资的效果有不同的调节作用。漆望月（2010）在研究信息技术类上市公司时，认为信息系统等软件类无形资产能显著提高公司的绩效。

第十八章 高新技术企业的 IT 治理

从企业资源的角度分析，企业的竞争优势源于其所拥有的稀缺而不可复制的核心资源；企业是资源的集合体，而信息化投资会协助企业组织形成该资源，促使企业形成竞争优势，从而改善绩效。因此，本书提出如下假设：

H1：在其他条件不变时，高强度的信息化投资能够促进公司绩效的提升。

（二）IT 治理与公司绩效

高水平的信息化投资并不必然提升公司绩效，还需要落实良好的 IT 治理方案。而从关于 IT 治理与公司绩效关系的研究来看，它们大多是定性的理论分析，用在实证方法对二者关系进行研究的较少。研究者普遍认为，良好的 IT 治理有利于公司合理、规范地利用所投资的信息化资产，使信息投资收益最大化，从而提高其绩效并形成竞争力。Bin Gu 等（2008）通过对财富 100 强企业的数据进行回归分析，发现 IT 治理模式与企业绩效具有正相关关系。虽然学术界还存在不同的观点，但 James 和 Ivy 等认为，IT 治理或增加企业的合规成本，或随着 IT 内部控制的加强削弱了企业的灵活性，无法确定其对绩效的改善；这一结论也许是因为仅考虑了 IT 治理的某一要素所致，如果从其他要素考虑，结论又会有所不同。同样，针对"合规与风险"，孟秀转（2009）等对国内 200 家具有较大 IT 投资的企业进行研究分析后发现，IT 控制能力对企业绩效具有正向作用。IT 所产生的价值易被竞争对手模仿，所以单纯的 IT 应用不能给企业带来竞争优势；但若 IT 投资与企业的人力资源或其他资源相结合，进而形成一种内在动力，这样就可以保持其优势而持续发展（Powell 等，1997）。虽然信息化资产的引入和公司 IT 治理的实施可能会暂时导致企业财务压力上升、公司业绩下滑、公司总绩效下降，但本书认为，IT 治理的最终效果是能够提高公司总绩效的。此外，公司是否设置 IT 治理组织以及员工对于 IT 治理知识的掌握程度是 IT 治理的影响因素，这在已有的研究中可以找到依据。

现基于上述分析提出如下假设：

H2：在其他条件不变时，IT 治理对公司绩效具有正向的提升作用。

此外，早期对高新企业的研究过多关注信息技术对于企业绩效的直接影响，忽略了其间接作用。互补性理论认为，"各种行动都是互补的，如果一个活动做得够多，也将会提高其他活动的收益"。Lee（2001）提出，由于企业中的各因素是相互关联的，因此，利用好互补性才能够解释企业中的其他现象；他认为对于理解真正的信息化价值，仅测量信息技术的直接影响而忽略

其他变量是不够的，应考虑到相关的互补性因素。我们分析相关文献后发现，在揭示信息化投资效果中加入了相关因素——调节变量之后，便可以影响自变量和因变量之间关系的方向或程度，例如转换效果与 IT 治理的关系（Weill 等，2004；Tanriverdi，2006）。IT 治理能够帮助公司对信息化资产给予更好的管理，有效规划 IT 治理可以使信息化投资的各类资源有机融合，使公司的软硬件以及数据资源的系统作用围绕公司的绩效提升而展开。据此，本书提出如下假设：

H3：在其他条件不变时，信息化投资对公司绩效的提升作用取决于 IT 治理水平的高低。

五、信息化投资评价指标设计

根据已有的研究和分析，本书将信息化投资按照类型的不同分为硬件投资和软件投资。同时本书按照研究的惯例，以"电子设备"投资替代硬件投资，软件投资主要是指公司无形资产中软件、系统的投资或长期递延费用中的软件使用费等。另外，本书采用 IT 投资强度作为自变量，将信息化投资占公司资产的比例记为 ITS；将信息化投资细分为硬件投资和软件投资，也就是将 ITS 分为硬件（Hard）投资强度、软件（Soft）投资强度。其变量的定义见表 18-3。

表 18-3　主要变量的定义

变量类型	变量名称	变量符号	变量说明
自变量	硬件投资强度	Hard	第 t 年末电子设备的账面价值与总资产之比。
	软件投资强度	Soft	第 t 年末软件或系统的账面价值与总资产之比。
	信息化投资强度	ITS	第 t 年末硬件投资及软件投资之和与总资产之比。
	员工教育程度	EDU	第 t 年末大学专科以上人数/公司总人数。
	是否设置 CIO 或相关职位	CIO	虚拟变量，若公司设置了 CIO 或相关职位则为 1，否则为 0。
因变量	总资产回报率	ROA	第 t 年末净利润/平均资产总额。
	净资产收益率	ROE	第 t 年末净利润/平均净资产。
	市盈率	P/E ratio	第 t 年末每股市价/每股收益。
	托宾 Q 值	Tobin's Q	第 t 年末股价/重置成本。

续表

变量类型	变量名称	变量符号	变量说明
控制变量	公司规模	Size	第 t 年末总资产的自然对数。
	杠杆水平	Lev	第 t 年末总负债/总资产。
	公司位置	Location	按照公司所在城市确定其位置（中国的东部、中部和西部）。
	行业/年份	IND/YEAR	行业和年度哑变量。

（一）IT 治理评价指标设计

IT 治理评价指标主要从公司决策层和执行层两个方面进行评价。结合前人的研究，该指标主要有以下两个。

（1）CIO 变量。

管理层对 IT 治理的重视程度以及 IT 治理在公司中的战略地位，是反映公司决策层对 IT 治理影响的因素，本书采用公司是否设置 CIO 以及相关职位来衡量此因素。CIO 变量作为虚拟变量，其数据主要通过对上市公司年报或上市公司网站进行手工收集而得到。一家公司的 IT 治理能否成功，IT 治理的投入与努力是否能够使公司绩效提高，在很大程度上是由其高层管理者直接决定的。本书中，设置了 CIO、首席技术官或虽未明确设置上述两职位但设有类似职位，则 CIO 变量定义为 1，否则为 0。CIO 的地位和能力在企业 IT 治理中发挥着关键作用。通过考虑是否设置 CIO 以及信息管理部门或 IT 治理部门，可以反映公司管理层、决策层次上对于公司 IT 治理的影响，进而可以反映对公司绩效的影响。

（2）EDU 变量。

EDU 这是用来反映执行层的变量，体现的是公司的员工教育程度。公司 IT 治理水平的提高，要贯穿整个公司，不仅需要管理层，同时还需要一大批优秀的 IT 管理人才以及对信息技术熟练掌握的中下层员工共同努力。人才是信息化成功的关键因素之一。根据中国企业信息化测评中心的研究，企业员工的信息化水平认识和执行能力的高低反映在员工的整体教育水平上，教育程度越高的员工对于 IT 治理的理解和执行能力越强。来自肖静华（2007）以及吴瑞鹏（2004）的研究也表明，企业员工的教育程度影响着公司的 IT 治理水平。但是本书认为，由于公司员工教育程度的高低并非单单影响 IT 治理水平这一方面，员工教育程度的高低可能对公司的管理效率、生产能力以及研发水平等都产生了影响。比如，高素质的研发团队能促进公司新产品不断问世，促进新技术的研究和开发；高素质的管理团队能使公司的决策和管理能力更有效果。所以我们假设：员工教育程度对公司IT治理的水平存在正向影响，进而也能影响公司绩效，但这种影响应该是不显著的。员工教育程度（EDU）这一变量的数据来自手工搜集上市公司年报，根据行业内公司本专科以上学历员工所占比例的均值得出，高于均值的为1，否则为0。这一变量的定义见表18-3。

（二）公司绩效评价指标设计

本书中的公司绩效主要是通过财务绩效和市场绩效两方面进行衡量。财务绩效通过总资产回报率（ROA）和净资产收益率（ROE）进行测算，用以衡量信息化投资引起公司财务效益的变化情况；市场绩效则是通过市盈率以及托宾Q值两个指标测算，用以衡量信息化投资引起的与公司市价有关的市场效益的变动情况。

资产回报率综合反映了公司的盈利能力和经营绩效，是公司净利润除以资产总额的百分比，用以衡量公司单位资产创造净利的能力，该指标越高，表明公司资产利用率越高。净资产收益率指标可以反映公司的盈利能力和经营绩效，是公司净利润除以净资产的百分比，用以衡量净资产（股东权益）创造净利的能力，该指标越高，表明公司净资产（股东权益）利用率越高。

市盈率指标反映了一个公司的未来前景：通过信息化投资为公司带来竞争优势，用未来公司前景的变化来衡量信息技术对公司带来的市场效益。托宾Q值用来测算公司的市场价值，该指标反映了市场对公司未来利润的预期。

相关变量的定义见表18-3。

六、控制变量

本书的控制变量中，公司规模用公司总资产的对数（Size）表示。此外，控制变量还有资产负债率（Lev）。一般的研究公司价值的实证模型中，都要考虑到上述两个变量对模型的影响。同时，公司规模也可能影响IT治理水平的高低，本书认为，IT治理水平与公司规模成正相关关系，公司规模越大，IT应用范围越广，应用的复杂程度也越高；另一方面，规模越大的公司，其对于IT投入的资金也更多。大型公司也往往更注重通过IT治理来实现公司的集团化和现代化管理。另外，影响IT治理水平的外部因素，同样纳入我们的模型中，作为控制变量。其中，对于地域因素，则根据国家信息化测评中心的统计结果而定。我国国家信息化水平指数，北京在国内排名第一；我国整体的信息化水平，东部各城市最高，中部次之，西部最弱。考虑到东、中、西部之间经济发展水平、法律环境、教育程度、社会现代化水平以及公司治理水平等差异，本书假设东部地区公司的 IT 治理水平高于中西部，因此定义了三个虚拟变量 EAST、CENTRAL 和 WEST 分别代表东部、中部和西部。

还要考虑行业变量。不同行业间信息化程度的差异以及对于 IT 资源的利用和整合程度不同，使得 IT 治理对企业价值的影响程度有所不同。制造业以及信息技术服务业，其 IT 应用水平要明显高于其他行业，IT 投资带来的价值产出也好于其他行业；而那些对于 IT 需求还比较少的行业或 IT 治理还不够成熟的公司，比如房地产公司，其 IT 投入对公司价值的提高相对而言就小很多。考虑到这种差异，本书划分了 3 个行业类别，分别为制造业、金融业、其他行业。此外，本书还定义了三个年度控制变量：Y2012，Y2013，Y2014。相关变量的定义见表 18-3。

第十九章 IT治理的实证分析

一、样本来源和数据整理

(一) 样本来源

本书研究样本来自中国上市公司500强企业,后者由上市的中国公司中选择经营规模最大的500家公司组成(包括在上海和深圳证券交易所的上市公司及海外上市但主营业务在大陆的公司)。《财富》(中文版)多次发布中国500强排行榜,该榜不仅反映了中国经济的增长速度,同时也是对我国上市公司增长迅速的见证。从历年的上市公司500强中可以看出,所有进入排行榜的企业包括国内著名的大型国有企业,另外,民营和地方企业的数量随着时间的推移也日益增多。这表明信息化在国有大型企业中取得了非常显著的进步。

最终,本书选取2012~2014年连续三年进入排名前500名的中国上市公司共328家作为研究样本。之所以如此选择,是基于两点:

一是这些样本公司的信息化应用比较成熟,IT治理方面也有投入。样本公司实施IT计划已经有一定的年限,IT投入的绩效已经开始显现,能够使IT治理与公司绩效的研究有迹可循。

二是这些上市公司的数据和信息相对于其他企业来说更加透明和公开化,便于取得。

同时,本书筛选样本的标准还有以下几个方面:①剔除因财务状况异常进而影响结论的已经退市、ST类或*ST类的上市公司;②剔除在香港地区和新加坡上市的公司;③剔除相关数据及资料无法获取的公司;④剔除专门从事电子行业的公司;⑤选择连续三年进入中国上市公司500强的样本。

通过上述筛选,最终得到288家公司三年的面板数据。其中,公司绩效数据来自CSMAR数据库的直接引用;信息化投资和IT治理数据由手工整理而成,数据来自公司年报和相关网站等。本书主要采用分析工具

SPSS、STATA 和 EXCEL2007 对数据进行处理。为避免异常值引起研究结果的偏差，对所涉及的主要连续变量进行了 1% 和 99% 分位数的 Winsorize 处理。

(二) 数据整理

上述通过筛选得到的符合条件的 288 家样本公司，其基本特征（包括公司位置和所在行业）见表 19-1。从表 19-1 中的数据来看，公司所在行业的属性涵盖了各类型，具有一定的代表性。样本中，位于东部地区的公司有 202 家，占样本总数的 70.14%；中部地区的样本数是 50 家，占样本总数的比例为 17.36%；西部地区最少，只有 36 家，占比 12.50%。从样本分布来看，可以看出东部发展较之西部更好，说明在我国东部地区企业的信息化程度以及 IT 治理水平要明显高于中西部地区。从信息技术的硬件设施以及软件设施和信息技术从业人员的素质和数量来说，东部地区都明显高于其他地区。处于东部地区的企业对 IT 技术的应用显然就要好于其他地区。

从样本企业的行业分布来看，制造业所占样本比例为 50%；其次是批发零售业，为 13.54%；采矿业为 7.99%；金融业为 6.94%；其他行业为 21.53%。从中可以看出，在所有行业中，制造业公司的信息化程度及 IT 应用水平相比来说很高，许多大型的制造企业都拥有先进的 ERP 管理系统以及成熟运用 IT 的经验。对于这些企业的管理者来说，IT 是他们在市场竞争中领先竞争对手的重要法宝。

所有能进入中国上市公司 500 强的企业规模都很大，其中大部分公司属于中国 500 强企业，还有的甚至进入了世界 500 强企业，这些公司的资产规模普遍都在几百亿元甚至上千个亿元以上。相对于那些小规模的公司来说，这些大公司在 IT 投入方面更具备实力，对 IT 治理也更有兴趣。

表 19-1　样本的基本特征分析

项目	分类	样本情况	
		家数	百分比（%）
公司位置	东部	202	70.14
	中部	50	17.36
	西部	36	12.50

续表

项目	分类	样本情况	
		家数	百分比（%）
所在行业	农、林、牧、渔业	2	0.69
	采矿业	23	7.99
	制造业	144	50.00
	电力、热力、燃气及水生产和供应业	14	4.86
	建筑业	14	4.86
	批发和零售业	39	13.54
	交通运输、仓储和邮政业	16	5.56
	金融业	20	6.94
	房地产业	11	3.82
	租赁和商务服务业	3	1.04
	水利、环境和公共设施管理业	1	0.35
	文化、体育和娱乐业	1	0.35

二、描述性分析

上市公司由于所处行业不同，公司规模和经营状况不同，在信息化投资、IT治理和绩效方面也存在着差异。表19-2是样本公司各变量的描述性统计和差异性检验。从表中可以看出，样本企业信息化投资强度均值是0.562-8，说明样本公司在信息化方面的投资较多，但标准差是2.459 0，表明各公司的投资差异很大。其中，硬件投资强度均值为0.421 5，软件投资强度均值为0.119 7，表明样本公司在硬件投资方面较多，而在软件投资方面较少，意味着软件投资有很大的上升空间。在主要控制变量方面，上市公司规模的均值为24.474 4，标准差为1.586 2，说明所选样本在公司规模方面存在着一定程度的差异。杠杆水平的均值是0.639 7，表明样本公司的平均负债水平略偏高。净资产收益率的均值为0.032 5，标准差为0.045 7，显然样本公司盈利水平的差距不是很大，托宾Q值亦是如此；而总资产收益率与市盈率的均值和标准差差别较大，说明各公司之间存在着差别。

表 19-2 主要变量描述性统计

变量	样本数	均值	标准差	最小值	最大值	中位数
Hard	865	0.4215	2.2968	0	0.6404	0.2922
Soft	865	0.1197	0.5038	0	0.3030	0.0390
ITS	865	0.5628	2.4590	0.0026	0.6830	0.3847
Edu	865	0.4913	0.2075	0.04	0.9883	0.4680
ROA	865	0.0325	0.0457	−0.3092	0.3113	0.0242
ROE	865	0.0819	0.1264	−1.2714	0.4649	0.0882
P/E ratio	865	20.9573	544.3557	−15274	1891	15.5681
Tobin's Q	865	0.6913	0.6607	0.0456	5.4971	0.4980
Size	865	24.4744	1.5862	21.7332	30.6568	24
LEV	865	0.6397	0.1709	0.1194	0.9498	0.6620

三、相关性分析

（一）简单相关分析

为了使研究结论更加可靠，同时也避免各变量之间的多重共线性问题，本文采用 Spearman 和 Pearson 系数对主要变量进行相关性分析。表 19-3 是各变量之间相关性的检验结果，它表明高强度的信息化投资与 ROA、ROE、P/E ratio、Tobin's Q 四个因变量成正相关关系，EDU 与 ROA、ROE、Tobin's Q 三个变量呈显著正相关关系。（CIO 属于定性变量，不能做简单相关分析。）所以，我们可以认为：信息化投资与公司绩效、IT 治理与公司绩效之间存在正相关关系，上一章的假设 1、假设 2 得到初步验证。但对于各个变量影响大小的研究，还需要进一步回归分析的探讨。此外，表 19-3 中各变量相关系数的绝对值基本都小于 0.5，说明所选变量之间的多重共线性较低。

表 19-3 信息化投资与 IT 治理的典型相关系数

	Canonical Correlation	Adjusted Canonical Correlation	Approximate Standard Error	Squared Canonical Correlation	Eigenvalues of Inv (E) *H = CanRsq/ (1−CanRsq)			
					Eigenvalue	Difference	Proportion	Cumulative
1	0.237383	0.225778	0.035590	0.056351	0.0597	0.0553	0.9307	0.9307
2	0.066546	0.047025	0.037549	0.004428	0.0044		0.0693	1.0000

(二) 典型相关分析

典型相关分析是进行两组变量之间相关分析的技术,具有较强的分析能力。简单相关分析是研究两个变量之间的相关性,而典型相关分析是研究两组变量之间的相关性。典型相关分析将各组变量都作为整体对待,因此它所描述的是两个变量组之间的整体相关性而不是两个变量组中的变量是否相关。另外,典型相关分析对两个变量组的分析是对称的,即分析结果是双向的,无论怎么定义第一变量组和第二变量组,只要组内的变量不变,就能够得到同样的分析结果。简言之,典型相关分析就是利用主成分分析的思想,把多个变量与多个变量之间的相关转化为两个变量之间的相关。本书定义了三组变量,第一组是信息化投资变量,包括硬件投资价值(X_1)、软件投资价值(X_2)、硬件投资强度(X_3)、软件投资强度(X_4)、信息化投资强度(X_5)5个变量;第二组是IT治理变量,包括员工教育(Y_1)、CIO(Y_2);第三组是公司绩效变量组,包括总资产收益率(Z_1)、净资产收益率(Z_2)、托宾Q值(Z_3)和市盈率(Z_4)。根据以上变量分组,计算三组变量之间的两两相关系数,得到表19-4中的结果。

表 19-4 单变量相关系数分析

变量	Hard	Soft	ITS	EDU	CIO	ROA	ROE	P/E ratio	Tobin's Q
Hard	1	0.221 ***	0.956 ***	0.029	-0.079 **	0.195 ***	0.074 **	0.167 ***	0.337 ***
Soft	0.069 *	1	0.4 ***	0.104 **	0.148 ***	0.153 ***	0.653 ***	0.064 *	0.258 ***
ITS	0.980 ***	0.266 ***	1	0.036	-0.064 *	0.207 ***	0.276 ***	0.160 ***	0.340 ***
Edu	-0.032	-0.053	-0.043	1	0.047	0.444 ***	0.111 **	0.064 *	0.326 ***
CIO	-0.061 *	0.038	-0.065 *	0.037	1	-0.028	0.139 ***	-0.077 **	-0.049
ROA	0.026	-0.031	0.019	0.259 ***	-0.008	1	0.165 ***	-0.147 ***	0.581 ***
ROE	-0.046	0.185 ***	0.001	0.082 **	0.086 **	0.162 ***	1	0.041	0.150 ***
P/E ratio	0.032	0.003	0.030	-0.280 ***	-0.047	0.0001	0.0003	1	0.272 ***
Tobin's Q	0.049	0.022	0.046	0.276 ***	-0.019	0.619 ***	0.059 *	0.010	1

注:表格右上角为各个变量的Spearman相关系数,左下角为各个变量的Pearson相关系数;***、**、* 分别表示显著性水平为1%、5%、10%(双尾)。

（1）信息化投资与 IT 治理的典型相关分析。

表 19-4 左边的输出包括典型相关系数、校正的典型相关系数、近似方差和典型相关系数的平方，一共得到两个典型相关系数，相应的有两对典型相关变量。从表的右边可以看出，两对典型相关变量对应的矩阵特征值分别是 0.059 7、0.004 4，分别占特征值综合的比例（贡献率）为 93.07% 和 6.93%；说明第一对典型相关变量提供了 93.07% 的相关信息，第二对只提供了 6.93% 的相关信息。

表 19-5 输出的是对典型相关系数进行假设检验的结果。从表中可以看出，只有第一对典型相关变量在 0.05 的检验水平下显著相关，而第二对典型相关变量不显著相关。

表 19-5 信息化投资与 IT 治理典型相关系数的检验

	Likelihood Ratio	Approximate F Value	Num DF	Den DF	Pr > F
1	0.939 470 59	5.53	8	1 396	<0.000 1
2	0.995 571 63	1.04	3	699	0.375 8

表 19-6 是标准化的典型系数。各个指标对典型相关变量的贡献可以用标准化典型系数表示，根据这一部分写出标准化的第一对典型相关变量的线性组合为：

$$V_1 = 0.658\ 4X_1 + 0.439\ 2X_2 - 0.304\ 4X_3 - 0.073\ 3X_4$$
$$W_1 = -0.306\ 3Y_1 + 0.963\ 1Y_2$$

表 19-6 标准化的典型系数

	V_1	V_2
X_1	0.658 4	0.413 0
X_2	0.439 2	-0.417 1
X_3	-0.304 4	0.646 6
X_4	-0.073 3	0.827 1
X_5	0.000 0	0.000 0
-	W_1	W_2
Y_1	-0.306 3	-0.952 6
Y_2	0.963 1	-0.271 5

可以看出，在第一对典型变量（V_1，W_1）中，V_1 为信息化投资各指标的线性组合，其中，X_1（硬件投资价值）和 X_2（软件投资价值）相比其他原始变量有较大的典型系数，分别为 0.658 4 和 0.439 2，说明硬件投资价值和软件投资价值是信息化投资的主要指标，在信息化投资中占主导地位。W_1 为 IT 治理各指标的线性组合，其中 Y_2（CIO）的典型系数较大，为 0.963 1，说明 IT 治理主要受 CIO 的影响。分析可知，硬件投资价值和软件投资价值的提升对 CIO 的有极大的促进作用，硬件投资和软件投资的提升会推动公司 CIO 的建立与发展。

表 19-7 的输出结果是典型结构，即原始变量和典型变量之间的相关系数。在信息化投资指标中，硬件投资价值和软件投资价值与第一对典型变量中 V_1 的相关系数较大，与前面结论一致，可见 V_1 可以作为信息化投资特性的指标；第一对典型变量中，CIO 与 W_1 之间的相关系数最大，可见典型变量 W_1 主要代表了公司是否设置 CIO，V_1 和 W_1 的相关系数为 0.939 5，说明公司的信息化投资与 CIO 之间的关系很密切。再者，硬件投资价值、软件投资价值、CIO 这三个原始变量所对应的标准化典型系数与相关系数符号相同，说明它们分别是信息化投资和 IT 治理指标的促进变量。

在第二对典型变量中，硬件投资强度、软件投资强度和信息化投资强度分别与 V_2 的相关系数为 0.757 8、0.643 2、0.862 3，可见 V_2 可以作为信息化投资的指标，而 W_2 与 EDU、CIO 的相关系数分别为 -0.962 5、-0.306 1，可见典型变量 W_2 可以代表 IT 治理的指标，V_2 与 W_2 之间的相关系数是 0.066 5，说明硬件投资强度、软件投资强度、信息化投资强度与 EDU、CIO 之间有一定的相关性。

表 19-7 典型结构

-	V_1	V_2	W_1	W_2
X_1	0.890 3	0.232 9	0.211 4	0.015 5
X_2	0.802 5	0.283 3	0.190 5	0.018 9
X_3	-0.236 6	0.757 8	-0.056 2	0.050 4
X_4	0.145 1	0.643 2	0.034 4	0.042 8
X_5	-0.198 5	0.862 3	-0.047 1	0.057 4
-	W_1	W_2	V_1	V_2
Y_1	-0.271 3	-0.962 5	-0.064 4	-0.064 0
Y_2	0.952 0	-0.306 1	0.226 0	-0.020 4

综合上述结果可以看出,在信息化投资指标中,硬件投资价值和软件投资价值对于第一典型相关变量的作用较大,而在 IT 治理中,CIO 对于第一典型相关变量的影响较大,说明硬件投资和软件投资越多,设置 CIO 或类似职位进行管理的需求也就越大。

(2) 信息化投资与公司绩效的典型相关分析。

表 19-8 左边依次是典型相关系数、校正的典型相关系数、近似方差和典型相关系数的平方。从表 19-8 中可知,该结果可以得到 4 个典型相关系数,相应的有 4 对典型相关变量。表中右边给出的 4 对典型相关变量所对应的矩阵特征值分别是 0.060 3、0.034 5、0.001 1、0.000 5,它们分别占特征值综合的比例即贡献率为 62.50%、35.75%、1.19% 和 0.56%,说明第一对典型相关变量就提供了 62.50% 的相关信息,剩下三对典型相关变量只提供了 37.50% 的相关信息。

表 19-8　信息化投资与公司绩效的典型相关系数

	Canonical Correlation	Adjusted Canonical Correlation	Approximate Standard Error	Squared Canonical Correlation	Eigenvalues of Inv(E)*H = CanRsq/(1−CanRsq)			
					Eigenvalue	Difference	Proportion	Cumulative
1	0.238 384	0.214 114	0.035 472	0.056 827	0.060 3	0.025 8	0.625 0	0.625 0
2	0.182 536	0.177 317	0.036 356	0.033 320	0.034 5	0.033 3	0.357 5	0.982 5
3	0.033 804	.	0.037 566	0.001 143	0.001 1	0.000 6	0.011 9	0.994 4
4	0.023 261	.	0.037 589	0.000 541	0.000 5		0.005 6	1.000 0

表 19-9 的输出结果是对典型相关系数进行假设检验的结果,从中可以看出,只有第一个和第二个典型相关系数在 0.05 的检验水准下具有统计学意义,而剩下两个的典型相关系数没有统计学意义。

表 19-9　信息化投资与公司绩效的典型相关系数检验

	Likelihood Ratio	Approximate F Value	Num DF	Den DF	Pr > F
1	0.910 212 43	4.18	16	2 139.2	<.000 1
2	0.965 053 40	2.79	9	1 706.2	0.003 0
3	0.99 8316 83	0.30	4	1 404	0.880 8
4	0.999 458 91	0.38	1	703	0.537 5

表 19-10 输出的是标准化的典型系数。各个指标对典型相关变量的贡献可以用标准化典型系数表示,根据表 19-10,可以写出标准化的第一对典型相关变量的线性组合为:

$V_1 = -0.2928X_1 - 0.6273X_2 - 0.0046X_3 + 0.9883X_4$

$W_1 = -0.5951Z_1 + 0.6218Z_2 + 0.0043Z_3 + 1.0211Z_4$

第二对标准化的典型相关变量的线性组合为:

$V_2 = -0.0265X_1 + 0.7594X_2 - 0.3394X_3 + 0.2986X_4$

$W_2 = -0.1290Z_1 + 0.7479Z_2 - 0.0443Z_3 - 0.6637Z_4$

表 19-10 标准化的典型系数

	V_1	V_2	V_3	V_4
X_1	-0.2928	-0.0265	0.9853	-1.0935
X_2	-0.6273	0.7594	-0.7606	1.2748
X_3	-0.0046	-0.3394	0.5143	0.8357
X_4	0.9883	0.2986	0.6960	-0.6668
X_5	0.0000	0.0000	0.0000	0.0000
	W_1	W_2	W_3	W_4
Z_1	-0.5951	-0.1290	-0.8349	0.8657
Z_2	0.6218	0.7479	-0.1575	0.2263
Z_3	0.0043	-0.0443	0.7352	0.6767
Z_4	1.0211	-0.6637	0.3620	-0.4291

由于 r_1 为 0.2384,说明 V_1 与 W_1 之间具有一定的相关关系,且各自线性组合中变量的系数大多数都是正号,可见信息化投资越多,公司绩效就越好。

由表 19-10 分析可知,在第一对典型变量(V_1,W_1)中,V_1 为信息化投资各指标的线性组合,其中 X_2(软件投资价值)和 X_4(软件投资强度)的典型系数较大,分别为-0.6273 和 0.9883,说明软件投资价值和软件投资强度在信息化投资中的作用较大;而 W_1 是公司绩效各指标的线性组合,其中 Z_2(ROE)和 Z_4(Tobin's Q)比其他变量的典型系数大,分别为 0.6218 和 1.0211,说明 W_1 主要受 ROE 和 Tobin's Q 的影响。另外,由于 X_4、Z_2、Z_4 的典型系数为正,所以可得软件投资强度越大,公司的净资产收益率和托宾 Q 值就越好。

在表 19-10 第二对典型变量 (V_2, W_2) 中，V_2 为信息化投资各指标的线性组合。其中，X_2（软件投资价值）的典型系数最大，说明软件投资强度是信息化投资的主要指标；W_2 是公司绩效各指标的线性组合，其中仍然是 Z_2（ROE）和 Z_4（Tobin's Q）的典型系数较大，说明 ROE 和 Tobin's Q 在 IT 治理中占主导地位。另外，由于 X_2、Z_2 的典型系数为正，Z_4 的典型系数为负，说明软件投资价值越大，公司的净资产收益率越高，托宾 Q 值越低，当然它们之间的关系还需进一步回归分析、探讨。

表 19-11 的输出结果是典型结构，即原始变量和典型变量之间的相关系数。在第一对典型变量中，V_1 与硬件投资价值和软件投资强度的相关系数较大，与前面的结论略有差别；而 W_1 与 ROE 和 Tobin's Q 的相关系数较大，和前面的结论一致。在第二对典型变量中，软件投资价值和软件投资强度与 V_2 的相关系数较大，ROE 和 Tobin's Q 与 W_2 的相关系数也较大，这与前面没有差异。

表 19-11 典型变量的结构

	V_1	V_2	V_3	V_4
X_1	-0.675 3	0.387 4	0.591 3	-0.210 3
X_2	-0.262 9	0.910 7	0.211 1	0.238 5
X_3	0.032 0	-0.330 8	0.701 0	0.631 0
X_4	0.645 0	0.691 3	0.312 4	0.092 0
X_5	0.159 3	-0.182 2	0.739 5	0.628 1
	W_1	W_2	W_3	W_4
Z_1	0.176 0	-0.462 6	-0.603 9	0.624 8
Z_2	0.642 9	0.659 0	-0.244 3	0.304 5
Z_3	-0.002 4	-0.053 9	0.723 6	0.688 1
Z_4	0.690 5	-0.670 7	-0.206 3	0.175 8

综合上述结果可以得出，在信息化投资的各指标中，软件投资价值和软件投资强度对于第一典型相关变量的作用较大，而在公司绩效的各指标中，ROE 和 Tobin's Q 的影响则较大，这在一定程度上说明了软件投资价值和软件投资强度越大，公司的 ROE 和 Tobin's Q 也就越大。

（3）IT 治理与公司绩效的典型相关分析。

表 19-12 左边的输出结果分别为典型相关系数、校正的典型相关系数、

近似方差和典型相关系数的平方。从表19-12分析可知，该结果可得到两个典型相关系数，相应的有两对典型相关变量。右边给出了两对典型相关变量所对应的矩阵特征值，它们分别是0.1971、0.0083，分别占特征值综合的比例（贡献率）为95.97%和4.03%。说明第一对典型相关变量就提供了95.97%的相关信息，第二对只提供了4.03%的相关信息。

表19-12　IT治理与公司绩效的典型相关系数

	Canonical Correlation	Adjusted Canonical Correlation	Approximate Standard Error	Squared Canonical Correlation	Eigenvalues of Inv(E)*H = CanRsq/(1-CanRsq)			
					Eigenvalue	Difference	Proportion	Cumulative
1	0.405 781	0.400 940	0.028 926	0.164 659	0.197 1	0.188 8	0.959 7	0.959 7
2	0.0906 56	0.078 168	0.034 343	0.008 218	0.008 3		0.040 3	1.000 0

表19-13的输出结果是对典型相关系数进行假设检验的结果，说明第一个典型相关系数在0.05的检验水平下显著相关，而第二个典型相关系数不显著相关。

表19-13　IT治理与公司绩效的典型相关系数检验

	Likelihood Ratio	Approximate F Value	Num DF	Den DF	Pr > F
1	0.828 476 20	20.45	8	1 658	<0.000 1
2	0.991 781 56	2.29	3	830	0.076 7

表19-14是标准化的典型系数。各个指标对典型相关变量的贡献可以用标准化典型系数表示。根据表19-14，可以写出标准化的第一对典型相关变量的线性组合如下：

$V_1 = 1.000\ 8Y_1 - 0.0\ 399Y_2$

$W_1 = 0.2\ 107Z_1 + 0.1\ 163Z_2 - 0.6\ 594Z_3 + 0.5\ 585Z_4$

表19-14　标准化的典型系数

	V_1	V_2
Y_1	1.000 8	-0.000 6
$Y2$	-0.039 9	1.000 0

第十九章 IT 治理的实证分析

续表

	W_1	W_2
Z_1	0.210 7	-0.188 6
Z_2	0.116 3	0.980 5
Z_3	-0.659 4	-0.075 8
Z_4	0.558 5	-0.185 0

由于 r_1 为 0.405 8，说明 V_1 与 W_1 之间存在一定的相关性，且各自线性组合中变量的系数大多数都是正号，从而可以得出，IT 治理的效果越好，公司绩效也就越好。

从表 19-14 可以看出，在第一对典型变量（V_1，W_1）中，V_1 为 IT 治理各指标的线性组合，其中 Y_1（员工的教育程度）的典型系数为 1.000 8，相比其他变量有较大的载荷，说明第一典型相关变量 V_1 主要受员工教育程度的影响。W_1 是公司绩效各指标的线性组合，其中 Z_3（市盈率）和 Z_4（托宾 Q 值）的典型系数较大，它们分别为-0.659 4 和 0.558 5，说明市盈率和托宾 Q 值是公司绩效的主要指标。

表 19-15 的输出结果是典型结构数据，即原始变量和典型变量之间的相关系数。在第一对典型变量中，Y_1（员工教育程度）与 V_1 的相关系数较大，与前面结论一致。同样，除了 Z_3（市盈率）和 Z_4（托宾 Q 值）外，Z_1（总资产收益率）变量与 W_1 的相关系数最大。另外，CIO 所对应的标准化典型系数与相关系数符号相反，说明该变量为抑制变量。

表 19-15 典型结构数据

	V_1	V_2	W_1	W_2
Y_1	0.999 2	0.039 8	0.405 5	0.003 6
Y_2	0.000 6	1.000 0	0.000 3	0.090 7
	W_1	W_2	V_1	V_2
Z_1	0.647 6	-0.138 0	0.262 8	-0.012 5
Z_2	0.203 4	0.940 6	0.082 5	0.085 3
Z_3	-0.682 8	-0.085 4	-0.277 1	-0.007 7
Z_4	0.697 6	-0.244 7	0.283 1	-0.022 2

综合上述结果可以看出，在 IT 治理中，员工教育程度（EDU）对第一典

型相关变量的作用较大；而在公司绩效中，总资产收益率（ROA）、市盈率（P/E ratio）和托宾 Q 值（Tobin's Q）对于第一典型相关变量的影响较大，表员工教育程度越高，公司的总资产收益率、市盈率及托宾 Q 值也就越大。

四、回归分析

（一）信息化投资对公司绩效的影响

表 19-16 是样本企业信息化投资强度与公司绩效的回归分析结果，其被解释变量为公司绩效。从信息化投资强度与公司绩效的回归分析结果可以看出，信息化投资强度与公司绩效的四个指标（总资产收益率、净资产收益率、市盈率和托宾 Q 值）的关系在 1%、5%、10% 的水平上并不显著。另外，信息化投资强度只有与 P/E ration（市盈率）的回归系数是正的，与其他三个变量的回归系数均为负数；这说明信息化投资强度对 ROA（总资产收益率）、ROE（净资产收益率）和 Tobin's Q（托宾 Q 值）具有负向的影响，而对 P/E ration（市盈率）的影响是正向的且影响都很小。上述分析结果并不支持本书上一章提出的研究假设 1。

表 19-16　信息化投资强度与公司绩效回归分析结果

变量	ROA	ROE	P/E ration	Tobin's Q
ITS	-0.000 4	-0.001 1	7.406 3	-0.008 8
	(-0.65)	(-0.58)	(0.81)	(-1.04)
Size	0.004 19***	-0.002 6	-4.386 7	-0.058 7***
	(4.06)	(-0.82)	(-0.28)	(-3.98)
Lev	-0.171 6***	-0.088 3**	18.879 5	-2.213 4***
	(-18.18)	(-3.04)	(0.13)	(-16.44)
cons	0.057 2**	0.158 9*	131.780 5	3.507 0***
	(2.41)	(2.18)	(0.36)	(10.37)
Location	控制	控制	控制	控制
年度/行业	控制	控制	控制	控制
N	865	865	865	865
R2	0.3376	0.0251	0.0034	0.3824

注：表中括弧内 t 值均经异方差调整；***、**、* 分别表示显著性水平为 1%、5%、10%。

表 19-17 是硬件投资强度、软件投资强度与公司绩效的回归结果。可以看出，硬件投资强度对公司绩效的影响并不显著，而软件投资强度只与 ROE（净资产收益率）在 1% 的水平上显著正相关，与其他三个公司绩效指标不存在这种关系，与它们之间的相关系数非常小。这说明硬件投资强度对总资产收益率、净资产收益率、市盈率和托宾 Q 值没有显著的影响，软件投资强度对净资产收益率有显著的影响，影响系数为正，而对于其他公司绩效指标没有直接影响。所有回归的控制变量为公司位置、行业和年度效应。

表 19-17　硬件投资、软件投资强度与公司绩效回归结果

变量	ROA	ROE	P/E ration	Tobin's Q
Hard	2.71E-13	-5.05E-12	5.56E-09	1.51E-11
	(0.37)	(-2.27)	(0.49)	(1.45)
Soft	-3.05E-12	6.15E-11 ***	1.02E-08	4.93E-11
	(-0.64)	(4.22)	(0.14)	(0.73)
Size	0.004 4 ***	-0.005 6	-12.956 2	-0.080 1 ***
	(3.38)	(-1.41)	(-0.65)	(-4.33)
Lev	-0.171 2 ***	-0.088 6 **	14.859 3	-2.202 5 ***
	(-18.15)	(-3.09)	(0.10)	(-16.40)
cons	0.052 3 *	0.228 6 **	339.816 9	4.009 8 ***
	-1.74	(2.49)	(0.73)	(9.35)
Location	控制	控制	控制	控制
年度/行业	控制	控制	控制	控制
N	865	865	865	865
R2	0.337 6	0.049 1	0.003 0	0.385 1

注：表中括弧内 t 值均经异方差调整；***、**、* 分别表示显著性水平为 1%、5%、10%。

从上述结果来看，本书所选样本公司的信息化投资效果并不理想，大量的信息化投资并没有带来预期的回报，上一章的假设没有得到验证，其原因也许是公司缺乏管理的导致后果，这就或许从另一个侧面说明了引入 IT 治理的必要性。

(二) IT 治理对公司绩效的影响

表 19-18 显示的是 IT 治理对公司绩效影响的回归分析结果。其中，EDU（员工教育程度）分别在 1%的水平上与 ROA（总资产收益率）的回归系数、与 Tobin's Q（托宾 Q 值）的回归系数都显著为正，在 10%的水平上与 ROE（净资产收益率）显著正相关；而与市盈率的系数则是显著负相关的。CIO（是否设置 CIO 或类似职位）与 ROE 的系数在 5%的水平上为显著正相关，而与其他三个绩效则是在 10%的水平上通过显著性水平测试且系数为正。另外，从回归系数上看，EDU 与公司绩效各指标的回归系数总体来说比 CIO 与之的系数大一些，这说明与是否设置 CIO 或类似职位相比，员工教育程度对公司绩效的影响更为明显。鉴于 EDU 与 CIO 是 IT 治理的代表变量，可以说上述结果验证了本书上一章的研究假设 2；也就是说，IT 治理与公司绩效有正相关关系。所有回归的控制变量为公司位置、行业和年度效应。

表 19-18 IT 治理与公司绩效回归分析结果

变量	ROA	ROE	P/E ration	Tobin's Q
EDU	0.035 6***	0.037 4*	−198.750 7***	0.508 0**
	(5.49)	(1.73)	(−8.70)	(5.75)
CIO	−0.001 8*	0.025 7**	14.617 2*	0.066 1*
	(−0.60)	(2.50)	(1.35)	(1.57)
Size	0.004 8***	0.000 6	−9.007 9**	−0.059 4***
	(5.04)	(0.20)	(−2.70)	(−4.60)
Lev	−0.150 9***	−0.080 6**	−34.793 6	−1.952 2***
	(−17.46)	(−2.79)	(−1.15)	(−16.66)
cons	0.008 3	0.060 1	366.939 6***	3.078 6***
	(0.37)	(0.80)	(4.66)	(10.11)
Location	控制	控制	控制	控制
年度/行业	控制	控制	控制	控制
N	865	865	865	865
R2	0.326 1	0.029 3	0.095 3	0.403 8

注：表中括弧内 t 值均经异方差调整；***、**、* 分别表示显著性水平为 1%、5%、10%。

(三) 信息化投资、IT 治理对公司绩效的影响

前面的回归分析结果只单独考虑了信息化投资及 IT 治理对公司绩效的影响，而本部分的回归分析则在信息化投资的基础上，加入了 IT 治理的影响。表 19-19 为信息化投资强度、IT 治理与公司绩效的回归分析结果。从中可以看出，虽然 ITS（信息化投资强度）与公司绩效各指标的回归系数仍不显著，但其系数由前面的负数变为了正数，说明 IT 治理还是有一定效果的，只是效果不是那么明显，仍然需要进一步提升治理强度。对于 ROE 来说，交叉项 ITS * CIO 的回归系数在 5% 的水平上显著为正，表明 ITS（信息化投资强度）与 CIO 合在一起具有提高公司绩效（ROE）的作用。从这些分析结论，可以认为上一章的研究假设 3 能够成立。

表 19-19 信息化投资强度、IT 治理与公司绩效回归结果

变量	ROA	ROE	P/E ration	Tobin's Q
ITS	0.000 6	0.004 0	14.122 8	0.019 0
	(0.37)	(0.78)	(3.03)	(0.82)
EDU	0.029 8**	0.050 3**	-94.410 6***	0.598 3***
	(3.64)	(1.99)	(-4.06)	(5.15)
CIO	-0.004 0	0.011 9	-4.406 1	0.014 3
	(-0.92)	(0.88)	(-0.36)	(0.23)
ITS * EDU	-0.002 6	-0.014 3	-28.114 0*	-0.066 7
	(-0.63)	(-1.12)	(-2.41)	(-1.15)
ITS * CIO	0.002 7	0.017 4**	-2.247 6	0.035 3
	(0.82)	(1.67)	(-0.24)	(0.75)
Size	0.004 7***	-0.003 3	-5.628 4*	-0.056 9**
	(4.28)	(-0.96)	(-1.82)	(-3.69)
Lev	-0.165 8***	-0.080 4**	-14.516 8	-2.064 2***
	(-17.05)	(-2.68)	(-0.53)	-15.08
cons	0.025 8***	0.138 9*	220.070 8**	3.043 2***
	(0.99)	(1.73)	(3.00)	(8.32)
Location	控制	控制	控制	控制

续表

变量	ROA	ROE	P/E ration	Tobin's Q
年度/行业	控制	控制	控制	控制
N	865	865	865	865
R2	0.350 9	0.042 6	0.078 2	0.405 0

注：表中括弧内 t 值均经异方差调整；***、**、* 分别表示显著性水平为1%、5%、10%。

表19-20是硬件投资强度、软件投资强度、IT治理与公司绩效的回归分析结果。该回归分析结果显示，Hard（硬件投资强度）与市盈率、托宾Q值的回归系数随着IT治理变量（EDU、CIO）的加入已变为显著相关，与ROA、ROE的系数虽然没有达到显著性水平，但回归系数也变大了。就市盈率来看，交互项 Hard * EDU 的系数在5%的水平上显著正相关，交互项 Soft * EDU 在10%的水平上显著为正；说明当员工教育程度提高时，公司绩效（市盈率）随着硬件投资强度和软件投资强度的增加而提高。这一结果很好地验证了本书上一章的假设3。

总体来说，上述实证结果基本符合本书研究的预期，回归结果表明，IT治理水平对公司绩效具有显著的正相关关系。同时，在IT治理的作用下，信息化投资与公司绩效的关系变为有明显的促进作用，这些都说明公司应在加大信息化投资的基础上，更加重视信息化资产的管理，提高IT治理水平；只有这样，才能使公司获取竞争优势，提高经济效益。

五、稳健性检验

为了检验信息化投资、IT治理与公司绩效研究结果的可靠性，本书的研究还进行了如下稳健性测试：第一，将信息化投资的变量替换为信息化投资价值，即硬件投资价值与软件投资价值之和；第二，考虑到不同财务绩效的变量可能对信息化投资、IT治理与公司绩效之间的关系产生影响，又通过借鉴相关文献，将公司绩效替换为销售净利率。

从稳健性检验的结果看，主要变量之回归系数的符号都基本与前文所述结果相一致，也就是说稳健性检验结果依然支持前面的结论。鉴于篇幅有限，这里就不再详列稳健性检验结果了。

表 19-20　硬件投资、软件投资强度、IT 治理与公司绩效回归结果

变量	ROA	ROE	P/E ration	Tobin's Q
Hard	2.30E-12**	1.50E-12	2.96E-08**	9.64E-11*
	(0.58)	(0.12)	(2.65)	(1.74)
Soft	1.41E-12**	1.72E-11	-6.19E-08**	-7.09E-12
	(0.14)	(0.56)	(-2.17)	(-0.05)
EDU	0.031 0***	0.036 6	-116.898 0***	0.610 8***
	(3.97)	(1.54)	(-5.24)	(5.53)
CIO	-0.005 9	0.0135	-1.1672	-0.019 2
	(-1.27)	(0.96)	(-0.09)	(-0.29)
Hard*EDU	-5.32E-12**	-1.86E-11	-5.07E-08**	-1.60E-10
	(-0.65)	(-0.74)	(-2.19)	(-1.40)
Soft*EDU	-1.77E-11*	1.47E-10*	1.43E-07*	2.61E-11
	(-0.60)	(1.65)	(1.74)	(0.06)
Hard*CIO	-8.94E-14	1.77E-12	-7.65E-09	-2.23E-11
	(-0.04)	(0.26)	(-1.23)	(-0.73)
Soft*CIO	1.12E-11	-2.13E-11	1.54E-08	2.60E-10
	(0.86)	(-0.54)	(0.42)	(1.43)
vSize	0.004 9**	-0.007 7*	-9.846 1**	-0.088 0***
	(3.37)	(-1.72)	(-2.38)	(-4.29)
Lev	-0.168 1	-0.075 5**	-5.483 2	-2.096 7***
	(-17.04)	(-2.51)	(-0.20)	(-15.18)
cons	0.021 2**	0.245 4**	322.281 0**	3.801 4***
	(0.61)	(2.32)	(3.29)	(7.83)
Location	控制	控制	控制	控制
年度/行业	控制	控制	控制	控制
N	865	865	865	865
R2	0.353 7	0.070 1	0.078 5	0.413 1

注：表中括弧内 t 值均经异方差调整；***、**、*分别表示显著性水平为 1%、5%、10%。

六、结论

本章以 2012~2014 年中国上市公司 500 强为样本，用信息化投资强度、硬件投资强度和软件投资强度作为信息化投资的变量，以员工教育程度、是否设置 CIO 或相关职位作为 IT 治理的变量，同时用总资产收益率、净资产收益率、市盈率和托宾 Q 值来衡量公司绩效，实证分析了信息化投资、IT 治理对公司绩效的影响与关系，得出如下结论。

第一，信息化投资与公司绩效。通过研究分析，本章已得出：信息化投资对公司绩效的影响并不显著；此外，虽然信息化投资强度与公司绩效各指标的回归系数大多数为负数，但硬件投资强度与软件投资强度分别与公司绩效各指标的回归系数为正。这说明，虽然信息化投资强度并不能促进公司绩效的提升，但硬件投资强度和软件投资强度对公司绩效有正向作用。由此看出，本书上一章的假设 1 不能得到很好的验证，其原因很可能是公司缺乏对信息化资产的管理，因而导致经济效益没有达到预期的目标。鉴于此，我们认为，企业在推进信息化建设的过程中，不仅要注重对信息化资产的投资，更要加强对这些资产的管理。

第二，IT 治理与公司绩效。根据实证分析结果，我们发现，IT 治理与公司绩效存在着紧密的联系；也就是说，有效的 IT 治理可以显著地促进公司绩效的提高。这一结果符合本书上一章的研究假设，也与以往的研究结论相一致。这主要是因为，在 IT 治理的条件下，公司生产经营及管理各方面的效率能够得到提高，其运营成本也可以得以降低，因而能够提高公司治理的水平并使得公司绩效上升。由此可以认为，企业要对 IT 治理予以高度重视，要使 IT 治理的理念和思想深入每一个部门和员工，努力加强 CIO 及 IT 治理部门的建设，使相关管理者成为 IT 治理的专家，同时加大对公司员工的培训力度。

第三，信息化投资、IT 治理与公司绩效。从实证分析结果看，引入 IT 治理变量后，信息化投资强度与公司绩效呈现正相关关系，而且具有一定的显著性水平。这说明，IT 治理与信息化投资并存的条件下，公司绩效能够提高。不仅反映出 IT 治理具有明显的促进作用；而且，上一章提出的研究假设 1 未得到本章验证这一实证结果，反证了 IT 治理的不可或缺。

第二十章 企业内部控制信息系统的构建

从本书项目组的调研情况看，为了更好地治理高新技术企业信息化风险，已有一定比例的高新技术企业建立了自己的内部控制系统。但正如本书第二部分指出的那样，传统的内控或风控系统已无法适应高新技术企业的信息化环境和并做到流畅运行，单纯根据 COSO 或国家颁布的内控规范、内控配套指引等，无法创造最佳效果，尤其对高新技术企业即信息化水平较高的企业组织来说更是如此。本书提出的利用信息技术重构企业内控体系，实现内部控制的信息化，应该说是创新信息化管理模式的重要举措，且实践证明其效果明显。

本章专论企业内部控制信息系统的构建问题。

一、前期准备

俗话说"七分准备，三分实施"。对于信息系统的建设，规划和准备至关重要。许多风险隐患往往产生于前期准备不足；大量实践表明，前期工作准备对最终成果的质量起着重要作用。缺乏必要实施基础的内部控制信息化建设常会导致要么因实施过程中出现重大问题而终止，要么最终效果差强人意，达不到企业内控信息化建设应有的目的。因此，企业在对内部控制进行设计，推行企业内部控制信息化建设的过程中，务必做好大量准备工作，以确保内部控制系统的设计与企业现阶段的控制环境和业务相符，确保内控信息化的设计目标遵循企业长期战略、与企业当期发展目标一致，同时也确保内部控制信息化的建设不超出企业能力范围。

以下以 A 公司为例，叙述如何构建信息化内控系统。A 公司属于高新技术企业范畴，构建内部控制信息系统的目的是防范企业信息化管理过程中的各类风险。

(一) 组织架构的调整

组织架构调整的依据是企业经营目标，包括近期目标和远期目标。企业组织结构只有与企业各级目标相契合，才是合理的组织架构，否则就需要调整完善。A公司为了落实内部控制信息化工作，实施对风险的精准识别和有效防范，需要建立良好的组织架构和岗位界定，以便适应信息化环境下的内部控制系统的运行。经过董事会和管理层的内部讨论，通过事前调研和咨询专家和管理团队的建议，A公司对企业的组织框架进行了整合、调整。新组织架构如图20-1所示。

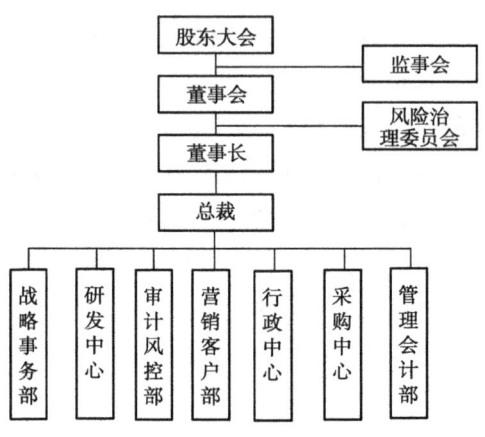

图20-1　A公司（总部）组织架构图

首先，企业董事会下增设风险治理委员会这一特定专业委员会，其主要职责是：在董事会授权范围内，对公司"三重一大"、信息化策略、高新技术研发定位等涉及全局和长远发展目标的重大事项所包含的风险及不确定性进行审查评估，并将评估结果向董事会报告；董事会通过后，授权管理层执行，同时对过程和结果进行监督。

其次，企业新增董事会办公室，负责企业对外信息的披露和企业内部董事会、股东大会的筹建和相关记录；建立审计部门，并为部门员工开展培训计划，提供内部控制的人才基础；在内部控制信息化方面，成立财务中心，将财务总监的地位等同于企业副总，以增强财务部门和审计部门的话语权，促使A公司整体更加重视财务活动，更便于财务部门和其他部门的沟通。这给企业创造了良好的控制环境。

最后，将企业信息部门并入财务中心，信息部经理受财务总监管辖，而不是作为一个单独的部门直接对总经理负责，使企业的信息化建设与会计信息的联系更加密切，也使得财务总监能够在企业信息化的发展定位、风险评估等方面有较大的话语权，同时使企业其他的信息系统（例如 OA）能够更好地与会计信息系统相结合，更加方便内部控制信息化的实施。

（二）制度规范的建立

良好的规章制度可以将企业的经营管理经验转换为企业员工遵循的行为准则，使员工个人行为得到合理的规范，又能发挥企业的整体优势。一套合理并得到遵循的规章制度能够优化企业内部控制环境，减少内部控制信息化推行的阻力。然而，A 公司并没有一套经过科学调研，按照企业生产经营状况制定的系统性的规章制度，而是各个部门自行规定或者照搬其他企业部门制度。因此，企业的规章制度并不完善，不适合当前公司管理的需要。

A 公司在推行内部控制信息化之前、调整组织框架的同时，由咨询专家为代表的内部控制项目组对公司各个部门原有的岗位职责做了调查和整理，对公司屡次发生的重大问题、损失无人负责的情况做了分析。同时，项目组对一些部门的权限提出相应的调整建议，并结合公司目前内外部环境和发展需要，在与相关的部门进行沟通和考察后，对部门权限和岗位职责做出了新的界定。企业的人力资源部门也在对企业现有的规章制度进行整理，力图规范员工的行为，明确责权。而制度的制定和责权的划分也为企业内部控制的各种风险点和控制点明确了负责人，大量减少了无人负责的情况发生，为企业内部控制信息化的推行扫清了障碍。

（三）业务流程的优化

业务流程的优化是对企业原有工作流程的梳理、改进，使得企业的业务流程适合企业目前管理和发展的需要，达到节约成本、提高效率、方便绩效管理的目的。A 公司原有业务流程是依照传统经验设计的，对于公司内部控制信息化和公司的后续发展来说，存在较多问题：

第一，公司对主要业务流程缺乏一个明确的成文规定，大多是员工之间口口相传，在传递过程中经常出现偏差，造成同一部门里不同岗位的员工对同一业务的工作顺序理解不一致。

第二，公司的业务流程没有包含内部控制中岗位互相分离、互相牵制的思想，很多流程缺乏必要的审核、备案程序，对公司推行内部控制信息化造成很大阻碍。

第三，公司的信息系统设计时，由于各种因素的影响，没有对公司业务进行"量体裁衣"，使得公司信息系统中工作流程与员工手工操作存在差异，因此，部分业务流程一直沿用传统的工作方式。

第四，公司在现代化管理方面存在着一定的短板，它重生产、销售轻研发和创新，在细节管理方面隐含着许多风险因素；但公司目前缺少与管理相关的合理化业务流程，无法适应高新技术企业的经营性质和发展需要。这在北京市高新技术企业中颇具代表性，比如绩效考核、招投标管理、档案管理等方面。

A公司业务流程中这些缺陷，都影响企业的内控信息化建设，因此，该公司利用项目组，通过与各个部门管理者和员工的沟通，了解了各个部门目前的业务流程，经外部专家建议和各个部门经理同意，考虑到内部控制的要求和公司信息系统的能力，设计了一套在公司当前生产经营能力范围内，同时又能确保在公司信息系统中实现的科学合理的业务流程，作为公司进行内部控制信息化的基础。

(四) 风险意识的提高

对于高新技术企业来讲，风险管理是企业管理的关键任务之一，风险的识别和防范也是风险控制的重要组成部分。对企业风险进行识别，提高员工的风险意识，对推动内部控制建设有重要意义。A公司为建设内部控制体系，提高企业的风险管理水平，在公司进行内部控制信息化之前，对公司当前面临的主要风险做了系统分析，列明了公司当前的内外部风险并对风险等级进行了划分。按照风险的重要程度，A公司对所列明的风险建立了数据库，主要针对当前面临的安全生产、固定资产、存货、销售、产品质量、投资等的风险进行应对分析。此外，A公司还对信息化企业所特有的风险进行分析，拿出了相关应对方案。A公司还对管理层和员工普及了风险的防范知识，以提高公司整体的风险意识。

(五) 资金和技术的支持

内部控制信息化的设计需要专业人才，同时，系统的推进也需要掌握内部控制和信息化的复合型人才的支撑。A公司聘用外部专家设计内部控制信息系统，并设立内部控制小组对企业进行数月的调查、流程设计和反馈沟通，确保每个流程、每个控制点都得到管理层和所涉及的部门的认可。同时，A公司聘请专业公司（咨询公司和系统开发公司），依据项目组的内部控制手册，对公司内部控制信息化系统的推进进行指导。此外，A公司还计划招聘掌握信息化技术的员工进入信息部门和审计部门，对公司目前审计部门的员工进行再次教育和上岗培训。面对企业整体对内部控制认识程度较低的状况，内部控制项目组在内部控制手册编制完成后，会对企业各个部门负责人进行培训，介绍内部控制和信息系统，减少企业推行内部控制信息化的阻力。此外，A公司还给予内部控制信息化建设充足的资金支持，确保项目不会因为资金链断裂而无法继续进行，充分保障公司聘请大型而成熟的财务软件供应商提供财务服务的资金，确保内部控制信息化得以实施。

二、内部控制信息系统的逻辑设计

要建立一个完善的内部控制信息系统，会涉及多层次、多方位、多学科的专业知识，因为信息系统的设计必须依据系统设计的理论和方法来进行。信息系统的逻辑设计是信息系统设计最关键的环节。内部控制信息系统逻辑设计的目的是为企业内部控制系统建立一个完整的逻辑结构，使得信息系统的功能能够客观地在信息系统上反映出来，并且为日后系统的维护和开发工作打下良好的基础。本案例即A公司内部控制信息系统的逻辑设计主要包括系统目标、用户分析、网络结构确定、系统功能设计、数据库设计等。

（一）系统目标

本案例的系统目标是为A公司建立一个适于公司生产经营和后续发展，适合商业应用的内部控制信息系统。该系统在优化企业组织架构、改善企业业务流程、促进企业内部控制工作效率的基础上，实现对企业生产经营过程中的物流、资金流、信息流的全方位控制和信息共享，改变企业岗位权责不分、业务流程不合理、风险防范能力较差、信息沟通困难的局面，提高企业的内部控制效率，为企业及时提供准确的信息，为管理层提供准确的决策依据，促进企业的发展，增加企业的核心竞争力。

（二）用户分析

（1）用户组织架构分析。

A公司的组织架构分为总公司、销售公司、销售大区、销售省级区域、办事处共五级。其中，总公司是企业的管理机构和生产总部，销售公司是企业销售管理中心，企业具体销售业务由销售大区、销售区域和办事处承担。总公司和分公司的指令通过销售大区向销售区域和办事处传达，销售区域之间一般不得进行业务往来。各个办事处从经销商获得的数据向销售区域汇总，最终形成子公司的业务和总公司的财务报表。

(2) 用户类型分析。

用户类型分为系统管理员和系统涉及的各部门用户。系统管理员应当具有相关内部控制和信息系统的专业知识，负责对内部控制信息系统的基础数据和数据库的日常维护工作，并且负责信息系统的升级和故障排除等。系统的用户分为企业管理者和普通员工。普通员工一般只负责数据的录入、审核、提交工作，而管理者则负责数据分析和审核、审批等工作。因此，用户类型可以由系统管理员根据企业各个部门、分公司、销售大区等分别进行设置。管理员应当首先在内部控制信息系统中设置相关岗位，然后添加与该岗位对应的操作员，并根据不同岗位设置操作员的权限进行。

(三) 网络结构设置

针对 A 公司的业务模式和公司分支机构涉及较多地区的状况，同时考虑到成本效益和安全性问题，A 公司选择的是 Intranet/Internet 相结合的网络结构。公司内部的业务流程在内部网里实现，而公司对外的信息和客户的交流则通过互联网来实现。

(四) 功能设计

通过对 A 公司的考察和调研，将 A 公司内部控制信息系统划分为信息采集模块、识别和评价模块、预警分析与跟踪模块、结论与建议模块、系统设置模块等，如图 20-2 所示。

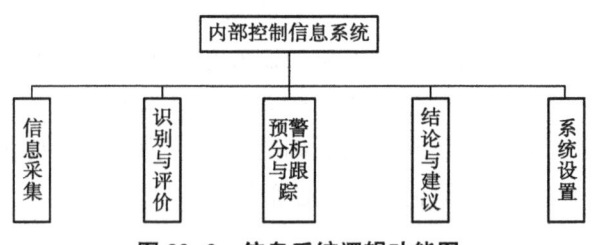

图 20-2　信息系统逻辑功能图

(1) 信息采集模块。

内部控制信息系统能够有效运行的基础之一就是能够及时、准确地获得企业的资金流、物资流的信息，能够了解企业每一笔业务活动发生、执行和终止的情况。系统只有能够及时获得企业的业务信息，才能对企业发生的业务活动进行控制，及时制止损坏公司利益的行为，才能实现内部控制信息系统事前控制、事中控制、事后控制的优势。目前 A 公司已有五大信息系统：

会计信息系统，办公自动化系统，物流信息系统，销售管理信息系统，仓库管理信息系统。内控系统根据企业的业务流程和 A 公司内部控制手册中列明的风险点和控制点的相关数据对信息进行采集，所有数据由各信息系统向内部控制信息系统及时传递。因此，公司的内控系统需首先建立信息采集模块，使得系统能够及时发现风险并规范公司的业务。

（2）识别与评价模块。

识别与评价模块主要负责识别企业行为中的风险、发现违反内部控制制度的行为。企业的信息传达到内部控制系统后，系统就要对信息进行识别和评价，检测企业的活动是否符合内部控制制度的要求，是否会给企业带来风险。因此，内控系统需要建立识别与评价模块。识别与评价模块能识别采集到的信息中的风险因素，明确企业的行为是否会给企业带来风险，判断企业的业务活动是否符合企业规范的业务流程，筛选出违反企业内部控制的行为，为系统进行分析、预警奠定基础。同时，识别与评价模块还是企业进行内部控制有效性考核和绩效评价的数据来源，企业可以通过识别与评价模块判别内部控制执行较好的业务和部门。通过识别与评价模块，企业可以及时发现当前发生的违反内部控制的活动，同时也可以借此模块警示员工，在心理上对意欲舞弊的员工予以震慑。

（3）预警分析与跟踪模块。

预警分析与跟踪模块能对公司发生的违反内部控制的行为进行分析，判断风险的级别和类型，同时对风险进行预警和跟踪。首先，系统在风险识别与评价之后，对于违反内部控制、增大企业风险的行为，能够及时地经过相关信息系统通知活动发生的部门和涉及的员工，对该活动负责人发出风险预警。其次，系统根据企业的风险清单，对识别出的风险进行分析，判断风险的类型和风险的级别，根据情况判断是否上报管理层。最后，系统还能持续地对预警后的活动进行后续跟踪，检测活动是否得到更正，从而保证内部控制的有效性。有了预警分析与跟踪功能，系统就可以及时掌握企业当前的各项业务活动涉及的内部控制各相关流程的执行情况，就可以及时调整企业的不当行为，提高企业经营管理的科学性，减少舞弊行为的发生，维护企业的资产和经营安全。

（4）结论与建议模块。

结论与建议模块的功能是根据公司的现状和内部控制规定，对造成企业风险、违反内部控制的行为提出改进和完善建议。公司在预警分析与跟踪之后,对行为的不当之处进行分析,找出系统设定的最优建议,同时将建议传递到相关部门的信息系统中。例如,假如 A 公司有一笔借款业务没有得到财务总监的审批,但是借款人以总经理同意为由,要求出纳跳过财务总监审批环节直接拨款;出纳如果执行操作,其会计信息系统登录界面就会出现预警,并且显示建议:"借款需经过财务总监审批才能执行"。可见,结论与建议模块可以减少企业的不当行为,纠正违反企业流程的操作,为企业内部控制的有效运行提供支撑。

(5) 系统设置模块。

系统设置模块具体负责信息系统的信息设置、系统初始化、日志管理和数据库的维护等。

信息设置应当包括:第一,公司的基本信息和业务流程的逻辑主线,信息在不同部门之间的传递方式;第二,公司部门岗位的设置和修改;第三,系统操作员的管理,管理员的密码设置;第四,岗位信息的权限的设定和授权等。系统初始化是系统在首次使用之前,对内部控制信息系统的的系统设置,具体包括公司注册、数据库初始化等内容。日志管理是对系统日志的管理和维护。数据库维护是指数据库的备份和恢复功能。

上述五大功能模块都不是单一的个体,而是不断循环且循序渐进的过程。首先,公司的信息通过信息采集模块流入内部控制系统中;然后,系统对信息进行识别、分析、评价,筛选出违反内部控制的行为;之后,经过预警模块和建议模块,对不当行为加以阻止和纠正,维护内部控制的有效性。而这一过程中出现的特殊不当行为和分析结果,也会被审计员记录下来,录入信息系统。这就使得公司内部系统形成一个不断流动的循环。

(五) 数据库设计

内部控制信息系统的数据库设计,主要是要设计出能够真实反映企业信息关系、数据冗余少、存储效率高、方便企业维护和实施,并且满足企业各种实际要求的数据模型。A 公司的数据库设计必须符合关系规范化要求,同时要保证系统的运行效率和数据的安全性,并要保证数据库便于维护。

三、内部控制信息系统的物理设计

逻辑设计明确了企业内部控制信息系统的各项功能,但这些功能的实现是依靠软件和硬件来实现的。因此，系统必须进行物理设计。物理设计是给逻辑设计的功能提供一个最合适的物理结构，以保证内部控制信息系统的功能得到良好的应用，以提高企业的经济效益。

（一）设计思路

根据 A 公司风险的特点和治理要求，在对系统进行物理设计时，除了软件设计的基本要求外，还考虑到了以下三点：

（1）兼容性。

企业已经具备多种系统的并用模式，上线了多种信息系统软件，如财务部门的会计信息系统、人力资源部门应用的办公自动化系统等。在对内部控制信息系统进行设计时，要考虑系统的兼容性，不浪费其他系统的资源，提高公司整体的工作效率。

（2）实用性。

针对企业销售渠道和客户群体的特点，考虑到公司每天都有大量的业务、技术服务和研发合作等活动，为了节省时间、提高效率，系统的设计应当以实用性为主，要简化界面，提高输入效率，减少数据输入的时间，节约企业的人力成本。

（3）灵活性。

企业内控体系应具备充分的灵活性，对具有总部和下属机构的 A 公司来说，应根据总公司和分公司工作重点之不同，有针对性地体现内部控制信息系统各个功能模块的侧重程度。系统应当允许管理员在系统初始设置时进行选择。

（二）代码设计

代码设计是内部控制信息系统物理设计的基础工作，是系统能够准确运行的前提。系统中的事物的名称、属性都通过代码在计算机中进行处理。内部控制信息系统涉及企业的大量信息，为了方便企业的风险控制，必须将企业的各种信息进行编码，使得计算机能够识别。因此，代码的设计质量直接影响企业内部控制信息系统的效率和运行；合理的代码设计能够提高系统的效率，简化数据处理流程。对于 A 公司来说，公司常用的代码内容一般有部门、岗位、员工、产品、设备、工艺流程等。对代码进行设计时，必须考虑企业内其他信息系统的代码，尽量做到企业信息系统代码的统一，不能出现同一事物存在两种代码使得计算机资源浪费的情况。最后，企业应当完成代码表，并附有详细信息，以方便企业使用。

(三) 模块设计

(1) 信息采集模块设计。

信息采集模块的信息输入主要有两种来源：一种是提取其他信息系统的信息，比如内部控制信息系统可以在会计信息系统发生一笔借款业务的同时，从会计信息系统中获取这笔业务发生的时间、地点、经办人、审核等信息；另一种是由内部审计部门员工对系统的信息录入，包括公司的基本信息等。信息采集模块主要包括五个子模块，各自负责控制环境、风险、控制活动、沟通和监督的信息提取，涉及公司各个部门和所有业务，如图20-3所示。

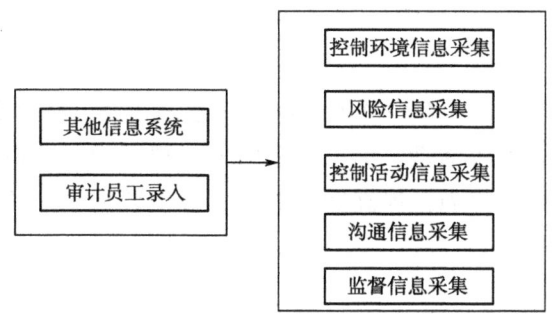

图20-3　信息采集模块设计图

(2) 识别和评价模块设计。

识别和评价模块首先应建立内部控制基础数据库，将公司的员工信息、岗位职责、不相容职务、内部控制制度等内容录入系统数据库中。企业还要根据前期对风险的识别和分析，将公司目前和未来一段时间可预见的风险进行汇总，建立风险识别模型，以实现对公司遇到的主要风险和重大风险进行识别。此外，公司还需要将具体业务流程和公司内部控制的风险点和控制点融入数据库中。内部控制系统采集到的任何信息，都要通过识别与评价模块对公司发生的业务和活动进行初级识别、判断活动的类型，然后经过数据库，与公司规定的业务流程和内部控制要求进行对比，识别活动中各项信息是否匹配内控的控制点，检查活动是否在内部控制允许的范围内进行。同时，活动也需要通过风险识别模型的分析，检查每一项活动是否会给企业带来的风险。最后，系统将确认识别的结果进行分析评价，将风险较大或者违反内控的行为纳入预警分析与跟踪模块。示意图如图 20-4 所示。

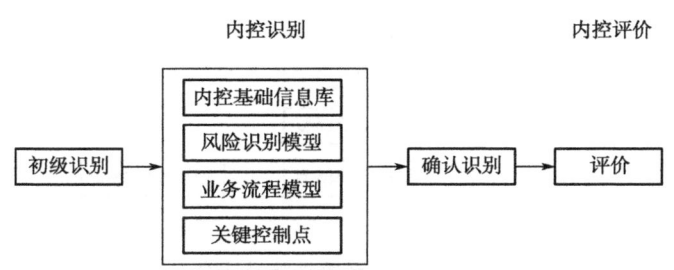

图 20-4 识别与评价模块设计图

（3）预警分析与跟踪模块设计。

预警分析与跟踪模块首先需要建立预警模型，对企业违反内部控制的行为进行预警。因此，A 公司需要考虑公司经营管理现状和业务执行步骤，对识别与评价模型中可能发现的各种不当行为进行预警，主要包括：负责现金收支和借出的资金预警模型，负责成本是否在合理范围内的成本预警模型，主要负责存货、固定资产账实相符的资产预警模型，负责差旅费、商超费报销的报销预警模型，等等。一旦系统检测出违反内部控制的行为，应当通过预警分析与跟踪模块在相应的信息系统上对相关人员发出预警。同时，系统也根据预先设定的风险水平划分等级对该行为的风险水平和类别进行分析，对于严重影响企业发展的重大风险和特殊风险，系统会通知公司管理层介入处理。此外，系统还会对违反内控的行为进行后续追踪，直到该行为得到纠正、相关负责人得到处罚为止。示意图如图 20-5 和图 20-6 所示。

（4）结论与建议模块设计。

结论与建议模块首先建立结论与建议数据库，根据公司风险识别中列明的风险清单，对公司存在的风险设计应对措施，确保公司有足够的风险应对能力。同时，对内部控制中的风险矩阵和控制矩阵进行汇总，将其中的控制手段进行汇总，同公司风险应对模型结合起来，形成公司的建议数据库。一旦系统识别出违反内部控制的行为，结论与建议模块就会立即启动，从数据库中挑选出对应的建议与结论，提交到对方信息系统显示界面。示意图如图 20-7 所示。

（四）输入设计

输入设计是指系统将数据准确、及时输入内部控制信息系统的过程，这

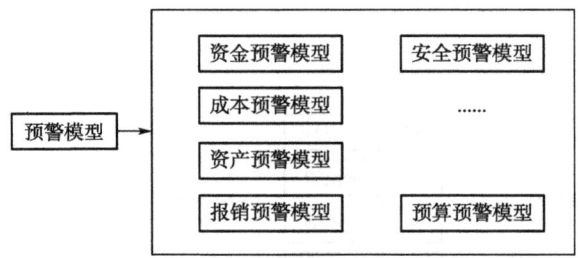

图 20-5 预警功能设计图

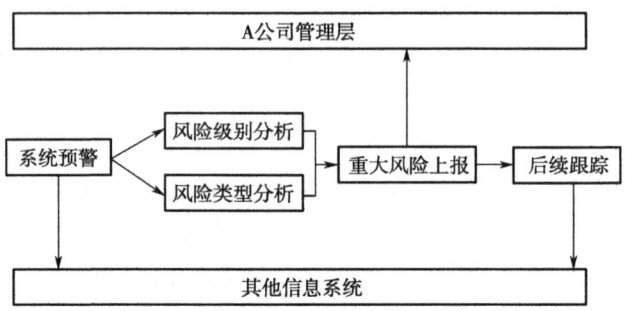

图 20-6 预警分析与跟踪模块设计图

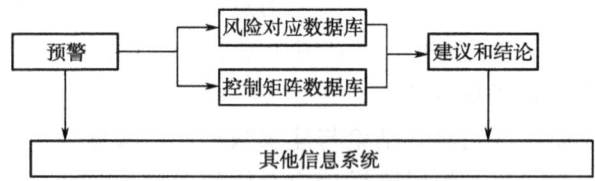

图 20-7 结论与建议模块设计图

对系统的用户来说十分重要。输入设计包括输入的方式、输入权限的控制、输入数据的控制等内容。

（1）输入方式。

系统输入设备有很多，比如键盘、鼠标、扫描仪、条形码识别器等，因此，数据的输入方式也有很多。文字信息较长的内容，适合选择键盘输入；

对于选择条件较少的内容,可以选择鼠标输入或者下拉菜单输入方式输入;对于条形码等数据,则适合选择条形码识别器;等等。

(2) 输入权限控制。

职责分离和不相容职务互相制约,是传统的内部控制的有效手段。对于内部控制信息系统来说,这些手段都转化为信息操作者之间的权限控制和授权管理。内部控制信息系统在对各个员工信息进行录入的基础上,对员工的工作内容、职责权限做出规范要求,限制员工在系统中输入信息的范围。一旦有操作者输入非本人权限的信息,系统会自动阻止,并且提示操作无权限。对于输入信息的修改,系统会进行更加严密的监控,不仅会检查操作者的权限范围,而且会自动将修改的信息发送至相关审批人,须获得审批人确认后才能正式提交。

(3) 输入数据的控制。

内部控制信息系统要对输入界面做出限定,确保信息输入的合法、完整、准确。例如,系统规定了输入信息的格式,便可检查凭证是否符合会计要求,金额是否在该事件的规定范围内,编号是否连续,是否有相关经办人等;具体控制方式因各个信息系统的不同而不同。对于输入的信息,系统输入界面还需有输入数据检查、逻辑关系检查、数据界限检查、关键字核对等功能,以确保信息输入的真实完整。

(五) 输出设计

输出设计也应确保信息能够满足系统用户的要求。系统输出的信息应当能够及时为管理者服务,其要点主要包括输出权限的控制、输出结果的控制和输出信息的媒介。

(1) 输出授权控制。

信息化管理和传统经营方式有着很大区别,其中一点就是信息的管理方式是信息在计算机上传递。物联网、云计算在给企业带来成本节约、方便管理的同时,也带来了企业信息安全的风险,如果不加以限制,公司内部的信息就很有可能被对手通过网络获得。A 公司内部控制信息系统对各个系统信息输出界面做出限制,员工在操作信息系统、查询相关信息时,系统会自动检测其 ID 的权限,对有权限者会确保其操作得到了输出该类信息的授权。对于未获得授权的 ID,内部控制信息系统会做出判断,阻止该操作者提取信息。而对于报表的复制、文档的打印,系统会经过更加严格的核查,确保公司信息的安全。

(2) 输出结果的控制。

信息在系统中输出时，内控系统需要对信息的输出结果做出控制。首先，系统检查输出数据的准确性、完整性、合法性，确保输出的信息符合企业内部控制的规定，同时对信息输出的格式做出统一的规定。其次，对于存在问题的信息，系统则会提示操作者信息有误、无法显示，并且自动生成例外报告，记录该次事项产生的时间、事项、相关人员等；还会将正常信息与例外报告相对比，分析例外报告产生的原因，判断其造成的风险和对企业的影响程度。最后，根据系统的建议模块，从数据库中选择正确信息，提示员工对信息做出纠正，对重要数据进行处理。

(3) 信息输出的方式。

信息输出设备主要有显示器、打印机、多媒体设备等，用户应当能够根据自己的需求选择数据的输出方式。

第二十一章 内部控制信息化的实施管理

一、组织管理

组织管理是为了某特定项目的顺利完成，而由特定部门、特定员工组成特别的组织对项目进行的管理。一个高效、完善的项目组织可以为项目得到良好实施提供保障。项目组织不仅可以为项目提供一个集中的指挥中心，对项目的实施过程进行指导和调整，保证项目组的权力集中，实现统一管理，而且方便项目组对内和对外的沟通协调，提高项目实施的效率和质量。根据系统实施的需要，A公司首先进行了组织管理，明确了岗位分工和职责，确定了项目实施的总体计划。

（一）项目组的成立

A公司首先成立内控信息化项目组，以确保系统的实施能够得到科学、统一的管理。项目组由公司副总作为总负责人，各个部门经理对本部门涉及的项目负责。内部审计部门和信息部作为公司内部控制信息系统项目实施的主要工作部门，负责项目建设的基础工作。公司组建开发、测试、技术质量、实施、管理等五个小组，负责各个阶段系统的具体实施工作。此外，公司还对外聘请了内部控制信息化的专家和计算机专业人才，对公司内部控制信息系统的实施进行指导。A公司的内部控制项目组成员如图21-1所示。

其中，开发组负责项目的研发工作；测试组负责对系统的功能和环境进行测试；技术质量组负责过程中的技术指导和后期培训工作，包括聘请外部专家等；实施组负责项目的具体实施工作；管理组负责项目的统筹管理和项目财务管理及人事行政工作。

（二）岗位的分工

项目的实行离不开各个项目组成员，而项目的顺利实施也需要每位项目成员各尽其责。在项目组成员确定之后，A公司对项目组成员进行了分工，明确了每一位成员的责任。

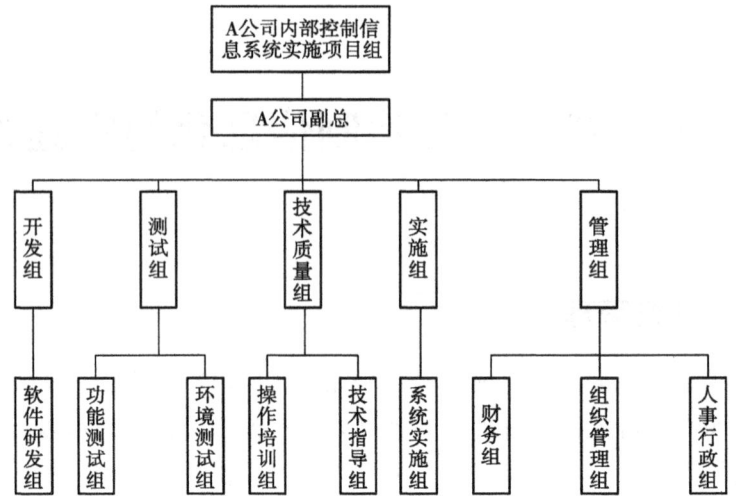

图 21-1　内部控制信息化项目成员构成示意图

A 公司副总担任项目组负责人，主要负责：

第一，负责项目组的统筹管理，领导项目组的目标设定、工作进度、质量管理和成本控制。

第二，负责对项目所需资源的协调配置，保障项目组的人力、资金和其他所需。

第三，负责对项目组的整体风险的监控和各个部门之间矛盾的调解。

第四，负责对项目组重大问题的决策。

公司各个部门主管组成项目组的高层管理人员，主要负责：

第一，配合项目组的各项领导工作，对项目组遇到的重大问题提供决策参考。

第二，提供项目组所需的资源。

项目各个小组由内部审计部门、信息部门做主导，外部聘请的内部控制专家和信息系统专家做技术指导，各个部门抽调的员工进行配合，主要工作包括：

第一，负责完成项目组的日常工作。

第二，负责提报项目组工作进度和实施中遇到的问题和风险。

(三) 项目总计划的制定

项目组在明确目标后，由管理组对内部控制系统实施做出整体规划，制定项目实施计划，确保项目在实施过程中有明确的计划可以遵循，并获得公司董事会和总经理批准。整体计划编制时，项目组要统筹考虑公司需求和人力资源、资金和设备的支持以及公司的实际能力，确保内部控制信息系统能够及时上线及实施。工作的时间安排要避开企业需要投入大量人力、物力的销售旺季，使得项目实施对企业生产经营的影响最小化。在项目实施总体计划制定完毕后，项目组成员对项目计划进行分解。首先将项目划分为具体某些子项目，每个子项目都有相应的直接负责人，对项目总负责人负责；各个子项目的负责人再对本组负责的内容做出具体计划，确保项目的实施的每个活动都有人负责。示意图如图 21-2 所示。

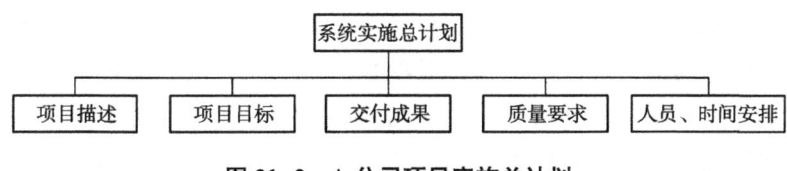

图 21-2　A 公司项目实施总计划

（四）组织控制

（1）考核和绩效评价。

绩效考核有利于调动员工的积极性，提高员工的工作效率，是项目管理的良好方式。项目组应根据整体计划和各个子项目组的具体计划，选取合理的考核指标，制定出考核方案。公司对员工的完工程度、在岗时间、工作质量等进行考核，并对优秀员工进行物质和精神奖励，对其他员工形成榜样作用。对于未能完成任务的员工，做出相应的批评，督促尽早完成工作任务。

（2）知识提升。

在信息化项目实施过程中，培训工作应贯穿于项目的始终。项目前期应对员工进行内部控制原理和系统的培训，让员工能够对内部控制有整体的认识，消除员工的抵触情绪。项目中期要进行系统操作的培训，令员工掌握日常的操作规范；同时对审计部门和信息部门进行专业培训，重点关注系统的维护和运行。培训工作主要由人力资源部统筹规划，根据员工部门和工作内容进行分阶段、分内容的后续教育培训。据调查，A 公司在项目实施过程中共进行了 4 次大型的培训，同时对部分关键部门的员工进行了多次小规模重点培训。

(3) 持续更新。

A公司在项目实施过程中，项目组面临很多问题，比如员工反应系统业务流程过于复杂，降低了工作效率；某些流程与企业实际能力和环境不符，脱离实际等。项目组为此建立了一个沟通平台，顺畅地接收基层员工对系统的反应；同时，项目组还在几个重点项目实施后，对系统实施进行大规模的抽样调查及访谈，并及时对结果进行分析，对项目计划做出调整。

二、进度管理

进度管理是对项目的时间和项目的完工程度进行的管理，是项目管理的主要内容之一。它是在特定的时间范围内和一定的资源条件下，科学并经济的对项目活动进行排序，制定出项目进度计划，并且在项目实施过程中进行监督、检查、调整、改进的过程。对项目进度管理来说，时间是项目管理的关键因素，因为时间是项目实施的不可再生资源；对企业来说，时间也意味着机遇和挑战。一旦项目能够准时或者提前完工，企业就可以先人一步，在市场上拥有更高的竞争力，提高企业的市场地位。A公司进行的内部控制信息系统项目实施进度控制，不仅仅是对时间的管理和进度的控制，还是对公司的人力资源、资金、销售淡旺季和需求的综合考虑，目的是将项目实施的风险降到最低，保证项目顺利完工。

（一）任务分解

对内部控制信息系统项目实施控制，首先需要项目组对项目的工作内容进行分解，将项目实施计划分解为每一个可实施的工作任务单元。工作任务单元的多少取决于项目的规模和项目的复杂程度。通常情况下，将项目分解为任务单元需要企业对工作目标、工作内容以及所需要的资源加以附注。

首先，项目组对项目的目标体系进行分解。

其次，在第一次分解的基础上，对项目进行二次分解，主要方向是由上而下，按照项目的内容和步骤进行；之后进行第三次分解，并核查分解的准确性。A公司在任务分解的同时，考虑到了具体任务的难度。例如难度较大的系统初装阶段，项目组就留出较多的时间和人员。

最后，将内部控制信息系统项目实施的工作任务分解为五部分，分别为前期准备、系统初装、培训考核、测试运行与验收五个阶段，然后对这五个阶段的任务进行再分解，使得每个工作单元的工作量适中，难易程度和人力资源相匹配，示意图如图 21-3 所示。

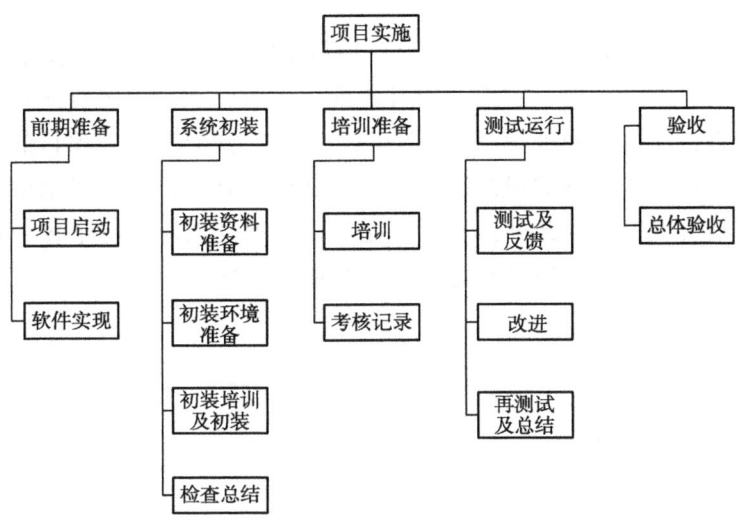

图 21-3　A 公司项目实施分解图

（二）任务排序

对项目工作内容进行分解后，项目组还应当对分解的活动进行排序。项目活动排序是指明确项目进行中各种项目活动之间的依赖关系，并根据项目活动之间的关系来确定项目实施的先后顺序。项目之间的依赖关系分为三种：强制性依赖关系、选择性依赖关系、外部依赖关系。

A 公司也对项目任务进行了排序。例如，A 公司内部控制系统是在经过测试工作之后，才对测试结果进行了分析和改进；对选择依赖关系的任务，公司进行了全面记录；此外，项目排序中也考虑到了一些特殊的事项，比如公司资金流的安排、管理层的特殊要求等，并在项目实施中预留出了一定的时间，保证项目够得到顺利完成。

（三）工期估计

工期估计是根据项目实施需要的物资、时间和其他因素对工作时间进行的估计。工期估计是在保证项目质量达标的前提下，用科学的方式对所需时间进行的估计。

A 公司考虑到了项目实施过程中的任务数量、时间要求、人员能力和资源配置以及其他因素，并确定了工作任务完成的最短时间，编制出了项目实施的时间清单。

(四) 制订进度计划

在对项目进行分组和工期估计后，项目组将汇总得来的信息进行了整理，制定出了项目进度计划。在制订项目进度计划时，项目组负责人负责调动员工的积极性，使员工积极参与计划的制定工作。同时，因为项目的实施中有可能面临一些无法控制的风险，A公司在制订计划时，项目组也留出一定的时间来应对突发事件。此外，A公司在制订进度计划时明确了每一部分的责任人，使得每一项任务都有人负责。示意图如图21-4所示。

图21-4　A公司项目实施计划甘特图

(五) 进度控制

在制订项目进度计划后，项目的实施是否能够与计划一致就成为关键问题。因此，项目进度管理还需要对项目的实施进度进行控制。A公司对进度的控制目标是确保项目在计划的时间内高质量地实施完毕。由于公司环境比较复杂，内部控制系统的实施面对着许多困难，影响项目实施的因素有很多，项目组还首先进行了相关的分析和调查。

项目实施过程中，项目组负责人在每一项具体任务结束时和在重点项目完成后，都会对项目的执行情况进行检查，将做出的项目执行进度表与项目进度计划表进行对比。同时，由管理组负责对对比结果进行分析，必要时进行相关调整。

三、质量管理

质量管理是项目管理的重要内容之一，也是项目能够得到良好实施的必要保证。因此，在系统建设中，企业需要有必要的程序和工作来对项目中每一个活动的完成质量做出保证，使得项目实施的结果与之前计划和预期相符合。质量管理缺失会给企业带来诸多弊端。

对 A 公司来说，一旦项目质量不合格，公司资源耗费和人工成本将会大大增加，无形中增加了项目的资金压力和时间成本，并且会增加管理层对内控系统的不满。此外，项目如果发生质量问题，很可能需要耗费大量时间去返工，会对 A 公司随后的销售旺季造成成本和人力资源的压力。对此，A 公司在质量管理上是由项目管理小组制定项目质量管理计划，对项目实施过程和验收结果进行质量监控。

（一）计划制订

企业应成立项目质量管理协调组织，由管理组和测试组负责制定项目的质量管理计划。该计划主要包括项目的质量负责人、质量目标、关键评价指标、质量管理工作的安排、管理说明、管理需要的资源配置等内容。A 公司根据公司的实际能力、项目时间进度计划以及任务的重要程度，对项目的质量管理做出了合理的资源配置。对于重点的子项目，质量计划安排测试组选择较多的样本进行典型抽样或全面抽样检测；对于某些项目，如代码编写，考虑到时间等因素，A 公司对项目组计划选择进行结果测试。质量管理计划制定完成后，项目管理小组召开会议，对项目成员进行沟通，以获得改进建议。

（二）质量保证

在系统实施前期，项目组根据每一项任务的质量要求，对实施质量组织了多次评估、验收活动，确保每一项活动完成后，能够生成相关的评估文档。对于出现问题的项目，及时与技术指导员沟通，调整进度计划。项目实施过程中，项目组组织了多次大型项目质量检查活动。随着项目进入系统初装阶段，项目组重点抽查了系统的项目实施标准文档、阶段评估文档、项目变革记录和批准文件、解决方案讨论记录等，同时对系统的性能进行测试，对测试结果进行反馈，对发现的严重问题进行及时纠正。在项目测试后期，项目组对系统最终实施进行检查，直接检验系统实施的质量情况，为项目验收做准备。项目组主要检查业务集成测试结果反馈和系统性能、压力测试等内容，并生成系统最终评审报告。示意图如图21-5所示。

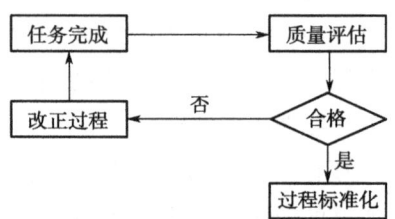

图21-5　A公司项目质量管理流程图

（三）评审验收

内部控制信息系统测试完毕后，系统即进入验收交付阶段，交付内容一般包括两项：一是信息系统；二是系统实施过程中涉及的文档，如系统实施记录过程中发生的问题、解决方案、程序代码等的书面文件。对于这两项交付结果，项目组应对其分别进行质量测试。

对于内部控制系统，项目组应选择严格的评审程序进行管理。在项目实施的每一步，都有相关操作员和项目小组负责人的确认，主要包括单元测试、集成测试、系统测试、验收测试以及对实施过程中发现的问题进行改正的回归测试。最后，为了保证系统运行质量，项目组给系统留出了一个月时间的试用期，由公司各部门员工对系统进行试用，并且提交试用意见。

对于系统涉及的各种文档，项目组也有严格的检查程序，比如文档评审、技术实现测试、代码走查等。员工须如实填写文档并签字，经过相关的审核程序后，才可以归档。

A公司评审验收示意图如图21-6所示。

（四）问题的处理

在项目实施过程中，项目组需要对遇到的问题进行归类，分别进行处理：

第一种为员工自身问题，A公司员工文化水平的差异造成项目组成员的能力高低不一。在处理问题时，对于因员工本身技术水平造成的质量问题，如代码逻辑错误等，项目组选择对员工进行培训，以增强员工的技术能力；而对于员工的非技术问题，采用各个小组负责人负责对员工进行沟通协调的方法，减少质量问题的发生。

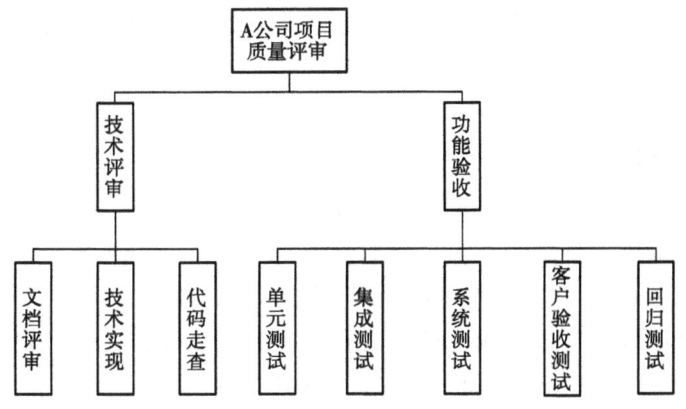

图 21-6　A 公司评审验收图

第二种是由于资源限制而导致的问题，比如公司的软件、硬件设备以及网络环境等造成的质量问题。对某些关键设备，项目组提供了额外的资金支持，用来排除对项目质量的影响。

第三种是由于缺乏控制产生的质量问题。项目实施过程中发生过多起未经审核就上报完成的活动，项目组对负责人进行了处罚，同时加强对工作内容进行检查，发现问题及时处理。

对于实施过程中发现的问题，项目组还在系统验收环节进行系统的回归测试，主要检查系统测试中发现的问题的修复和改进效果，保证问题得到解决并且不影响其他模块的功能。A 公司回归测试的工作量很大，回归测试因此选用了软件测试脚本来执行，确保项目实施工作能够在计划内完工。

四、成本管理

项目的成本是指为了使项目达到既定使用目的而在项目活动中耗费的资源。因此，项目的成本管理是在实现项目目标的前提下，能够对成本进行有效的管理。项目管理不是独立的，费用存在于项目实施的每一个步骤中，因此，在进行项目进度和质量管理的同时，应当对成本进行控制。

A 公司的项目成本管理可以分为计划、执行和控制三个基本流程，而每项流程又可以分为分析、评估、总结等。为了节省资源，提高资金利用效率，项目组首先对每一个阶段进行详细规划。在项目准备阶段，通过估计项目的成本，确定了项目成本管理的目标。之后，项目组制定了项目成本管理计划。

在项目实施过程中，对项目的费用进行监督检查，及时调整预算。

（一）编制预算

（1）成本估算。

成本估算是对项目完成过程中需求多少资源的成本预估，主要包括工作时间和人员的估计，是成本管理的难点。A 公司实施的内部控制信息系统作为一个软件项目，有很多不同于一般的工程项目的特点。考虑到流动资金的压力和管理层的阻力，公司对成本管理更加重视。因此，在 A 公司实施项目初期，就对项目的资金要求、项目规模、项目进度做出了合理的估计，主要包括项目人工成本估算、项目物料成本估算、项目顾问费用估算、项目设备费用估算、其他费用估算等。

（2）编制预算。

项目组对项目所需资源进行估计后，就开始编制项目预算。项目组根据项目的成本估算对各个具体工作分配资源，确定项目总预算，作为项目实际使用资源的比较标准，以方便项目组对预算偏离程度的控制。A 公司项目组预算编制完成后，由副总交由公司董事会审批，下达各个项目分组执行。

（二）成本核算与分析

项目实施后，财务部主要负责项目的成本核算工作，将项目发生的各项费用进行归集、整理、分类，计算出项目的实际成本，提交项目成本核算表。为及时准确核算项目成本，A 公司在财务部抽调一名员工，专门对项目实施成本进行核算。项目每一阶段工作完成后，财务部对项目成本进行分析，对比与成本预算的差异，确定成本变动原因。如果成本变动因素不可控，会影响项目以后的花费，比如，公司项目需求的某一资源价格上涨，项目组在一周内对成本预算进行调整，避免外在因素影响企业项目的实施进度。如果成本变动原因是因为项目组自身原因，例如，员工对资源的浪费，工作期间未能及时完成任务等，项目组则对相关责任人做出处理。

（三）成本控制

A 公司的总公司和营销公司分处不同地区，公司还在外地拥有大量销售大区和销售区域等机构，在项目的实施阶段和之后项目上线测试和验收阶段，项目组都要对某些区域进行现场调研和现场考察。因此，差旅费的管理也是 A 公司成本管理的关键。项目组员工出差前首先要向小组负责人、财务总监提出申请，注明出差目的和行程，获得批准后由财务部对差旅费提出限额。

员工报销时，应当提交原始凭证，由财务部门对金额、内容进行审核。

A公司聘请了内部控制专家和计算机专业人员对公司内部控制信息系统项目的实施进行指导，而专家的咨询费和往来花费都由项目组承担。公司在与专家签订合约时已经明确约定各项消费的报销规定和流程，确保不会产生费用纠纷。专家往返公司的费用必须留有相关凭证，同时公司对专家的往来留有相关记录，在报销时对时间、地点等内容进行核对，由财务总监审核后付款。

（四）成本考核

A公司为项目组的成本控制考核专门制定了一套考核体系，选取了定量的考核指标，对项目组的成本控制进行考核。公司将项目成本的节约与员工奖金挂钩，对节省公司资源的员工给予表扬和物质奖励，比如，节约的资金可以按照一定比例作为奖金，发放给个人或者团队，同时这种奖励有助于员工职业地位的提升。对于由于个人原因导致的实际成本严重超出预算的情况，公司对项目小组负责人和直接负责人进行批评、处理。

五、内部控制实施效果评价

A公司在内部控制信息系统实施后，改善了企业的内部控制现状，解决了企业风险管理和内部控制中存在的问题，这不仅符合公司所有者、经营者的期望和需求，而且提高了公司在顾客心目中的地位，增加了企业价值。具体表现如下。

（一）财务维度

（1）维护投资者权益。

内部控制信息系统提高了公司所有者掌握信息的真实程度，减少了代理行为对所有者权益的损害。企业内部控制信息系统实施后，通过对日常行为的监控和引导及岗位与岗位之间的相互牵制，舞弊现象和错误行为明显降低，企业财务数据更加可靠，公司所有者能够得到的信息和财务报表的真实性得到了更充分的保障，公司所有者的合法权益得到了有效的维护。见表21-1。

表21-1 内部控制信息系统实施前后财务信息真实性对比情况表

风险表现	内控系统上线前	内控系统上线后
坐支现金	每月平均3~6起	没有或仅1~2起
伪造支票、工资	略有发生	杜绝

续表

风险表现	内控系统上线前	内控系统上线后
挪用资产	固定资产经常被挪用	资产调拨得到规范计划和记录
虚开发票、费用报销舞弊	差旅费、销售费报销造假现象时有发生	舞弊现象降低55%
截留收入	季度时有发生	有效遏制率达到90%

(2) 维护公司财产安全。

内部控制信息系统解决了企业资产方面存在的安全问题，为公司资产的完整做出了重大贡献。在内部控制信息系统实施之前，由于各种原因，A公司存在着员工欠大额款项不还、费用报销不真实、资产账实不符等企业资产安全问题，严重影响着企业的发展。而通过内部控制信息化的实施，为员工建立借款信用账户，通过信息系统规范了处罚措施，并对企业的固定资产调拨在信息系统上设定了相应的控制程序和控制点，维护了企业财产的安全。另外，通过内控系统的信息采集和识别分析等功能模块，将会计信息系统和仓储信息系统之间的信息不一致问题予以监控和处理，确保了企业存货的账实相符见表21-2。

表21-2　内部控制实施前后资产安全对比情况表

风险表现	内控系统实施前	内控系统实施后
个人借款偿还状况	一般三月后还款，部分拖欠长期没有得到处理	一般三月内欠款得到偿还，对长期未还款的现象及时预警和处理
定期存货盘点结果	存货账实不符现象严重	账实相符或者差异不大
固定资产调拨	固定资产调拨与财务处理脱节，缺乏相关记录	财务部能及时掌握固定资产调拨信息
费用报销	地方办事处、事业部等管理松散的部门，费用实际报销费用与计划差异较大	费用虚报现象减少60%
……	……	……

(二) 客户维度

(1) 提高客户满意度。

内部控制信息系统的实施促进了企业和顾客之间关系，提高了客户满意度。首先，系统通过对质量检测流程的监控，确保了公司产品从研发立项、科学测试、创新风险系数筛选到制造过程中的材料选取等环节得到有效控制,又通过质量管理部门对在产品、产成品检测业务的监控和管理,确保了产品不会因为时间等因素而跳过质量检测这一环节,提高了产品的质量保证的可信度。其次,内部控制系统通过对绩效考核环节的管理,提高了公司销售员工业务考核的真实性,激励了销售人员对真实业绩的追求,提升了服务质量。因此,通过内部控制信息系统建设,顾客满意程度得到了提高。2016年初和2018年初,A公司两次进行在线满意度调查,数据显示明显提升,见表21-3。

表21-3 A公司内部控制实施前后顾客满意度情况对比

调查项目	2016年初	2018年初	提高
专利拥有度	75%	76%	1%
产品外观	55%	55%	0%
配置水平	55%	67%	12%
技术独占率	73%	83%	10%
服务态度	62%	74%	12%
服务及时性	76%	85%	9%
服务效果	69%	75%	6%
随箱资料完整性	89%	95%	6%
交货及时性	76%	88%	12%

(2)减少经销商沟通成本。

前已述及,A公司是一个拥有众多发明专利和知识产权的高新技术企业,销售渠道包括直销、加盟、网盟、授权、专卖、合营等形式;公司一直重视对经销商渠道的建设,良好的销售渠道也是A公司同竞争对手展开商业竞争的重要优势之一。但是,公司与经销商的沟通大部分是通过各个销售区域的员工和办事处来实现的,总公司的指令和要求到了具体的办事处层面约束力较低,总公司对此鞭长莫及,长此以往,经销商与公司间沟通存在一些问题;而信息化内控系统通过对供应商管理流程的优化和控制,在系统中对经销商建立、注销、合同签订等程序进行了全面控制,规范了企业供货渠道的建立、取消程序,减少了企业和客户之间的沟通成本。

(三) 内部流程维度

(1) 优化业务流程。

内部控制信息化建设实施后，公司业务流程功能得到优化，工作效率也得到了提高。因为责权不分的现象曾使得 A 公司业务存在环节冗余、效率低下的问题，加上由于管理层意识不足，需要进行现代化管理必要流程缺失，给该企业造成了严重资源浪费和机会的损失。通过内部控制信息化建设，对岗位职责做出重新界定，业务流程得到了梳理，明确了每一业务、每一项活动的负责人，确保了任何业务都有人负责，同时又新增了部分适合于本企业的业务流程，这就大大提高 A 公司的管理水平。见表 21-4。

表 21-4　A 公司内部控制系统实施后新增业务流程表

新增业务流程		
渠道品牌管理流程	研发培育服务流程	生产安全管理流程
核心技术管理流程	售后服务管理流程	绩效考核流程

(2) 降低成本。

内部控制信息系统实施后，公司各项费用得到了控制，成本大幅度降低。A 公司的生产流程得以规范；内部控制对生产计划工作、预算管理工作的监督，以及定额控制的实施，使得公司生产环节中的费用得到有效的控制，而系统对于生产设备及配套零部件的管理也使得公司资源浪费的现象明显减少。在管理活动中，内控系统的实施也使得公司业务中的无效劳动减少、各部门管理费用得以降低。因此，在内部控制信息系统实施一段时间后，A 公司的各项成本得到有效的控制。见图 21-7。

(3) 减少沟通障碍。

内部控制信息系统实施后，公司内部部门与部门之间的沟通效率得到有效提高，企业内部的信息壁垒被打破。随着内部控制信息化的推行，不同部门的信息可以通过内部控制系统进行比对和匹配，公司信息系统之间的沟通障碍大幅度减少。例如，内控系统实施后，对于研发设备、材料和版权的购买，必须规范流程，这就避免了不合理采购造成的浪费，解决了研发部、采购物控部和财务部之间沟通不畅、信息传递延迟的问题。还有，通过内控系统的实施，A 公司可以对销售分公司的日常经营管理活动进行及时控制，消除了二者间进行沟通的时间成本，也使得公司内外部信息沟通的渠道更加

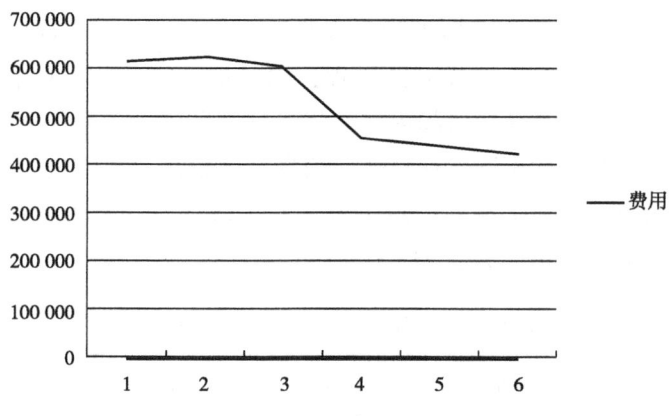

图 21-7 公司内部控制实施前后费用图

畅通。

(四) 学习成长维度

(1) 提高员工水平。

内部控制信息系统实施后,员工操作信息系统的水平和工作效率得到显著提高。公司内部控制信息系统的建设规范了企业的部门职责和岗位分工,强调了岗位责任制,对员工起到了一定的激励和监督作用。同时,伴随内控实施而推行的全员绩效评价流程也激励着员工提高工作能力;良好的内控环境也为员工间的竞争提供了相对公平的空间。这些都促使员工不断加强学习,从而提高个人能力,增强团队荣誉。此外,公司内部各个部门之间沟通情况的改善和业务流程的优化,也使得原有工作内容变得更加容易进行,减少了工作障碍,促进了员工工作效率的提高。因此,在系统实施一定时间后,A公司员工尤其是人力资源、财务、行政后勤部门的员工业务水平都有较大的提高。

(2) 重视培训。

鉴于高新技术企业知识更新快、学习提高所需投入大的特点,需要通过内部控制信息系统的实施规范公司对员工培训的组织、管理、总结和考核过程,进而提高公司对培训的重视程度,增加公司培训的次数。A公司内控系统的推行给公司带来大量对人才的需求压力,尤其是对复合型人才的需求大增。该公司实行部分高端人才外聘、普通人才自行培养的方案,在内部控制实施过程中和后续一段时间组织了多次培训。这使得人力资源部门积累了一定的经验，提高了管理层对培训的重视程度。当然，公司内部控制信息化的推行是一个循序渐进、不断提升的过程，同时也需要全公司对信息化建设的配合和支持。在相当长一段时间内，A公司对信息化人才有很大需求。而且，随着系统升级和公司的不断发展，企业信息系统也需要相应进行维护和升级。对此，A公司相应制定了相关的培训方案来适应信息化对人才的需求。A公司年度培训次数对比情况见表21-5。

表21-5　A公司年度培训次数变化情况

时间（年）	2014年	2015年	2016年	2017年
大型培训次数	7	5	11	16

六、结论及建议

信息时代的来临、云计算的优势，给企业管理带来巨大的变革，而企业的内部控制也要随之做出改变，以适应新的控制环境和控制需求。本章以对一家民营企业——A公司内部控制建设和信息化发展遇到的问题为背景，通过叙述该公司内部控制的需求和公司能力的现状，展示设计出的针对A公司的内部控制信息系统，详细说明了内控系统实施中应当注意的问题，并对实施后的效果进行了总结。

第一，内部控制建设要符合高新技术企业风险特点和实际经营需要。对北京、上海、深圳等发达地区的高新技术企业来说除了智力资源、财力资源均可得到充足保障外，避免那些大的风险显得尤为重要。虽然不少公司构建了较为完善的内控体系，但效果并不明显，需要与信息技术充分融合，用依靠技术控制技术、依靠系统管控系统的思路来治理信息化风险。

第二，内部控制信息化建设需要有信息化建设基础，不能一蹴而就。内控信息系统的推行需要企业具备一定的信息化基础，针对部分高新技术企业信息化程度不高或基础管理跟不上的情况，我们建议首先加强企业基础管理，从公司战略定位、组织架构梳理、岗位清晰描述等方面加强基础管理制度和执行力建设，然后才进行信息化管理，进而才是实现信息化内部控制系统的运行。

第三,内部控制信息化建设首先要推行内部控制制度。内控信息化是将企业内部控制的要求和概念融入信息系统之中,以方便企业在信息化环境下对企业的业务活动和风险进行管理和控制。因此,建立内控信息化,首先要求企业进行内部控制的建设和优化,改善控制环境,进行业务流程调整,明确岗位职责分离等,不能脱离内部控制进行信息化建设。

第二十二章　高新技术企业内部控制评价系统设计

一、内控评价系统规划

内部控制是否全面建立、完整覆盖以及效果如何等，需要定期进行内部控制评价，这是监督和完善内部控制系统的重要措施。随着企业业务量的增加，企业管理的信息化程度日益加深，内部控制信息系统的使用会为企业提供很大的便利。客观有效地实施内控评价，有利于企业完善内控信息系统，为企业提供风险预警机制，发现并控制风险。深化企业改革使得高新技术企业日益重视企业内部管理，进行产品结构的调整，建设内部控制制度，并加强内部控制信息化建设。但高新技术企业的内控评价与内部控制信息化相互脱节，部分评价工作仍停留在较为传统的运行模式上，内部控制信息系统与企业已经建立的 OA 系统、ERP 系统乃至内部控制系统无法对接，当然也就无法评价或者无法真正实现对信息化的内部控制进行评价。所以，企业有必要建立内部控制评价信息系统。

（一）基于企业经营者的需求分析

企业经营者的责任是管理好企业的日常运营事务。各部门虽然都有各自的职责与分工，但是仍然会经常出现责权不清，出现事故时管理者之间相互推诿、推脱责任的现象。另外，对于各部门领导和业务公司经理的绩效考核并没有客观、统一的标准；对于绩效考核问题，高新技术企业各部门之前经常出现意见不统一的现象。而内控评价信息系统可以帮助高新技术企业发现内部控制中的问题，明确管理者各自的权利与义务，并监督管理者履行各自职责，对推脱责任的人员发出警告。这有利于企业责权分明，有利于改善经营者之间相互推脱责任的现象。对于高新技术企业各部门及经营者的绩效考核问题，内控评价的信息系统可以提供一些数据作为参考，也更方便企业对部门员工及经营者的经营效率和工作表现进行考察。

（二）基于财务管理的需求分析

尽管高新技术企业已经使用财务软件进行会计核算多年，但财务管理软件并没有针对企业近年来出现的问题及时更新。在内部控制系统中，企业关注的财务问题大多是资金的收付等对资金的管控，对资金以外的问题并不重视。本书设计的内控评价信息系统可以直接对高新技术企业的财务模块进行评价，找出不合理的部分。比如，高新技术企业并未重视预算管理，或许是认为预算问题不是重点，而能研发出新技术、新产品，迅速占领市场并取得经济效益才是"硬道理"；这种想法是片面的，过分突出市场或效益而忽略财务管理、预算控制，必然导致系统运行不健康，最终会无法实现预期的经济效益，尤其可能产生风险或隐患。内控评价信息系统可以自动从内控系统中获取数据，评价企业内控中预算模块的执行情况，并给出评分。若得分较低，系统会发出通知，提醒企业注意相关问题。对于重大的投融资问题，企业若没有按照内部控制的规范程序去做，评价信息系统也会发出预警，提醒企业注意相应的后果。

（三）基于风险管理的需求分析

高新技术企业的信息化程度较高，对于信息化环境下出现的各种风险，企业无法逃避。如何有效地发现风险并及时地应对风险，是高新技术企业目前所面临的挑战。面对信息化的环境，传统的手段已经不适合企业对风险管理的需求，内部控制信息系统的使用能使企业在一定程度上避免风险。但企业对内控制度的实施是否严格、规范，仍需要进行内控评价，才能全面掌握企业的真实状况。手工方式下的内控评价显然已经不能满足企业的需求，进行内控评价信息化的设计对企业的发展来说也是内在需求。

（四）基于企业信息化的需求分析

高新技术企业的信息化发展程度较高，但其财务软件与内部控制信息系统相分离，财务软件只重视会计核算，未体现财务管理的目的，不同软件的功能也有重复或矛盾之处，企业并未实现真正的管理信息化。这就需要一个既能与财务软件对接，又能与内控信息系统对接，可以从中获取有用的数据，实现企业管理的一体化的软件。手工的方式已经无法满足新的环境下的内控评价，企业需要建立专门的内控评价系统，并与信息技术相结合，这样才能使内控评价与企业信息化水平相适应，更好地实现对信息化环境下的内部控制的评价，也有利于企业全面实现信息化管理。

二、内控评价信息系统的逻辑设计

逻辑设计也称概念设计。内控评价信息系统的逻辑设计是为系统建立一个完整的逻辑模型,使得系统的各项功能能够在系统中客观地显示出来,为之后系统的物理设计奠定基础。

(一) 系统目标

设计内控评价信息系统的直接目的,是帮助高新技术企业客观、高效地进行内控评价,提高企业进行内控评价的工作效率。使用统一的评价系统,可以使企业前后的评价结果具有可比性,方便企业进行前后对比分析,堵塞企业发展漏洞。对于企业管理者来说,内控评价信息化可以方便管理者及时掌握内控制度的实施情况,发现其中的风险点,另外也会促进企业组织架构优化,改善企业业务流程,进而提高企业经营管理水平。对企业的所有者来说,该系统方便他们对管理者实施监督,防止管理者舞弊、损害股东的利益。对于实施评价的工作人员来说,该系统可以大大地提高他们的工作效率,节约人工成本和时间成本,减少工作量并降低工作的繁杂程度。

(二) 用户分析

高新技术企业内控评价信息系统的用户包括系统管理员及参与评价人员,他们组成内控评价小组,一般组长就是信息系统的管理员或评价工作的负责人,组员就是系统的操作员。评价小组的组长一般由总经理或由总经理授权的人担任,其他小组成员主要包括内审部门及其他管理部门的人员。系统的管理员应首先在系统中设置不同的操作岗位,并安排相应的操作人员,并对每一位操作人员进行授权,同时应注意不相容岗位的分离。

(三) 网络结构设计

高新技术企业涉及的业务面较广,业务范围也较大。结合安全性原则,本书建议以 Intranet/Internet 为网络结构。系统的设计主要针对企业内部网络,如图 22-1 所示。并且,系统应在设有防火墙的条件下连接外部网络(主要指 Internet)。DMZ 的意思是"隔离"或"半军事化",DMZ 区是内部网络与外部网络的隔离区,也是缓冲区,作用是保护内部网络的安全。在内网中,用户可以访问内控评价系统及企业的其他信息系统;对于外网用户,则需要设置一定的权限才可访问该系统。内控系统中涉及的对外信息交流,也需要通过互联网获取。

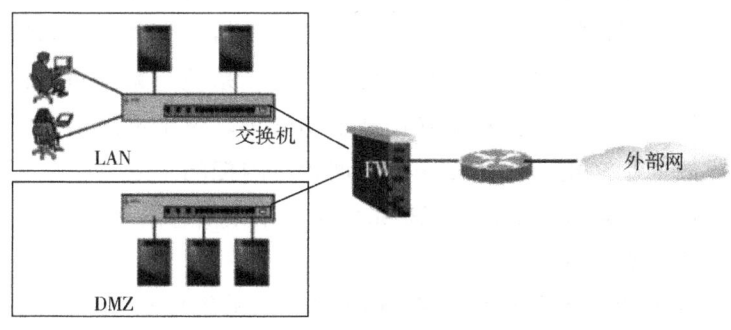

图 22-1　网络结构设计图

(四) 功能设计

根据信息系统的构建理论和企业的实际情况，我们将内控评价信息系统划分为下面几个模块：信息采集，数据审核，综合评分，预警分析与跟踪，评价报告，系统设置。如图 22-2 所示。

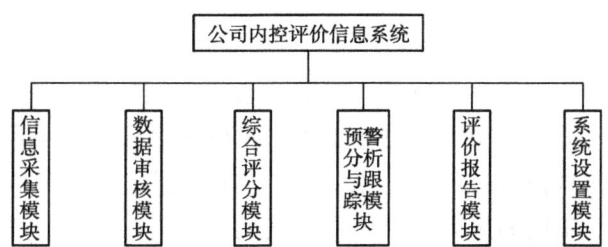

图 22-2　高新技术企业内控评价信息系统功能模块设计

(1) 信息采集模块。

内控评价信息系统能够有效实施的基础，是能够全面获得企业内控制度的设计和执行情况，包括了解企业各项业务的进行状况及企业物流、资金流的信息。只有完整地获取企业业务的各项信息，才能对其实施评价，进而帮助企业识别并应对风险。所以，高新技术企业的内控评价信息系统应首先建立信息采集模块，为后面的数据审核、综合评价及预警分析模块提供基础。

信息采集方式分为自动采集和手动采集两种方式。目前高新技术企业使用的系统包括财务、采购、销售、物流信息系统，其中采购、销售和物流都是内部控制信息系统的子系统。自动采集数据是指内控评价信息系统根据内控手册中的业务流程描述及风险点描述，向各个信息管理系统采集数据，各信息管理系统则向内控评价信息系统传递信息，系统与系统对接，完成数据自动采集工作。另一个信息采集方式是手动采集。对于不能由系统自动获取的信息，比如企业文化、社会责任、管理者对内控的态度等，应该由评价人员进行手动评分并录入系统，这就是系统手动采集信息的功能。

(2) 数据审核模块。

高新技术企业内控评价信息系统经过信息采集模块后，其采集的信息被输送到数据审核模块。因为信息采集模块获取的信息可能与评价指标不匹配，或者获取的信息与事实不符，所以需要设计数据审核模块，以确保收集的信息有用且真实。经过审核并且审核无误后的信息，才能作为内部控制评价的依据。因此，数据审核是确保综合评分结果客观、预警分析准确的关键环节。另外，考虑到信息采集和数据审核的不兼容性，数据审核模块的岗位责任人应与信息采集模块的管理员相分离，以确保审核过程独立、客观、公正。

(3) 综合评分模块。

综合评分模块是在接收审核通过的信息后，主要负责对内部控制的每个方面进行评价打分，汇总形成打分结果。本模块以打分情况反映企业各项业务的开展是否符合内部控制的要求，是否存在风险，并对存在风险的情况进行识别、判定。不同的风险级别对应不同的分数，系统根据各项内控活动的打分结果判定风险级别，为后面的预警分析与跟踪模块提供数据来源，也为最后评价结果的输出奠定基础。因此，综合评分模块在整个系统的设计中不可或缺。同时，综合评分模块也可以为各部门的绩效考核提供数据参考；通过各部门及各项业务的评价打分显示，能够知道各部门内控的执行情况，进而可以对执行力差的部门加以惩戒，对于内部控制执行的较好的部门或行为给予鼓励，这有利于企业完善绩效考核机制。

(4) 预警分析与跟踪模块。

预警分析与跟踪模块主要是根据综合评分模块对各项业务的评分结果进行分析。系统通过风险识别与判定模型判断各项业务的风险类型及水平，风险级别较高的业务，系统会发出预警，并通过信息系统通知相应的责任部门和人员，通知相关人员提高警惕，及时纠正不恰当行为。同时，根据不同的风险级别及类型，可以判断对企业的危害程度；对于风险级别较高的，系统会自动上报管理层。另外，对于发出预警后的业务模块，系统会继续跟踪，判断风险是否降低，其评分结果是否达标，若不达标，系统则会再次预警，以此循环，直至符合内控标准为止。通过预警分析与跟踪模块，企业可以及时了解各项业务流程的执行是否合规，有无风险，其风险级别及类型是什么，是否及时改进。总之，通过对风险的跟踪与分析，帮助企业防止舞弊，减少损失。

（5）评价报告模块。

评价报告模块是综合前面评分和预警两个模块的输出结果，对公司的内控整体情况进行评价，并输出综合评价报告。内部控制的评价报告的要素应该包括内控评价过程、有效性结论、风险认定及整改情况等内容，既要将企业潜在的风险予以有效的揭示，又要及时对内控制度执行的情况做出反应。因此，报告的信息量非常大。通过在内控评价信息系统中设定评价报告模板，将评价过程、有效性结论、风险认定及整改等方面内容以固定的模式设定。通过评价报告，企业管理者可以全面了解企业整体的内部控制运行情况，减少企业不当行为的发生，对于尚未解决的问题可以予以重点分析，提出解决方案或建议，并以此继续完善评价报告，形成企业改善管理的依据。

（6）系统设置模块。

系统设置模块的主要内容包括企业信息设置、初始化设置、日志管理和数据库维护。其中，企业信息设置包括企业基本注册信息（注册地址、注册类型、业务范围、注册资本等）、岗位的设计及操作员管理。初始化设置是指系统启动前的参数设计。日志管理是指对系统形成的日志的分类、备份及维护等功能。数据库维护主要指对系统整体数据库的查看、备份及恢复等功能。

本书设计的内控评价系统的六个模块并不是独立的个体，它们之间相互联系，是循序渐进的过程。首先，系统通过采集模块综合获取企业其他信息系统的相关业务信息，在系统中形成全面、综合的各类信息。其次，系统对信息采集模块的消息分类并检查；审核通过后，进入综合评分模块，系统根据设定的评价标准对各类业务进行评价打分；评分结果被输送到预警分析及跟踪模块，后者根据评分结果识别并判定风险类别。最后，系统的评价报告模块综合评分结果及风险预警情况，根据系统设定的报告模板，输出内控评价报告。对于预警分析模块出现的不同级别的风险，系统会自动进行跟踪，并提醒纠正，纠正后系统会返回评分模块，再次进行评分，识别并纠正存在的问题，以此循环。所以，系统的六个模块相互钩稽、层层递进并且浑然一体、密不可分。

（五）数据库设计

数据库设计是指设计出能够反映系统全部信息关系，数据冗余少，存储效率高，方便企业维护的各类数据模型。在内部控制评价信息系统中，存在管理员、用户、评价指标、综合评分、流程风险、流程缺陷、评价报告等实体。一个用户可以采集或录入多项评价指标，但每一项指标的属性只能由一个用户采集或录入，所以用户与评价指标是一对多的关系；一个用户可以查询多项业务流程的综合评分，同时每一项流程的综合评分可以由多个用户查询，所以用户与综合评分是多对多的关系；同理，用户与风险也是多对多的关系。一项综合评分结果对应一份评价报告，同时一份评价报告也只能对应一项综合评分，所以综合评分与评价报告是一对一的关系；同理，评价报告与流程风险、流程缺陷的关系也是一对一的关系。管理员与其他实体的对应关系都是一对多的关系，管理员可以查询或维护其他实体。

本书采用的是 MySQL 数据库管理系统，设计的名称为 The System of Internal Control Evaluation。系统主要的数据库表如下：

管理员表（管理员 ID，管理员名，密码）；

用户表（用户 ID，用户名，密码，所属部门，联系方式）；

评价指标表（指标编号，流程编号，指标描述，填报部门，检查方法，是否合格，评价得分，法律文献参考，备注）；

综合评分表（流程编号，评价得分，填报部门，是否合格）；

流程风险表（风险编号，流程编号，评价得分，风险类型，风险水平，跟踪情况）；

流程缺陷表（缺陷编号，流程编号，评价得分，风险水平，缺陷级别）；

评价报告表（评价主体，评价对象，评价得分，风险水平，缺陷级别，内控有效性）。

（1）管理员表的设计。

数据库中的 admin 表保存的是管理员的基本信息，如表 22-1 所示。

表 22-1 管理员信息表

字段名称	数据类型	说明
adminID	int	管理员 ID
adminName	varchar	管理员名
adminPassword	varchar	密码

（2）用户表的设计。

数据库中 user 表存储的是系统用户的相关信息，用户指内控评价组人员及有相关权限的其他人员。如表 22-2 所示。

表 22-2 用户信息表

字段名称	数据类型	说明
userID	int	用户 ID
userName	varchar	用户名
userPassword	varchar	密码
userSector	varchar	所属部门
userPhone	bigint	电话

（3）评价指标表的设计。

数据库中 evaluation index 表中保存的是内控评价指标的详细信息，主要是 22 项业务模块的各项评价指标；指标编号是其主键，其他属性有指标描述、填报部门、检查方法、是否合格、评价得分、法律参考文献等。具体信息见表 22-3。

表 22-3 评价指标信息表

字段名称	数据类型	说明
indexNum	int	指标编号
processNum	int	流程编号
indexDescribe	varchar	指标描述
fillSector	varchar	填报部门
checkMethod	varchar	检查方法
YorN	varchar	是否合格

续表

字段名称	数据类型	说明
evaluatScore	int	评价得分
legalRefer	varchar	法律参考文献
remarks	varchar	备注

(4) 综合评分表的设计。

数据库中 comprehensive score 表主要保存的是 22 项业务类型的综合评分结果；其主键是流程编号，主要属性有评价得分、填报部门、是否合格。详见表 22-4。

表 22-4　综合评分信息表

字段名称	数据类型	说明
processNum	int	流程编号
evaluatScore	int	评价得分
fillSector	varchar	填报部门
qualifiedorN	varchar	是否合格

(5) 流程风险表的设计。

数据库中 process risk 表主要存储的是有风险的业务信息；主键是风险编号，主要属性有评价得分、风险类型、风险水平及跟踪情况。具体存储信息见表 22-5。

表 22-5　流程风险信息表

字段名称	说明
riskNum	风险编号
processNum	流程编号
evaluatScore	评价得分
riskCategory	风险类型
riskLevel	风险水平
followup	跟踪情况

(6) 流程缺陷表的设计。

数据库中 process defects 表主要存储的是有关内控缺陷的信息；主键是缺陷编号，主要属性有流程编号、评价得分、风险水平、缺陷级别等。具体信息表 22-6。

表 22-6 流程缺陷信息表

字段名称	数据类型	说明
defectsNum	int	缺陷编号
processNum	int	流程编号
evaluatScore	int	评价得分
riskLevel	varchar	风险水平
defectsLevel	varchar	缺陷级别

(7) 评价报告表的设计。

评价报告 evaluation report 表主要存储的是与内控评价报告有关的信息，主要包括评价主体、评价对象、评价得分、风险水平、缺陷级别及内控有效性说明，具体存储信息见表 22-7。

表 22-7 评价报告信息表

字段名称	数据类型	说明
evaluatePart	varchar	评价主体
evaluateObject	varchar	评价对象
evaluatScore	int	评价得分
riskLevel	varchar	风险水平
defectsLevel	varchar	缺陷级别
intercontrolEff	varchar	内控有效性级别

三、内控评价信息系统的物理设计

高新技术企业内控评价信息系统的逻辑设计部分主要对系统的各个模块进行了总体介绍，各个模块功能的实现还需要物理设计的支撑以及软硬件环境的支持。物理设计是为系统的逻辑设计提供具体的物理结构，以实现系统的逻辑构思,从而保证内控评价信息系统功能的实现。

本书的内控评价系统是针对高新技术企业设计,所以在对系统进行物理设计时,除了要考虑软件设计的基本要求外,还需要结合高新技术企业的实际情况,考虑以下几点。

(一)兼容性

高新技术企业内控评价信息系统首先应该具备兼容性,因为高新技术企业目前存在多个信息系统,评价系统的特色之处就是与各信息系统实现对接,自动获取其他系统的信息。因此,在对系统进行设计时,应考虑系统的兼容性,防止出现因为不兼容问题而导致资源浪费现象。

(二)实用性

高新技术企业的业务遍布范围广,业务量大,市场风险变幻莫测。内控评价信息系统的设计是为了帮助企业提高工作效率,节省时间,防范风险,因此,系统的设计应当以简便实用为主,切不可成为企业管理的又一负担。

(三)灵活性

无论是市场环境还是企业自身的业务要求,都处于不断的变化之中。所以,评价指标的设计也处于不断变化之中。既然系统的设计是为评价指标的设计搭建平台,自然应当具备灵活性。

四、代码设计

代码设计是进行系统物理设计的基础。现实事务的名称、属性等都要有不同的代码才能在计算机中进行处理,所以代码设计是计算机编程的第一步。高新技术企业内控评价信息系统主要是对企业现有的内控系统进行评价,需要系统自动实现识别及获取信息的功能,因此,其代码设计必须与其内控系统相一致。在本书设计的内控评价系统中,代码设计主要涵盖各职能部门、业务公司、供应商、用户、岗位、员工等。企业应形成代码库,包括企业方方面面事务的代码及各自的详细信息,以备查看。

这里以高新技术企业的部分部门代码设计为例(见表22-8)。职能部门以A-为代码,依次对各职能部门排序,如财务部、综合部、企管部、政工部、法律事务部代码分别为A-01、A-02、A-03、A-04、A-05。业务子公司、分公司以B-为代码,对各个一级子、分公司进行排序,如煤炭贸易分公司代码为B-01;二级子、分公司以C-为代码,如煤炭贸易华北公司为煤炭贸易分公司的二级子公司，其代码设计为 C-0101；依此类推。

表 22-8　高新技术企业部分部门代码设计

部门	部门代码
财务部	A-01
综合部	A-02
企管部	A-03
政工部	A-04
法律事务部	A-05
煤炭贸易分公司	B-01
钢材贸易分公司	B-02
煤炭贸易华北公司	C-0101

五、模块设计

（一）数据采集模块

高新技术企业内控评价信息系统信息采集模块的功能有信息采集、信息查询、数据报送三个方面，采集的信息分为 22 个模块，分别是组织架构、货币资金管理、筹资、投资、采购、资产管理、销售业务、项目开发、财务报告、预算管理、内部信息传递、信息系统、关联交易、行政综合事务、舞弊机制、日常监督、专项监督等，如图 22-3 所示。

信息采集功能以智能获取为主，人工输入为辅。该系统通过与企业的内部控制信息系统和财务管理信息系统的对接，自动获取与内部控制相关的信息，主要包括组织架构、人力资源、采购业务、销售业务、资金管理等多方面信息的自动识别。另外，评价组人员对于无法从信息系统中获取的信息，比如发展战略、社会责任、企业文化等，可以依据系统内设的评分标准，对其各项进行打分，并将打分情况和打分依据录入系统。

高新技术企业内控评价信息系统是对企业的各项业务的内控设计与执行情况进行评价。本系统将企业的业务分为 22 个方面，分类依据是内控五要素及内控评价 18 项指引，指标的设计依据是内部控制基本规范、内部控制应用指引及评价指引。信息采集模块采集的信息包括指标编号、指标描述、填报

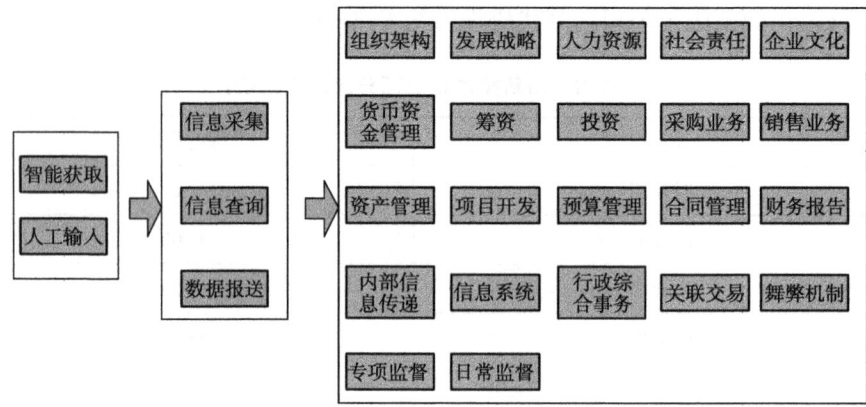

图 22-3　数据采集模块功能设计图

部门、检查方法、是否合格、评价得分、备注、法律文献参考共 8 项，这些指标属性都直接按业务的分类存储在数据库中。信息采集还包括抽样方式、抽样范围、抽样数量、合格数量等抽样情况。表 22-9 是以组织架构为例，说明信息采集模块需要采集的信息。指标编号的设计中，X 代表内控制度设计完整性一类指标，Y 代表内控制度执行有效性指标一类指标。

其中，指标描述示例如表 22-10 所示。

表 22-9　"组织架构"业务模块中评价指标的采集及存储状况

指标编号	指标描述	填报部门	检查方法	是否合格	评价得分	法律文献参考	备注
1	XXXXXX						
X01-01	XXXXXX						

表 22-10　对"组织架构"评价指标的具体描述

指标编号	指标描述
1	组织架构
X01-01	是否明确董事会成员的产生程序、专业知识与业务能力要求
Y01-01	董事会人员的产生程序、专业知识与业务能力要求是否符合相关规定
X01-02	是否明确监事会人员的产生程序、专业知识与业务能力要求
Y01-02	监事会人员的产生程序、专业知识与业务能力要求是否符合相关规定

续表

指标编号	指标描述
X01-03	是否明确经理层人员的产生程序、专业知识与业务能力要求
Y01-03	经理层人员的产生程序、专业知识与业务能力要求是否符合相关规定
X01-04	是否建立重大事项报告制度
Y01-04	重大事项是否履行相应报告程序
X01-05	是否制定组织机构图,明确本单位各专业委员会、职能部门和下属机构的设置和职责
Y01-05	本单位各专业委员会职责是否有效履行
Y01-06	各职能部门不存在职能过于集中、交叉或缺失的情形
Y01-07	组织架构的调整是否按照规定的权限和程序进行
BX01-01	是否成立压缩管理层级工作机构,明确具体部门和责任人,层层落实工作责任
BY01-01	是否制定压缩管理层级总体计划和年度工作方案
BY01-02	是否按照计划和方案压缩层级

信息采集模块的功能除了采集信息,还有查看采集状况及数据报送的功能。其中,通过查看采集状况功能,可以知道每一项业务流程中总共有多少指标,不适用、未发生、已评价、未评价、审核通过的指标各有多少;通过数据报送功能,可以查看各项业务的负责部门,查看审核通过、审核未通过的指标数以及指标的报送状态。"查看采集状况"及"数据报送"的功能设计分别见表22-11、表22-12。

表22-11 "查看采集状况"功能设计

编号	关键流程	指标数	不适用指标数	未发生指标数	已评价指标数	未评价指标数	审核未通过数	数据报送情况
1	组织架构							
2	发展战略							
3	人力资源							
4	社会责任							

表 22-12 "数据报送"功能设计

关键流程	负责部门	指标数	未评价指标数	未审核指标数	审核通过指标数	审核未通过指标数	报送状态
1. 组织架构							
2. 发展战略							
3. 人力资源							
4. 社会责任							
……							

(二) 数据审核模块

数据审核功能模块的功能包括接收数据、数据审核、查看审核状况、返回数据、报送数据共 5 个部分。接收数据是接收数据采集模块的数据，即 22 项业务涉及的各项指标的指标属性和评分状况；数据审核是指对接收的数据进行复核，包括各类业务中每一项指标的指标属性是否正确，通过指标描述审核评分是否恰当；查看审核状况，主要是查看哪些指标已审核哪些指标未审核，以确保所有指标都已经过审核。数据审核模块的功能如图 22-4 所示。

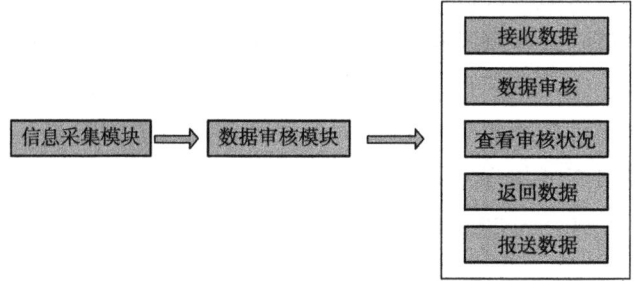

图 22-4 数据审核模块功能设计图

本模块中，"接收数据"部分可以查看的信息见表 22-13。可以用它查看各指标的接收情况、指标的审核情况及指标的录入情况。

表 22-13 "接收数据"模块功能设计

填报部门	关键流程	指标数	已录入	未录入	未审核	审核通过	审核未通过	接收状态
企管部	组织架构							
企管部	发展战略							

续表

填报部门	关键流程	指标数	已录入	未录入	未审核	审核通过	审核未通过	接收状态
企管部	合同管理							
企管部	项目开发							

系统接收数据后，审核数据模块对数据进行审核。通过审核数据模块，可以查询各业务的设计完整性指标数及执行有效性指标数，以及指标的审核状态及报送状态等信息。具体的功能见表22-14。

表22-14 "审核数据"的功能设计

关键流程	设计完整性指标数	执行有效性指标数	未评价	未审核	审核通过	审核不通过	状态
组织架构							
发展战略							
合同管理							
项目开发							

（三）综合评分模块

高新技术企业内控评价信息系统综合评分模块的功能设计主要包括数据接收、业务评分、综合评分三个部分。经过审核的数据信息被输送到综合评分模块；综合评分模块接收数据，不同的业务信息分别进入对应的各项业务评分模型；系统通过各项评分模型，对不同业务的内控情况进行综合评分，得出每一项业务的评分结果。业务评分模块完成对22项业务的内控评分工作，综合评分模块则是通过综合评分模型，按照模型中各项业务的权重实现对企业整体的内控评分。具体的功能设计如图22-5所示。

（四）预警分析与跟踪模块

预警分析与跟踪模块的功能设计主要包括数据接收、风险识别与判定、预警分析与跟踪三部分。数据接收功能主要指接收综合评分模块对各项流程的评分结果，同时接收信息采集模块及数据审核模块有关内控评价的所有信息。风险识别与判定的功能是通过系统设定的风险识别与判定模型，将不同的评分结果与不同的风险水平相对应，判定各项业务流程的风险类型及风险水平。预警分析与跟踪模块的功能是根据前面风险的识别与判定，对不同的风险级别给予不同的处理：对于风险级别较低的由系统直接提示相关责任部

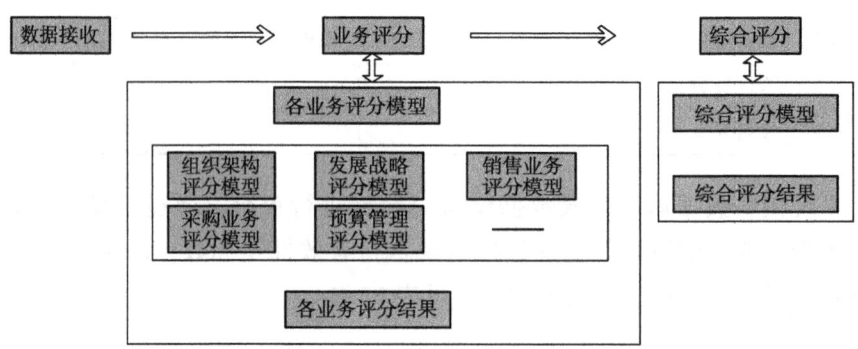

图 22-5 综合评分模块的功能设计

门，对于风险级别高的系统发出严重预警并通知管理层，对于风险级别一般的业务流程系统会发出预警。发出预警后，系统会跟踪风险的处理情况，若风险级别没有变化，系统则会再次预警，以此循环，若超过 3 次风险依旧没有解决，则系统会自动通知管理层。具体的功能设计如图 22-6 所示。

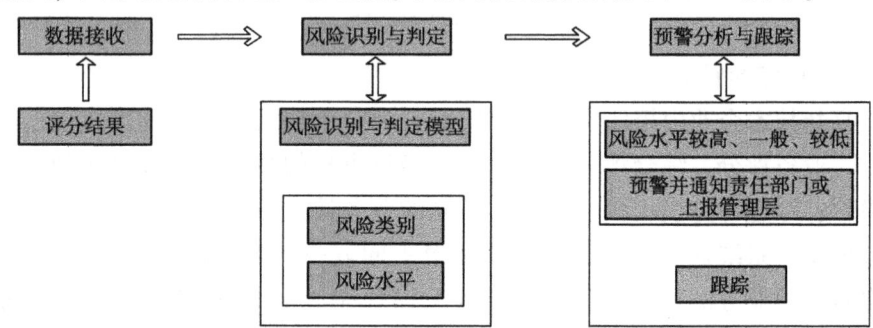

图 22-6 预警分析与跟踪模块的功能设计

（五）评价报告模块

评价报告模块是在汇总分析了前面几个模块的基础上，以输出内控评价报告为主要功能。这一模块包括数据接收、业务评价和综合评价；其中，业务评价和综合评价中包括的子模块有评分结果、缺陷认定、评价报告三方面。数据接收功能主要接收综合评分模块的评分结果和预警分析与跟踪模块的风险认定情况。评分结果子模块可以实现对各业务流程或企业整体的内控评分结果的查询。缺陷认定功能则是根据前面模块判定的风险水平，通过缺陷认定模型，确定企业各类业务流程的内控缺陷情况。业务和综合评价报告的功能主要是得出评价报告；系统中存储不同分数所对应不同的结果，业务评价报告是指结合各业务流程评分及缺陷认定情况，对各业务流程的内控设计与执行情况进行综合评价，综合评价报告是指综合企业各个业务流程的评价结果，通过对各流程的权重及分数进行计算，实现对企业整体内控设计与执行情况的评价，按照系统中的评价报告模板形成企业综合评价报告。具体功能如图22-7所示。

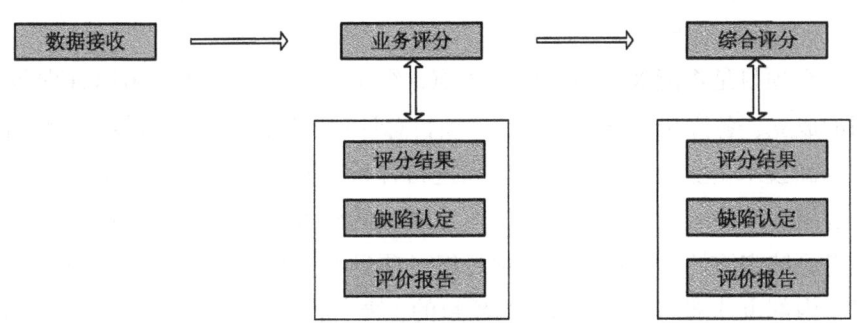

图22-7 评价报告模块的功能设计

六、输入、输出设计

输入设计的目的是保证信息被准确、及时地输入内控评价信息系统，输出设计的目的是确保信息能够满足系统用户的需求。

本系统中，数据的采集方式有两种，分别是系统自动采集和手动采集。所以，输入方式包括系统自动输入方式和人工输入方式。自动输入方式下，由系统自动识别各业务流程内控的设计与实施情况并评分；人工输入方式下，则需通过键盘、鼠标等输入设备进行输入。另外，在输入权限上，在进行系统设置时要注意岗位职责明确和不相容职务互相制约，在对具体业务流程进行打分时要注意操作员不能是其责任部门的人员，应实行回避制度。对每一位信息操作者都必须有权限控制和授权管理。

本系统在输出设计上，通过输出界面严格控制控制操作人员的权限和身份验证。当有人进入系统时，系统会自动检测该ID的权限；对于没有权限的ID，系统会拒绝其进入。在输出结果上，系统会对输出的信息做出判断，保证输出的内容符合内控的相应要求。其输出方式也有多种，包括显示器、打印机等，用户可以自行选择。

七、内控评价信息系统的实施管理

在对内控评价信息系统进行需求分析、逻辑设计和物理设计之后，还需要对项目的具体实施进行规划。项目的实施管理是项目实现的重要环节，若未较好地对项目的实现过程进行把关，则可能会达不到对本内控评价系统的预期效果。本项目的实施管理主要分为组织管理、进度管理、质量管理和成本管理。

（一）组织管理

一个项目是否能被顺利无阻地实施，组组管理是第一步。组织管理包括项目组的成立，各岗位的分工与职责，项目总计划的制定、绩效考核、培训等。

高新技术企业为了有效地对内控进行评价，建立了内部审计部门，高新技术企业组织架构的完善为内控评价信息系统的建设提供了重要帮助。本内控评价信息系统实施的第一步是成立项目组；项目的总负责人一般是由公司总经理担任；内部审计部门和信息科作为项目的主要工作人员，负责项目的基础工作；各部门领导及相关岗位责任人员协助参与项目的实施。项目的组织管理具体分为系统开发、系统测试、系统上线、系统管理四个部分，分别对应不同的小组成员。系统开发组主要负责系统的研发工作。系统开发工作可外包给第三方，开发组人员由专业人员组成；系统测试组主要负责对系统的功能和环境进行测试；系统上线组主要负责系统的上线工作，包括上线前对相关人员的培训和项目实施；综合管理组主要负责成本预算、时间管理、人员安排等其他综合事务。高新技术企业内控评价信息系统的组织管理架构见图22-8。

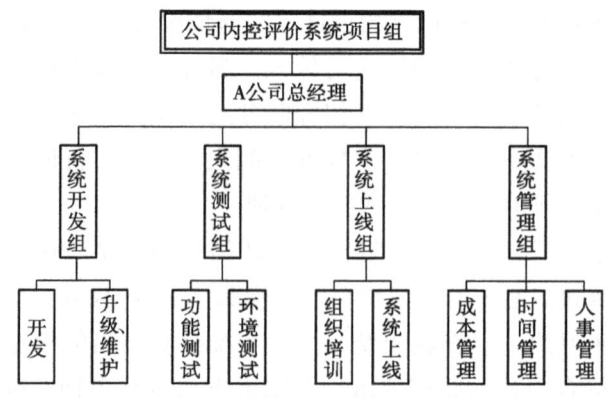

图22-8 高新技术企业内控评价信息系统组织管理架构图

明确项目组的构成及职责分工后,系统管理组应制定项目的实施总计划,确保项目的实施过程有章可循。系统管理组在制定项目实施总计划时,需考虑公司的需求、人力资源、资金、时间进度以及公司的实际执行力,确保系统有足够的资金、人力支持,并且不影响企业的整体经营。项目实施总计划包括项目描述及目标、时间进度安排、资金安排、人力安排、项目质量要求、项目成果等多方面,如图22-9所示。

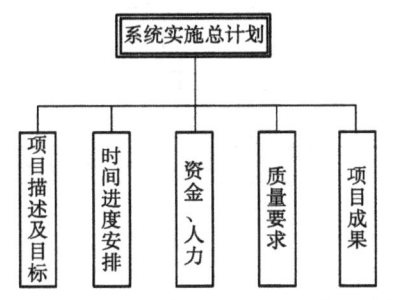

图22-9 高新技术企业项目实施总计划

(二) 进度管理

进度管理是指对项目的时间和项目的进程进行管理,它是项目实施的关键,是在特定的人力、财务、时间等资源的前提下,对项目的各项任务进行相应的时间安排,并对项目的实施过程进行监督、检查、调整、改进。时间是项目进度管理的关键项因素,但不是唯一因素;在安排时间时,需要综合考虑人力、财务、各部门的经营状况等多方面因素。进行进度管理的前提是对项目进行任务分解,项目实施的流程如图22-10所示。图中,项目由系统管理组主导并安排项目进度,前期准备工作由管理组完成;开发组对各部门进行需求分析,并设计系统的物理机构和逻辑结构,然后分阶段进行开发;测试组对开发组的开发结果分阶段验收并测试,包括环境测试、功能测试;完成开发后,由系统上线组对系统试运行并对操作员小范围内培训,系统开发组接收反馈结果并修改;修改完成后,由上线组对所有操作员进行培训,并考核培训效果,培训合格后,将系统上线并投入使用。

内控评价信息系统项目进行明确的任务分解后,需要在有限的条件下,对各项业务流程进行时间进度安排,制定项目进度计划。此外,在制定进度计划时,除了考虑人力、财务、经营等因素外,还需为突发事件预留一定的时间。图22-11是项目实施示意图。

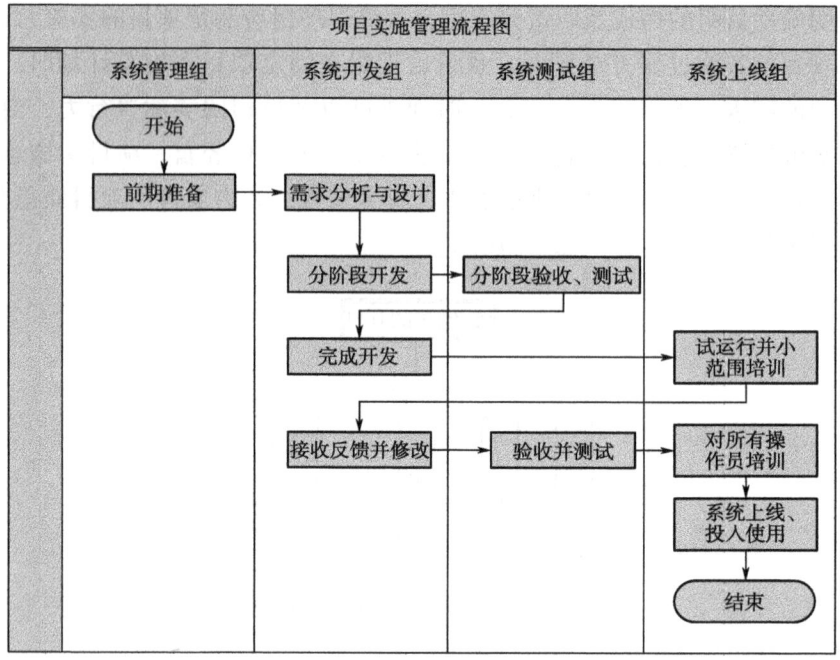

图 22-10　项目实施管理流程图

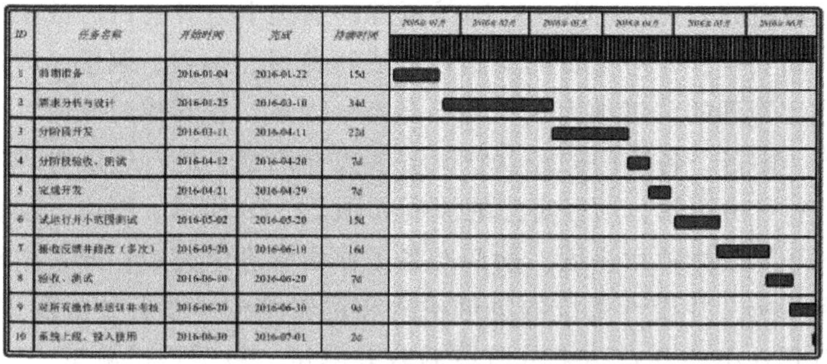

图 22-11　高新技术企业内控信息系统项目实施甘特图

（三）质量管理

质量管理是项目能够实现预期目标的关键因素，它贯穿了项目整个的实施过程。项目执行的每一个步骤都应该有质量评审环节，由专业人员把关。在高新技术企业内控评价信息系统的建设过程中，主要的质量控制环节是系统开发、系统测试和验收环节。开发环节主要的质量控制措施是技术检查，包括代码检查、技术实现，和每一步骤形成的工作文档的检查。系统测试环节的质量控制措施是单元测试、集成测试、系统测试、客户验收测试和回归测试等功能检查。另外，高新技术企业在每周的工作例会上都会汇报项目的进程并督促项目管理组对项目的实施进行质量把关，确保项目的质量符合企业的要求。图22-12是高新技术企业内控评价系统建设项目的质量管理示意图。

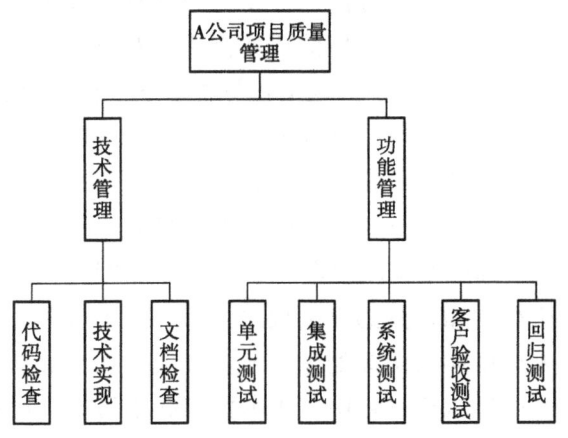

图22-12　高新技术企业项目质量管理图

（四）成本管理

信息化项目的成本是指项目实施过程中所耗费的所有资源。成本管理包括成本预算、预算执行过程的监督及预算考核与分析等内容，如图22-13所示。高新技术企业内控评价信息系统建设项目的成本管理贯穿于系统建设的始终，每一步骤都离不开预算和成本控制，成本管理也是项目能够顺利完成的重要一环。项目的成本管理主要包括编制预算、执行预算、预算考核与分析三个部分，项目每一个实施阶段的成本管理都要历经这三个部分。首先，高新技术企业对项目的各项成本进行估算，形成总预算及各项目执行阶段的分预算。其次，在项目实施的每一个阶段都要严格执行预算。再次，对每一阶段的预算执行情况进行总结分析和考核，对于预算制定不合理的地方，可以经过相应的程序调整预算。最后，对项目总预算进行分析总结，考核总预算的执行情况，并实施相应的奖惩措施。

成本管理的第一步是编制预算。在编制预算之前，先要对成本进行估算。

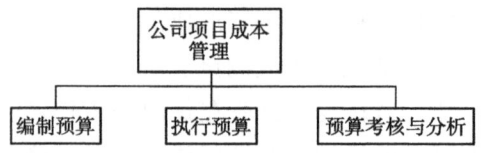

图 22-13　高新技术企业项目成本管理图

估算的内容主要包括人工成本、资产损耗、外聘专家费用、物料消耗等费用。可以采用自上而下的预算编制方法，首先对项目整体成本进行估算，形成项目总成本，然后根据项目每一阶段的成本需求，对总预算进行分配，形成每一阶段的成本预算。总预算及分阶段的预算将是下一步进行预算考核的依据。

成本管理的第二步是在执行预算的过程中，进行成本核算与分析，控制成本。项目实施后，财务部负责成本信息的归集、核算、整理，计算出项目的实际成本。财务部计算出每一阶段的成本信息后，将实际成本与预算成本进行对比分析，若实际成本超过预算成本，则需找出原因。若是合理的原因，需要增加预算，执行增加预算的审批程序；若原因不合理，则需找到相应责任人员，由责任人员赔偿或协商处理。若实际成本在预算成本的范围内，则无须处理。另外，项目执行过程中，成本控制必不可少。比如对员工差旅费的控制，要对报销单据进行严格审核，防止资源浪费。项目执行过程中，对于需要聘请外部专家进行指导的，对其花费也应进行控制，要制定报销程序与标准，确保不会产生费用纠纷。

成本管理的第三步是针对预算执行结果进行考核。项目组应制定相应的预算考核体系及对应的奖惩措施。对于预算执行较好的单位和人员，应给予一定的奖励；相反，对于成本控制不到位，出现成本浪费较严重的现象，也应及时处理。

附录（调查问卷）
高新技术企业信息化风险因素调查

您好！这是一份学术问卷，旨在对高新技术企业实施信息化过程中的关键风险进行分析与防范研究。我们将根据您的回答进行定量描述，并依据分析结果为高新技术企业实施信息化过程中的关键风险提供合理化的应对措施，以期有助于高新技术企业更有效地实施信息化。

本问卷共有两部分：第一部分是基本信息，第二部分是对关键风险项目的调查。本问卷采取匿名方式填写，您提供的资料将完全保密。答案无对错之分，请您根据实际情况作答。您的回答将为我们提供宝贵的资料，非常感谢您对学术研究的支持！

第一部分 基本信息

1. 您所在企业名称＿＿＿＿＿＿＿＿＿＿＿＿；单位地址＿＿＿＿＿＿＿＿＿；联系电话＿＿＿＿＿＿＿＿＿＿＿；网址＿＿＿＿＿＿＿＿＿＿＿＿。

2. 您所在单位所属的行业？（   ）

   A. 电子信息技术

   B. 航空航天技术

   C. 高新技术服务业

   D. 新能源及节能技术

   E. 资源与环境技术

   F. 高新技术改造传统产业

   G. 物与新医药技术

   H. 新材料技术

3. 您所在企业的规模？（   ）

   A. 大型企业（1 000人以上）

B. 中型企业（300~1 000 人）

C. 小型企业（300 人以下）

4. 您所在单位的性质？（   ）

A. 国有企业

B. 私营企业

C. 股份制企业

D. 其他

5. 您属于以下哪类人员？（   ）

A. 企业内部业务操作人员

B. 科学研究工作者

C. 系统设计与系统维护人员

D. 企业外部软、硬件系统供应商

E. 企业内部管理人员

F. 企业内信息部门人员

6. 您对企业信息化风险了解时间的长短？（   ）

A. 不足 1 年

B. 1~3 年

C. 3~5 年

D. 5 年以上

7. 您的工作是否涉及企业信息化实施或工作？（   ）

A. 是

B. 否

8. 您认为企业实施信息化风险问题重要吗？（   ）

A. 很重要

B. 一般重要

C. 不太重要

9. 您认为您所在企业实施信息化整体风险水平如何？（   ）

A. 风险程度很低

B. 风险程度较低

C. 风险程度适中

D. 风险程度较高

E. 风险程度很高

10. 您的年龄是？（　　）

A. 25 岁以下

B. 25~35 岁

C. 35~45 岁

D. 45 岁以上

第二部分　关键风险控制点调查

在下表内容左侧，按 COBIT 模型的四个域，列示了 21 个风险项目；在下表内容右侧，将风险程度分成 5 个等级。数字 1、2、3、4、5 分别对应风险程度低、风险程度较低、风险程度一般、风险程度较高、风险程度高。请您针对风险项目，对风险程度进行客观评价，并以"√"表示。

一级	二级	衡量标准	1	2	3	4	5
1. 规划与组织	X_1 信息化规划风险	1. 企业是否根据企业战略进行了合理有效的规划					
		2. 是否将信息化发展规划分解至年度计划，统一组织信息系统建设					
		3. 规划是否与外部需求协调一致					
	X_2 组织结构风险	1. 是否进行相应组织结构调整					
		2. 企业是否设立信息部门					
		3. 是否设立合乎需要的信息化风险管理机构和岗位					
		4. 信息化环境下企业机构和岗位设置是否符合必要的内部牵制原则					
		5. 是否加强对重要工作岗位（如系统管理员）的管理，从制度上减少出现问题的可能性					
	X_3 信息技术人员风险	1. 是否建立健全信息化专职机构或专职人员					
		2. 信息化专职人员能力是否适合岗位职责需求（不适应工作的成员没有调离项目组，从而影响其他成员的积极性；或没有找到项目急需的具有特定技能的人）					
		3. 是否专门聘请既懂业务、管理，又懂信息技术的复合型人才					
		4. 是否出现专业技术核心人员流失风险？针对人员流失现象是否有相应的控制措施					
		5. 企业是否针对信息技术人员设有专门的激励措施，以防止人才流失					

续表

一级	二级	衡量标准	1	2	3	4	5
1. 规划与组织	X_4 信息化投资决策风险	1. 投资之前,企业是否运用适当的评估方法和标准对相关风险做出科学评估					
		2. 信息系统的应用是否同企业信息化需求相适应,既要保证信息技术的时效性,又要满足企业信息化业务的需求					
	X_5 业务流程进行重组的风险	1. 企业是否根据企业的自身环境进行重新定位以及业务重组					
		2. 业务流程的重组牵涉到人员的变动、权力的重新分配、组织机构的改变,高层管理是否实际支持或参与配合企业进行重组					
	X_6 企业文化风险	1. 企业是否制定与企业信息活动相关的规范,来指引和控制职工的信息行为					
		2. 企业是否注重企业信息文化的交流活动。通过信息文化的沟通与共享,吸收国内外先进的信息化思维,提高企业员工信息文化创新意识					
		3. 企业是否通过文化活动、板报、广播电视、报刊杂志等形式,宣传信息化对企业的积极意义					
	X_7 资金不足风险;	1. 是否按照采购预算实施采购					
		2. 采购定金及预付款是否由相应权限的主管或其授权人员审批					
		3. 建设期间是否进行多次预算外追加投资					
2. 获取与实施	X_8 采购风险	1. 采购软件申请是否由生产或业务等需求部门提出,由采购部门统一执行					
		2. 采购硬件申请是否由生产或业务等需求部门提出,由采购部门统一执行					
		3. 是否对办理采购业务的人员定期进行岗位轮换					
		4. 对重要和技术性较强的采购业务,是否组织专家进行论证,实行集体决策和审批					
	X_9 软硬件风险	1. 企业是否及时购置所需硬件					
		2. 软件应用过程中是否支持各种客户端					
		3. 软件应用范围是否适应企业需求					

续表

一级	二级	衡量标准	1	2	3	4	5
2. 获取与实施	X_{10} 软件开发商选择风险	1. 供应商的确定是否须经过授权批准					
		2. 在选择软件开发商之前是否充分调查了解软件开发商的资质、信誉状况、业务经验					
		3. 是否定期对供应商目录进行检查、评价、更新					
		4. 招标或重要的比质比价是否由采购、财务和其他相关部门共同参与					
		5. 当采用外购、业务外包等方式开发信息系统时,是否采用公开招标等形式择优确定供应商或开发单位					
	X_{11} 设计和实现风险	1. 信息系统设计前是否对公司业务流程进行详细调查					
		2. 信息系统是否经过开发单位与使用单位双方的测试					
	X_{12} 部门及人员间的沟通风险	1. 遇到问题时,流程指导顾问、技术支持顾问、信息技术人员是否能与业务部门、内部管理人员及时进行沟通					
		2. 沟通过程、方式是否严格按照规定执行;各部门是否相互配合					
		3. 是否出现由于项目组成员之间发生冲突,导致沟通不畅、设计欠佳、接口出现错误和额外的重复工作					
	X_{13} 管理风险	1. 信息化建设中领导者是否一致参与					
		2. 企业是否能够抓住信息化建设重点,并有效协调企业业务管理和信息化管理工作					
		3. 是否设立突发问题管理机制,对于偶然事件和临时性访问是否采取安全授权措施					
		4. 信息化建设中是否严格执行权限审批制度					
		5. 企业是否设立风险管理部门并能够抓住信息化建设重点,并有效协调企业日常业务管理和信息化项目管理工作					
		6. 信息化实施过程中,企业是否吸收了国内外先进的管理理念,并结合自身情形,充分发挥信息系统的优势					
	X_{14} 市场风险	1. 最大竞争对手信息化程度是否超过本企业					
		2. 产品市场需求是否出现重大变化					
		3. 产品生命周期是否在本企业合理计划范围内					
	X_{15} 操作风险	1. 对不同系统是否设置了不同的用户权限					
		2. 操作过程不正规(缺乏对软件开发策略和标准的遵循),导致沟通不足,质量欠佳,甚至需重新开发					

续表

一级	二级	衡量标准	1	2	3	4	5
3. 交付与支持	X_{16} 系统的协调、升级和维护方面的风险	1. 是否执行信息系统的更新程序					
		2. 系统上线以及新旧系统平稳切换是否有明确的计划及审批明确针对更新系统的要求					
		3. 系统使用人员和系统维护人员是否独立					
		4. 委托专业机构进行系统运行与维护管理的,是否审查该机构的资质,并与其签订服务合同和保密协议					
		5. 是否执行信息系统的更新程序					
	X_{17} 系统安全风险	1. 重要数据是否定期备份并有效存放					
		2. 系统中是否使用安全软件					
		3. 是否综合利用网络设备和软件技术加强网络安全					
		4. 通过网络传输的涉密或关键数据是否加密					
		5. 信息系统泄密时是否进行责任追究					
		6. 是否制定灾难恢复计划					
		7. 是否定期对灾难恢复方案进行演练					
	X_{18} 专业技术培训风险	1. 各业务部门是否定期对操作员工进行专业信息化培训					
		2. 信息部门员工是否进行定期专业信息化培训					
	X_{19} 咨询风险	信息化建设中是否有咨询公司介入					
4. 监控	X_{20} 监控不足风险	1. 企业是否对IT投资的成本和收益进行监控					
		2. 是否对业务流程处理权限实施进行有效监控					
	X_{21} 内部控制不足风险	是否对于企业内部的控制进行及时的、必要的监控,保证操作安全和内部控制的顺利进行并生成有关报告					

您认为还有哪些关键风险因素在本问卷中还没有涉及?

_____

_____

_____

调研到此结束,再次感谢您的参与。

参考文献

[1] Cummins F A. Building the Agile Enterprise with SOA, BPM and MPM[M]. Elsevier, 2009, 127-154.

[2] Yin Xue Mei. Application of Information Engineering in Enterprise Management [R]. Applied Mechanics and Materials, 2012.

[3] Wei Xing. Using Rough Set to Construct the Enterprise Information Management System[R]. Advanced Engineering Forum, 2012.

[4] Anonymous. Enterprise information management[R]. K. M world, 2013.

[5] Hausmann, V, Williams S P, Hardy C A, et al. Enterprise Information Management Readiness: A Survey of Current Issues, Challenges and Strategy[R]. Procedia Technology, 2014.

[6] Jian Min Xie, Qin Qin. Research on the Small and Medium Sized Enterprise Informatization's Model and Strategy of Development[R]. Applied Mechanics and Materials, 2011.

[7] Shen Jun Qi, Wei Chen, Yun Bo Zhang, et al. Identification of Influence Factors and Establishment of Evaluation Index System for OPM3 in Mega Construction Engineering Enterprise [R]. Applied Mechanics and Materials, 2014.

[8] Jin Hai Zhang, Research of Network Information Platform Construction of ERP System in Manufacturing[R]. Applied Mechanics and Materials, 2014.

[9] Mastalerz M. Models of analysis for enterprise information technologystrategy [G]. Annales UMCS, Informatica, 2011.

[10] Meiyun Zuo, Hongjiao Fu, Research and Practical Issues of Enterprise Information Systems II[M]. Springer US, 2008.

[11] Jian Min Xie, Qin Qin, Research on the Small and Medium Sized Enterprise Informatization's Model and Strategy of Development[R]. Applied Mechanics and Materials, 2011.

[12] Jun kui Wang, Fan lei Zeng, Zhanglin Guo. The Evaluation of Enterprise In-

formatization Risk Based on the Unascertained Method [G]. Physics Procedia, 2012.

[13] Dong Ming Xu, Qian Zhai, Yuan Yang, Performance Appraisal of Construction Enterprise Informatization[R]. Applied Mechanics and Materials, 2013.

[14] Jun Ling Zhang, Shu Yi Zhou. The Construction of Informatization Performance Measurement Indicator System for Small-and-Medium Sized Enterprises[R]. Applied Mechanics and Materials, 2013.

[15] Na Yang, Evaluation research of small and medium-sized enterprise informatization on big data[G]. IOP Conference Series: Materials Science and Engineering, 2017.

[16] Gunasekaran A. Modelling and Analysis of Enterprise Information Systems[M]. IGI Global, 2007.

[17] Yijun Huang, Weiguo Wang, Jun Wu, et al. Research and Practical Issues of Enterprise Information Systems II[M]. Springer US, 2008.

[18] Jian Fu Zhang, Zhi Jun Wu, Ping Fa Feng, et al. Evaluation systems and methods of enterprise informatization and its application[R]. Expert Systems With Applications, 2011.

[19] Wu Yong Qian, Yao Guo Dang, Chen Yu Lin. Dynamic Evaluation Model of Enterprise Informatization Level and its Application[R]. Advanced Materials Research, 2011.

[20] Xue Mei Yin, Application of Information Engineering in Enterprise Management[J]. Applied Mechanics and Materials, 2012.

[21] Ge Qi Qi. Discussion on Issues and Solutions in Enterprise Information Construction from the Perspective of Engineering Economics[R]. Applied Mechanics and Materials, 2013.

[22] Jun Li, Ming Zhao, Guang Zhao. The Status and Challenge of Information Technology in Medical Education[M]. Springer Netherlands, 2014.

[23] Verena H, Susan P, Catherine A H, et al. Enterprise Information Management Readiness: A Survey of Current Issues, Challenges and Strategy[R]. Procedia Technology, 2014.

[24] Sathaporn Y, Panita W. Development of A Challenge Based Learning Model

via Cloud Technology and Social Media for Enhancing Information Management Skills[R]. Procedia-Social and Behavioral Sciences, 2015.

[25] Chaogai Xue, Junjuan Liu, Haiwang Cao. Study on Risk Evaluation of Enterprise Information Systems[R]. Procedia Engineering, 2011.

[26] Cheng Wang. Research on Enterprise Information Security of the ERP System [R]. Applied Mechanics and Materials, 2013.

[27] Ru Xin Gou, Ting Jie Lu. Research on Security Management Plan for Enterprise Information Systems[R]. Applied Mechanics and Materials, 2013.

[28] Zhang Jianye, Zeng Qinshun, Song Yiyang, et al. Information Security Risk Assessment of Smart Grid Based on Absorbing Markov Chain and SPA[J]. International Journal of Emerging Electric Power Systems, 2014.

[29] Xiao Li Cao. Research on Method of Information System Information Security Risk Management[R]. Advanced Materials Research, 2014.

[30] Winikoff M, Padgham L, Harland J. AI 2001: Advances in Artificial Intelligence[M]. Springer Berlin Heidelberg, 2002.

[31] Hoeschl H C, Barcellos V. Artificial Intelligence Applications and Innovations [M]. Springer US, 2004.

[32] Laghaee A, Malcolm C, Hallam J, et al. Artificial intelligence and robotics in high throughput post-genomics[R]. Drug Discovery Today, 2005.

[33] Cantu-Ortiz F J. Advancing artificial intelligence research and dissemination through conference series: Benchmark, scientific impact and the MICAI experience[R]. Expert Systems With Applications, 2014.

[34] Muhammad Q R, Khosravi A. A review on artificial intelligence based load demand forecasting techniques for smart grid and buildings[R]. Renewable and Sustainable Energy Reviews, 2015.

[35] Huang D, Liang W, Zhang P. Framework Research of Underground Informatization Management Platform[J]. Chinese Journal of Underground Space & Engineering, 2010.

[36] Yang X F. Informatization Strategy and Its Implementation Framework of Civil Engineering[J]. Technological Development of Enterprise, 2013.

[37] Janusz Zawiła-Niedzwiecki, Maciej Byczkowski. Information Security Aspect

of Operational Risk Management[R]. Foundations of Management, 2009.

[38] Liu Jun'e, Zeng Fanlei, Han Zheng. Risk Evaluation of Enterprise Informatization Based on the Unascertained Method [M]. Springer Berlin Heidelberg: 2012.

[39] Junkui Wang, Fanlei Zeng, Zhanglin Guo. The Evaluation of Enterprise Informatization Risk Based on the Unascertained Method [M]. Physics Procedia, 2012.

[40] Zhang Jianye, Zeng Qinshun, Song Yiyang, et al. Information Security Risk Assessment of Smart Grid Based on Absorbing Markov Chain and SPA[J]. International Journal of Emerging Electric Power Systems, 2014.

[41] Na Yang. Evaluation Research of Small And Medium-Sized Enterprise Informatization on Big Data[R]. IOP Conference Series: Materials Science and Engineering, 2017.

[42] Piggelen H U. A formal, Mathematics Oriented Method for Identifying Security Risks in Information Systems[R]. Studies in health technology and informatics, 1996.

[43] Stuart Maguire, Identifying Risks during Information System Development: Managing the Process, Information Management [R]. Computer Security, 2002.

[44] Anonymous, Symantec Corp: Symantec Tool Challenges Small Businesses to Assess their Exposure to Information Risk; The Symantec Small Business Check-up helps companies compare their security, data protection and storage profiles to their peers, to better identify information risk and how to protect themselves as well as pinpoint major IT cost savings [R]. M2 Presswire, 2010.

[45] Chou Te-Shun. Information Assurance and Security Technologies for Risk Assessment and Threat Management: Advances[M]. IGI Global: 2011.

[46] Zhi Ping Fan, Wei Lan Suo, Bo Feng, Identifying Risk Factors of IT Outsourcing Using Interdependent Information: An Extended DEMATEL Method [R]. Expert Systems With Applications, 2012.

[47] Reddy V R M, Aatia R, Jeef R. Peaformance of Control Process and Mange-

ment of Risk Information[EB]. US2010049748, 2010.

[48] McKinney E H. Crisis IT Design Implications for High Risk Systems: systems, Control and Information Propositions[R]. Behaviour & Information Technology, 2011.

[49] Brandas C, Stirbu D, Didraga, O. Integrated ApproachModel of Risk, Control and Auditing of Accounting Information Systems[R]. Informatica Economica, 2013.

[50] Zawiła-Nied J, Byczkowski M. Information Security Aspect of Operational Risk Management[R]. Foundations of Management, 2009.

[51] Anonymous. Information Security; Information Risk Management: The Current Challenges Faced by Organizations and their Solutions[R]. Information Technology Newsweekly, 2010.

[52] Yacov Y H, Clyde G C. A Roadmap for Quantifying the Efficacy of Risk Management of Information Security and Interdependent SCADA Systems[R]. Journal of Homeland Security and Emergency Management, 2011.

[53] Saski Hiroto, Uchida Yoshinobu. Risk Management Device, Risk Management Method and Risk Management Program[EB]. JP2013190989, 2013.

[54] Maeno, Yoshiharu. Shared Risk Group Management System, Shared Risk Group Management Method, and Shared Risk Group Management Program[EB]. WO2014188638, 2014.

[55] He Zhan-Feng. Internal Accounting Control in Accounting Informational System Under Informational Environment[R]. Journal of Hunan Metallurgical Professional Technology College, 2007.

[56] Zhang X G. Talking about Strengthening the Internal Control of Enterprises under Informationization Environment[R]. Shandong Metallurgy, 2010.

[57] Xi Wang. Research on the Improvement of Internal Control under Accounting Informationization Environment[R]. Applied Mechanics and Materials, 2014.

[58] Wang X. Research on the Improvement of Internal Control under Accounting Informationization Environment[R]. Applied Mechanics & Materials, 2014.

[59] Ren Q. The Research on the Accounting Internal Control Under the

Background of Informationization[R]. Times Agricultural Machinery, 2016.

[60] Frisman G H, Berterö C. Having Knowledge of Metabolic Syndrome: Does the Meaning and Consequences of the Risk Factors Influence the Life Situation of Swedish Adults? [R]. Nursing & Health Sciences, 2008.

[61] Mohd Ashraf Ganie, Gulzar Ahmad Bhat, Ishfaq Ahmad Wani, et al. Prevalence, Risk Factors and Consequences of Overweight and Obesity Among Schoolchildren: A Cross-Sectional Study in Kashmir[J]. India. Journal of Pediatric Endocrinology and Metabolism, 2017.

[62] Susan Nolen-Hoeksema. Gender Differences in Risk Factors and Consequences for Alcohol Use and Problems[R]. Clinical Psychology Review, 2004.

[63] Evelyne Touchette, Dominique Petit. Richard E. Tremblay, et al. Risk Factors and Consequences of Early Childhood Dyssomnias: New Perspectives [R]. Sleep Medicine Reviews, 2008.

[64] Salas N A, Cot M, Schneider D, et al. RisK Factors and Consequences of Congenital Chagas Disease in Yacuiba, South Bolivia[R]. Tropical Medicine & International Health, 2007.

[65] Suprika Vasudeva Shrivastava, Urvashi Rathod. A Risk Management Framework for Distributed Agile Projects [R]. Information and Software Technology, 2016.

[66] Cassano-Piche A L, Vicente K J, Jamieson G A. A test of Rasmussen's Risk Management Framework in the Food Safety Domain: BSE in the UK[R]. Theoretical Issues in Ergonomics Science, 2009.

[67] Wei Wang, Jia Duo Wu, Dong Yu Wang. The Risk Management Framework of Aero-Product Development Based on PMBOK[R]. Applied Mechanics and Materials, 2013.

[68] Klamm, Bonnie K, Watson, et al. SOX 404 Reported Internal Control Weaknesses: A Test of COSO Framework Components and Information Technology [J]. Journal of Information Systems, 2009.

[69] Wolden M, Valverde R, Talla M. The effectiveness of COBIT 5 Information Security Framework for reducing Cyber Attacks on Supply Chain Management System[EB]. IFAC Papers OnLine, 2015.

[70] Tambotoh J C, Latuperissa R. The Application for Measuring the Maturity Level of Information Technology Governance on Indonesian Government Agencies Using COBIT 4.1 Framework [R]. Intelligent Information Management, 2014.

[71] Tuttle B, Scott D. Vandervelde. An empirical examination of CobiT as An Internal Control Framework for Information Technology[J]. International Journal of Accounting Information Systems, 2007.

[72] Hana Vykopalová. Social Risk Management as a Strategy in the Fight Against Poverty and Social Exclusion[R]. Law and Economics Review, 2016.

[73] Shahabe Saqib, Mokbul Morshed Ahmad, Sanaullah Panezai, et al. Factors Influencing Farmers' Adoption of Agricultural Credit as A Risk Management Strategy: The Case of Pakistan[J]. International Journal of Disaster Risk Reduction, 2016.

[74] Azmi Saleh, Takao Tsuji, Tsutomu Oyama. Optimal Bidding Strategies for Generation Companies in a Day-Ahead Electricity Market with Risk Management Taken into Account[J]. American Journal of Engineering and Applied Sciences, 2009.

[75] Newell. The Effectiveness of A-Reit Futures as a Risk Management Strategy in the Global Financial Crisis [J]. Pacific Rim Property Research Journal, 2010.

[76] Tianjiao Gao, Aparna Gupta, Nalan Gulpinar, et al. Optimal Hedging Strategy for Risk Management on A Network [J]. Journal of Financial Stability, 2015.

[77] Changyuan Gao, Zidan Shan. Research and Practical Issues of Enterprise Information Systems II Volume[M]. Springer US, 2008.

[78] MondragonA E C, Lyons A C, Kehoe D F. Assessing the Value of Information Systems in Supporting Agility in High-Tech Manufacturing Enterprises[J]. International Journal of Operations & Production Management, 2004.

[79] Yunhong Cao. The Research on The Recognition and Measurement of Intangible Assets for High-Tech Enterprise[R]. Management Science and Engineering, 2009.

[80] Jasmine Yeap Ai Leen, Osman Mohamad, T. Ramayah, et al. Value vs Magnitude: Distinguishing Information Sources That Contribute to Malaysian Exporters'Promotion Competency[J]. International Journal of Business and Management, 2009.

[81] Dierkes M, Erner C, Langer T, et al. BusIness Credit Information Sharing and Default Risk of Private Firms[J]. Journal of Banking and Finance, 2013.

[82] Sanjeev Dewan, Fei Ren. Information Technology and Firm Boundaries: Impact on Firm Risk and Return Performance[R]. Information Systems Research, 2011.

[83] Otim S, Dow K E, Grover V, et al. The Impact of Information Technology Investments on Downside Risk of the Firm: Alternative Measurement of the Business Value of IT[J]. Journal of Management Information Systems, 2012.

[84] Mu Zhang, Ying He, Zong-fang Zhou. Study on the Influence Factors of High-Tech Enterprise Credit Risk: Empirical Evidence from China's Listed Companies[R]. Procedia Computer Science, 2013.

[85] Harrington S E, Niehaus G, Risko K J. Enterprise Risk Management: The Case of UNited Grain Growers[J]. Journal of Applied Corporate Finance, 2002.

[86] Anonymous. Symantec Corp: Symantec Tool Challenges Small Businesses to Assess their Exposure to Information Risk; The Symantec Small Business Check-up Helps Companies Compare Their Security, Data Protection and Storage Profiles to Their Peers, to Better Identify Information Risk and How to Protect Themselves as well as Pinpoint Major It Cost Savings[R]. M2 Presswire, 2010.

[87] Liu Jun'e, Zeng Fanlei, Han Zheng. Advanced Technology in Teaching-Proceedings of the 2009 3rd International Conference on Teaching and Computational Science(WTCS 2009)[G]. Springer Berlin Heidelberg, 2012.

[88] Janusz Zawiła-Niedzwiecki, Maciej Byczkowski. Information Security Aspect of Operational Risk Management[J]. Foundations of Management, 2009.

[89] Scott Dynes. Information Risk Management and Resilience[M]. Springer

Berlin Heidelberg, 2009.

[90] Margareth Stoll. From Information Security Management to Enterprise Risk Management[M]. Springer International Publishing, 2015.

[91] Anonymous. Symantec Corp: Symantec Tool Challenges Small Businesses to Assess their Exposure to Information Risk; The Symantec Small Business Check-up Helps Companies Compare Their Security, Data Protection and Storage Profiles to Their Peers, to Better Identify Information Risk and How to Protect Themselves as well as Pinpoint Major It Cost Savings[G]. M2 Presswire, 2010.

[92] Liu Jun'e, Zeng Fanlei, Han Zheng. Advanced Technology in Teaching-Proceedings of the 2009 3rd International Conference on Teaching and Computational Science (WTCS 2009)[M]. Springer Berlin Heidelberg, 2012.

[93] Tatiana Danescu, Mihaela Prozan. The Role of the Risk Management and of the Activities of Internal Control in Supplying useful Information through the Accounting and Fiscal Reports [R]. Procedia Economics and Finance, 2012.

[94] Xingchun Peng, Wenyuan Wang. Optimal investment and risk control for an insurer under inside information [R]. Insurance Mathematics and Economics, 2016.

[95] Yu Ping Ou Yang, How Ming Shieh, Gwo Hshiung Tzeng. A Vikor Technique Based on Dematel and Anp for Information Security Risk Control Assessment [R]. Information Sciences, 2013.

[96] Jie Chen. Research on Manufacturing Engineering with Financial Information Management System Inter Control in Technology-Based Small and Medium-Sized Enterprises[R]. Advanced Materials Research, 2014.

[97] M. Dale Stoel, Waleed A. Muhanna. IT Internal Control Weaknesses and Firm Performance: An Organizational Liability Lens[J]. International Journal of Accounting Information Systems, 2011.

[98] Yuan Li, Yi Liu, Yongbin Zhao. The Role of Market and Entrepreneurship Orientation and Internal Control in The New Product Development Activities of Chinese Firms[R]. Industrial Marketing Management, 2005.

[99] Beng Wee Goh, Dan Li. The Disciplining Effect of the Internal Control Provisions of the Sarbanes – Oxley Act on the Governance Structures of Firms[J]. International Journal of Accounting, 2013.

[100] Peter Lovea, Zahir Irani. An Exploratory Study of Information Technology Evaluation and Benefits Management Practices of Smes in The Construction Industry[J]. Information & Management, Vol. 42, 2004.

[101] Terry Anthony Byrd, Bruce R. Lewis, Robert W. Bryan. ThE Leveraging Influence of Strategic Alignment on It Investment: An Empirical Examination[J]. Information & Management, Vol. 43, 2006.

[102] Sophie Lee. Modeling the Business Value of Information Technology[J]. Information and Management, Vol. 39, 2001.

[103] Sambamurthy V, Zmud R W. Arrangements for Information Technology Governance: A Theory of Multiple Contingencies[J]. MIS Quarterly, 1999, 23 (2): 261-290.

[104] Weill P, Ross J W. IT Governance: How Top Performers Manage IT Decision Rights for Superior Results[M]. Boston: Harvard Business School Press, 2004.

[105] Ortiz A S. Testing a Model of the Relationships Among Organizational Performance, IT-Business Alignment, and IT Governance[D]. University of North Texas, 2003.

[106] Weill P. Don't Just Lead, Govern: How Top-Performing Firms Govern IT [J]. MIS Quarterly Executive, 2004, 3 (1).

[107] ITGI. IT Governance Global Status Report—2008[R]. USA: IT Governance Institution, 2008.

[108] Kudyba, Diwan. Research Report: Increasing Returns to Information Technology[R]. Information Systems Research, Vol. 13, No. 1, 2002.

[109] Anthony Ross, Kathryn Ernstberger. BeNchmarking The It Productivity Paradox: Recent Evidence from The Manufacturing Sector[R]. Mathematical and Computer Modeling, No. 44, 2006.

[110] Lee C S. Modeling the Business Value of Information Technology [J].Information & Management, 2001, 39 (3): 191-210.

[111] Melville N, Kraemer K, Gurbaxani V. Review: Information Technology and Organizational Performance: An Integrative of IT Business Value[J]. MIS Quarterly, 2004, 28 (2): 283-322.

[112] Andersen T J. Information Technology, Strategic Decision Making Approaches and Organizational Performance in Different Industrial Settings[J]. Journal of strategic information systems, 2001, 10 (2): 101-119.

[113] Bharadwaj. A Resource-based Perspective on Information Technology Capability and Firm Performance: An Empirical Investigation [J]. MIS Quarterly, 2000, 24 (1): 169-196.

[114] Tanriverdi H. Performance Effects of Information Technology Synergies in Multibusiness Firms. MIS Quarterly, 2006, 30 (1): 57-77.

[115] Huang, S. M, et al. An Empirical Study of Relationship between IT Investment and Firm Performance: A Resource-based Perspective [J]. European Journal of Operational Research, 2006, 173 (3): 984-999.

[116] 十八大报告辅导读本编写组. 十八大报告辅导读本[M]. 北京：人民出版社，2014：90-91.

[117] 李润钿. 基于RBV的信息技术能力与企业绩效关系研究[D]. 汕头大学, 2006.

[118] 汪淼军, 张维迎, 周黎安. 信息化、组织行为与组织绩效: 基于浙江企业的实证研究[J]. 管理世界, 2007(4): 96-104.

[119] 田中玉. 浅议企业信息化风险及其规避[J]. 中国民营科技与经济, 2007 (8): 11-16.

[120] 陈宪宇. 企业信息化：风险与控制. 科技管理研究[J]. 2013(12): 46-49.

[121] 刘行军. 我国企业信息化风险研究[J]. 科技创业月刊, 2013(3): 22-26.

[122] 王立彦, 张继东. ERP系统实施与公司业绩增长之关系[J]. 管理世界, 2007(3): 116-137.

[123] 李治堂, 吴贵生. 信息技术投资与公司绩效：基于中国上市公司的实证研究[J]. 科学学与科学技术管理, 2008(11): 144-150.

[124] 袁薇, 汪小梅. 基于项目的信息化风险多因素综合评价[J]. 情报杂志, 2007 (5): 77-81.

[125] 赵英杰, 李鹏辉, 张升波, 杨贺, 朱继锋. 信息化建设中的信息安全风险评估[J]. 信息安全与通信保密, 2011(6): 11-19.

[126] 何秋燕, 杨珍, 赵明霞, 企业信息化风险评估[J]. 网络安全技术与应用, 2012(4).

[127] 宋丽平, 李海燕. 中小企业会计信息化风险评价研究[J]. 财会通讯, 2015(10).

[128] 凌铭泽. 中小企业会计信息化风险评价分析[J]. 财经界(学术版), 2016: 237.

[129] 卢加元. 信息化建设中的风险识别与控制[J]. 中国管理信息化, 2009, 12 (6).

[130] 何秋燕, 杜晓静, 杨珍, 等. 企业信息化风险识别[J]. 网络安全技术与应用, 2011 (10).

[131] 路朝祥, 李茹. 基于中小企业信息化建设的风险研究[J]. 现代商业, 2012 (18).

[132] 金香梅. 企业会计信息风险识别与管理分析[J]. 现代经济信息, 2013 (22).

[133] 闫华红, 董旭. 企业信息化风险的识别与评估[J]. 中国科技论坛, 2013.

[134] 杨珍, 何秋燕, 赵明霞, 等. 企业信息化风险控制[J]. 网络安全技术与应用, 2011 (11).

[135] 彭青. 会计信息化风险控制研究与应用[J]. 现代商业, 2012 (15).

[136] 赵昕. 会计信息化下的会计安全与风险控制研究[J]. 现代经济信息, 2013 (22).

[137] 王大双, 官爱萍. 中小企业会计信息化的风险控制研究[J]. 时代金融, 2014 (2).

[138] 张银平. 基于会计信息化的会计安全与风险控制研究[R]. 中国国际财经(中英文), 2017.

[139] 刘笑霞, 李明辉. 论企业风险管理信息系统[J]. 经济问题探索, 2008 (12).

[140] 何春艳, 刘伟. 风险管理研究综述, 经济师[J]. 2012 (3).

[141] 李莉. 论企业内部控制的风险管理机制[J]. 企业经济, 2012 (3).

[142] 王庆磊,张国波.IT治理相关概念辨析[J].信息技术与标准化,2014(7).

[143] 武达.浅析企业内部控制与风险管理中存在的问题及应对策略[J].中国内部审计,2016(3).

[144] 艾文国,王亚鸣.企业会计信息化内部控制问题研究[J].中国管理信息化,2008(15).

[145] 郑伟.企业内部控制信息化构建[J].现代商业,2011(15).

[146] 李毅.关于企业内部控制信息化建设的探讨[J].会计师,2015(5).

[147] 宋爱华.我国企业内部控制信息化的发展研究[J].财经界(学术版),2015(21).

[148] 李奇.基于集对分析的大坝风险后果评价模型研究[D].郑州大学,2017.

[149] 陈劲,景劲松,童亮.复杂产品系统创新项目风险因素实证研究[J].研究与发展管理,2005(6).

[150] 张倩.国有企业全面风险管理框架构建研究[D].山东经济学院,2010.

[151] 张继德,郑丽娜.集团企业财务风险管理框架探讨[J].会计研究,2012(12).

[152] 李景辉.全面风险管理框架下我国航天企业内部审计研究[D].首都经济贸易大学,2016.

[153] 杨书怀.全面风险管理框架与内部控制整体框架的比较分析[J].财会通讯(学术版),2005(22).

[154] 肖茜.基于COBIT模型的会计信息系统内部控制研究[D].华中科技大学,2013.

[155] 何润.基于COBIT与COSO报告的会计信息系统内部控制研究[D].重庆理工大学,2009.

[156] 张艳芳.基于COBIT与COSO报告的会计信息系统风险评估研究[D].重庆理工大学,2011.

[157] 曹强.财务重述与会计师事务所风险管理战略[D].厦门大学,2009.

[158] 王文烈,裘正宇.中小银行操作风险管理的战略构想[J].上海金融,2015(4).

[159] 季崇高，李明. 研发型高新技术企业信息化平台构建模式[J]. 创新科技，2007（11）.

[160] 王欣. 我国企业信息化风险剖析[D]. 首都经济贸易大学，2007.

[161] 章钢，谢阳群. 论企业信息风险及其防范对策[J]. 情报杂志，2005（5）.

[162] 王凡林，郑红丽，郑红杰. 高新技术企业信息化风险的识别与治理[J]. 首都经济贸易大学学报，2015（6）.

[163] 赵立新. 国内中小企业信息化风险研究[D]. 沈阳航空航天大学，2013.

[164] 夏翠萍. 基于生命周期的中小企业信息化风险研究[D]. 天津工业大学，2016.

[165] 陈宪宇. 企业信息化：风险与控制[J]. 科技管理研究，2013（11）.

[166] 马会娟. 企业会计信息风险识别与治理的若干研究论述[J]. 中国集体经济，2016（30）.

[167] 张聪慧. 企业信息化绩效评价方法的国内外研究现状[J]. 现代企业教育，2011（12）.

[168] 王凡林，马倩. 高新技术企业信息化风险的识别与评价[J]. 中国管理信息化，2016（6）.

[169] 孙宇. 基于过程控制的企业信息化评价方法研究[R]. 中国机械工程学会、重庆市机械工程学会，2005.

[170] 孙健. 浪潮公司供应链信息风险的识别及对策研究[D]. 重庆交通大学，2015.

[171] 张建业. 电网企业信息化项目风险管理与评价模型研究[D]. 华北电力大学，2015.

[172] 王琪. 高校信息化建设风险评价研究[D]. 哈尔滨工程大学，2012.

[173] 邵祖峰，徐宗海. 警务信息化风险识别与评价模型研究[J]. 网络安全技术与应用，2006（12）.

[174] 徐春丽. 纺织企业信息化风险评估与控制[D]. 东华大学，2005.

[175] 赵颖. 企业信息化风险控制的审计监督研究[D]. 昆明理工大学，2008.

[176] 肖荣. 企业信息化风险治理研究[D]. 同济大学，2005.

[177] 刘涛,胡妞. 提升高新技术企业内部控制有效性的思考[J]. 现代经济信息,2012(11).

[178] 仲意敏. 高新技术企业内部控制之我见[J]. 会计师,2014.

[179] 孙晓琳,邢一亭,王刊良. 信息技术投资与组织绩效关系的实证研究:来自我国IT类上市公司的证据[J]. 科学学研究,2010,28(3):397-404.

[180] 董祺. 中国企业信息化创新之路有多远?——基于电子信息企业面板数据的实证研究[J]. 管理世界,2013(7):123-129.

[181] 王凡林,杨周南. IT治理、内部控制与公司绩效关系研究[J]. 财政研究,2012(6):63-67.

[182] 王洪伟,丁佼佼,刘飚. CISR框架下中国企业IT治理状况的调查研究[J]. 情报杂志,2009(10):33-38.

[183] 唐志豪. IT治理与企业绩效关系的实证研究[M]. 北京:经济科学出版社,2012:144-152.

[184] 李翔,李颖. 企业信息化评估与规划之路[M]. 北京:机械工业出版社,2015:19-32.

[185] Pindyck R S, Rubinfeld D L. 微观经济学[M]. 7版. 高远,朱海洋,范子英,等译. 北京:中国人民大学出版社,2009:182-202.

[186] 霍红梅,杨达. 信息资源管理研究的制度分析方法[J]. 现代情报,2007,27(11):26-28.

[187] 邓洪涛. 管理信息系统[M]. 北京:清华大学出版社,2013:278-284.

[188] 岳剑波. 信息管理基础[M]. 北京:清华大学出版社,2010:170-186.

[189] 唐志豪,计春阳,胡克瑾. IT治理研究述评[J]. 会计研究,2008(5):76-83.

[190] 陈婉玲,袁若宾. COBIT及其在信息系统控制与审计中的应用[J]. 审计研究,2006增刊:93-97.

[191] Hurt R L. 会计信息系统[M]. 甄阜铭,刘凌冰,胡燕鸿,译. 大连:东北财经大学出版社,2009:229-233.

[192] 王胜. IT治理——为企业带来革命性的变革[M]. 北京:经济科学出版社,2009:3-34.

[193] 谢志华. 内部控制、公司治理、风险管理:关系与整合[J]. 会计研究,

2007（10）：37-46.

[194] 孙国强，范建红. 网络组织治理机制与绩效的典型相关分析[J]. 经济管理，2005(12)：50-55.

[195] 孙奕驰，吴莉莉. 上市公司内部治理与绩效的典型相关分析[J]. 财会月刊，2011(8)：06-08.

[196] 陈工孟. 会计实证研究及 Stata 的应用实现[M]. 北京：经济管理出版社，2014：25-56.

[197] 王天梅，孙宝文，章宁等. IT 治理绩效影响因素分析——基于中国电子政务实施的实证研究[J]. 管理评论，2013(7)：28-37.

[198] 张祥建，徐晋，徐龙炳. 高管精英治理模式能够提升企业绩效吗？——基于社会连带关系调节效应的研究[J]. 经济研究，2015(3)：100-114.

[199] 叶陈刚，裘丽，张立娟. 公司治理结构、内部控制质量与企业财务绩效[J]. 审计研究，2016(2)：104-112.

[200] 项目管理协会. 项目管理知识体系指南[M]. 北京. 电子工业出版社，2012.